世界歴史選書

近代フランス農村世界の政治文化

世界歴史選書

近代フランス農村世界の政治文化

噂・蜂起・祝祭

工藤光一

岩波書店

目　次——近代フランス農村世界の政治文化

目次

プロローグ

本書は、一九世紀フランスの農村世界における政治文化の諸相を探ることをテーマとしている。まずもって、「政治文化」とは何かということについて述べねばなるまい。歴史学においては、一九八〇年代半ば以降、まずフランス革命史の研究で、「政治文化」という概念が使用され始め、すみやかに広まった。この概念の採用と広がりは、近藤和彦によると、「二〇世紀のアカデミズム史学における大きな展開の所産であり、また知の爛熟の結果でもあった」(近藤、二〇〇三年、二四四頁)と評される。一九八〇年代におけるフランス革命の研究というと、日本ではリン・ハントの邦訳書『フランス革命の政治文化』がよく知られている。その「序」では、「政治文化」とは、「集団的意図や行動を表現し形づくる価値観・期待・暗黙のルール」と定義されている(ハント、一九八九年、三二頁)。だが、この定義は「文化」には当てはまっても、「政治」に当てはまる要素がない。「政治文化」を定義するには、まず「政治」の定義を確認しておく必要がある。

というのも、一九八〇年代以降、「政治」の意味は、歴史人類学を経由して「政治的なるものの復権」へと至ったアナール学派を始めとして、歴史家たちによって、大きく拡大され、拡大されることによって意味を変質させたからである。国家統治・国家権力に関わるものを「政治」として捉えることから、人々の日常生活の網の目の中に織り込まれたものとしての「政治」が問題とされるようになった。いかなる理由からかは分からぬが、手近の『広辞苑』第四版を繙《ひもと》くと、この拡大された「政治」に非常によく親和する次のような広い定義が「政治」には与えられている。「人間集団における秩序の形成と解体をめぐって、人が他者に対して、また他者と共に行う営み。権力・政策・支配・自治にかかわる現象。主として国家の統治作用を指すが、それ以外の社会集団および集団間にもこの概念は適用できる」(新村編、一九九三年、一四一四頁)。本書では、この『広辞苑』第四版に従い、「政治」として「人間集団における秩序の形成と解体をめぐって、人が他者に対して、また他者と共に行う営み」という定義を採用する。

この「政治」という営みを行うに当たって、ある一定の集団に共有される意味のシステムを「政治文化」と呼ぶことにしよう。ある事象は表象されることによって意味を付与されるから、「政治文化」の探求は、必然的に表象のシステムの探求ともなる。

本書は、一九世紀のフランス農村世界の政治文化を、噂、蜂起、祝祭という三つの切り口から捉えてみようとした試みである。噂と蜂起と祝祭は、実際の歴史の中で、連関してきた。噂は蜂起の引き金または背景となり、蜂起はしばしば祝祭に転じ、あるいは祝祭が蜂起に転じた。しかし、本書では、この三つの切り口にとくに連関はない。異なる切り口から政治文化について何が見えてくるかを追究しようとするものである。

第I部　噂と政治的想像界

第一章　一九世紀フランスにおける噂のダイナミクス

1　噂の歴史研究が追究するもの

噂は、さまざまな学問分野の研究対象となってきた。一九九八年にドイツで刊行されたハンス＝ヨアヒム・ノイバウアーの『ファーマ――噂の歴史』[*1]は、歴史学、文学、社会学、文化人類学、図像学の交差する領域に「噂の文化史」を描こうと試み、噂が学際的な研究対象たり得ることをよく例証する研究となっている(ノイバウアー、二〇〇〇年)。

だが、噂を今日まで最も精力的に研究してきたのは、社会学と社会心理学であろう。社会学と社会心理学の知見が噂の歴史研究に益するところも少なくない。そこで、まずはこれら二つの学問領域の噂研究について簡単に触れておこう。

そもそも、噂を最初に科学的な研究の対象としたのは、二〇世紀初頭の実験集団心理学であった。そこでは、情報内容が口頭の伝達過程でいかに変容するかを実験によって分析することが追究された。つまり、噂のコミュニケーションを歪みを含んだ伝達過程と捉えることから出発し、誤った情報が生み出される際の規則性に関心が傾注されたのである。この研究系譜の一つの到達点として噂研究の古典たる地位を獲得したのがアメリカのゴードン・W・オルポートとレオ・ポストマンが著した *The Psychology of Rumor*(1947)であった。同書で二人が rumor と称しているものを、邦訳者の南博は「デマ」と訳している。それは、この著書たちが、まさに情報の伝達過程において歪みが発生することを問題とし、rumor は情報を歪めてしまう一種の「病理的な現象」であって、rumor という「病菌」に対する「免疫」を高めるよう工夫する必要を説く啓蒙の目的を持っていたからである。オルポートとポストマンは、rumor のもたらす歪みには、情報の細部が捨てられ骨格だけが残ってゆく「平均化」、情報の一部だけが誇張される「強調」、情報が先入観やあらかじめ抱いている関心と整合するように捻じ曲げられてしまう「同化」という三つの基本型があることを実験によって示した。また、「デマの流布量(Rumor)は当事者に対する問題の重要性(importance)と、その論題についての証拠のあいまいさ(ambiguity)との積に比例する」、すなわち R～i × a という基本公式が成り立つことを主張した(オルポート／ポストマン、二〇〇八年)。二人のこうした見解は、その後多少の異論を差し挟まれながらも、基本的には受け入れられてゆくという状況が長らく続くことになる。

一方、以上のように情報の連続的伝達における歪曲の問題に注目した研究を「個人に重きを置きすぎる傾向 individualistic bias」を示しているとして批判したのが、日系アメリカ人の社会学者タモツ・シブタニであった。シブタニは、その著書 *Improvised News : A Sociological Study of Rumor*(1966)の中で、オルポートとポストマンに代表される研究系譜の説明図式においては、「流言(rumorを邦訳者の広井脩らはこう訳している)を流布させる人々は、まるで少しも共通なところのない実体でありそれが独立した単位として行為するかのごとく扱われる」として、「どんな企てにおいても一緒に行為する人間は複雑な社会関係の網のなかに組み込まれているという事実」が無視されていると指摘した。かく言うシブタニにとって「流言」とは、「あいまいな状況にともに巻き込まれた人々が、自分たちの知識を寄せあつめることによって、その状況についての有意味な解釈を行なおうとするコミュニケーション」であり、著書のタイトルに掲げられているように、情報不足の人々によって「即興的につくられるニュース」なのであって、「集合的な問題解決の一形態」として捉えられるものである。したがって、「考察すべきは連続的な伝達における歪曲ではなく、適切に定義できない状況におかれた人々が行なう社会的相互作用」であると彼は主張した(シブタニ、一九八五年、二一、三四頁)。

こうしたシブタニの考察は、rumorは「病理現象ではなく、新しい環境に対処する際に人々がいっそう適切な方法を発達させていく不可欠の要素なのである」という見解を導き出し(シブタニ、一九八五年、二六〇頁)、rumorとは人間の本源的な欲求に由来するものであることを示唆した。ともにアメリカの社会心理学者ラルフ・L・ロスノウと社会学者ギャリー・A・ファインが一九七六年に「社会的交換」という観点から噂のメカニズムを体系的に記述した仕事にせよ(ロスノウ／ファイン、一九八二年)、フランスの社会学者ジャン＝ノエル・カプフェレが噂を「自己表出を交換する機会」と見る認識に立ちつつ多様な噂に広範に目を配った一九八七年の仕事にせよ(カプフェレ、一九九三年)、シブタニの示唆した方向性を継承していると言える。最近でもアメリカの社会心理学者ニコラス・ディフォンツォは、次のように、噂が人間の本源的な欲求に由来するものであることを明言している。「この地球上に生きる私たちの旅は、多かれ少なかれ不確実なものだ。人間に見えるのはせいぜい一部であって全体ではない。噂は世界を共同で理解する手段であり、一部しか見られない人間の限界に集団で立ち向かう方法だ。人間が不確実性とともに生きる限り、噂は人生のあらゆる活動とともにある。それは社会生活を営み、世界を集団で理解しようとする人間の特徴を反映している。したがって、噂を信じたり広めたりする行為は、人間であることの中心を成す、基本的で重要な部分を映し出しているのに他ならない」(ディフォンツォ、二〇一一年、三四―三五頁)。

日本における噂の社会学的および社会心理学的研究に眼を向ければ、まず一九三七年に清水幾太郎が『流言蜚語』を著している。この著書は、当時進行中であった欧米の実験集団心理学による噂研究とはまったく関係を持っておらず、完全に清水個人の独創的な思考の産物である。事例分析によることなく、徹頭徹尾理論的考察のみで「流言蜚語」の本質に迫ろうとしており、「アブノーマルな報道形態」であり、検閲下の「潜在的輿論」である「流言蜚語」の性格を透徹した論理で浮き彫りにしている。時局への抗議を秘めつつ、「流言蜚語」のうちに覗いている欲求や願望を捉えようとした本書は、清水の熱い想いのこもった雄編であった(清水、二〇一一年)。清水は、「流言蜚語」が「政治と社会に対する一種の抗議を含んでいる」(清水、二〇一一年、一二頁。戦後の一九四六年に新たに付された「序」での言)という点を重視して、この先駆的力作を書いたが、こうした視点は、戦後になって、「流言蜚語」に民衆の抵抗意識や抗議の姿勢を読み取る南博(一九六二年)や藤竹暁(一九七四年)の仕事へと継承されたと見ることができる。だが、「流言蜚語」に民衆の抵抗意識や抗議の姿勢を読み取る潮流が、戦後日本の社会学的ないし社会心理学的な噂研究において本流を形成したとは言い難い。戦後日本における社会学ないし社会心理学の分野においてとくに力が注がれてきたのは、広井脩(一九八八年、二〇〇一年)に代表されるような「災害流言」の研究であった(早川、二〇〇二年、一四一―一五頁の指摘を参照)。その他では、社会史の問題構制に呼応しつつ民俗学の知見も援用して噂の歴史社会学を展開している佐藤健二の仕事(佐藤、一九九五年)や「流言」をジンメルの形式社会学の観点から理論的に考察した早川洋行の研究(早川、二〇〇二年)が眼を引く。

筆者は社会学と社会心理学の噂研究を系統的・網羅的に読んできたわけでは決してないが、以上にあげた社会学と社会心理学の噂研究では、噂を研究するに当たり筆者には本質的とも思われるある問題がほとんど扱われていないことに気づく。それは、噂と想像力との関係という問題である。*2 実はこの問題は、歴史学ではしばしば論じられ、噂の歴史研究において重要な位置づけを与えられてきたのだ。

日本ではあまり知られていないことだと思うが、マルク・ブロックは、一九二一年に『歴史綜合雑誌 *Revue de synthèse historique*』に「戦時の虚報についてのある歴史家の省察」と題する論文を発表している。これは、第一次世界大戦期の「虚報」を研究対象とした論文だが、その中でブロックは大戦下の「虚報」を「集合的想像力 imagination collective のこの特異な隆盛」と表現し(Bloch, 2007, p. 20)、さらに想像力と「虚報」とのダイナミックな関係についてこう論じている。「虚報は、その誕生より前に存在する集合表象から常に生れる。虚報が偶発的なのはうわべでしかない。あるいはより正確に言えば、虚報における偶発的なものとは、必ずやありふれたものであるきっかけとなる出来事がすべてであって、この出来事が想像力の働きを引き起こすのである。しかし、この揺り動かしが起こるのは、想像力がすでに準備され、ひそかに発酵しているからに他ならないのである*3」(Bloch, 2007, p. 45)。

「虚報」を考察するうえでブロックが用いた「集合的想像力」という言葉は、ジャン・ドリュモーが一四世紀から一八世紀の西洋における恐怖心の歴史を通観した中で噂について論じた際にも用いられている。ドリュモーは、「集合的想像力はあらゆる種類の噂に働きかけていた」と捉えて、不安や恐れに根差す集合的想像力が噂にどのように働きかけたかを描き出してみせた（ドリュモー、一九九七年、三三三―三三八頁）。

さらに最近では、近代における噂の歴史研究に、主に中世史において用いられてきた「イマジネール imaginaire」という概念（「想像力の世界、想像力の産物」を表す。本書では「想像界」と訳す）が導入され、噂と想像界との関係が問われるようになった。一八四一年に実施された全国的な税務調査に対して主に南フランスの各地に広まった騒擾を研究したジャン＝クロード・キャロンは、騒擾を誘発した新税の噂に注目してこう論じた。「噂は、想像界に対応するものである。この想像界は、現実界に根を下ろした恐怖（経済状況がどうであれ徴収される租税）を糧にすると同時に、慣習行為《プラティーク》とその対象との間の空想的な歪み（租税は「金持ち gros」や「太鼓腹 ventrus」のポケットに入る）によっても育まれる」（Caron, 2002, pp. 77–78）。また、一九世紀フランスの噂を包括的に研究したフランソワ・プルーは、研究の軸心をまさに噂と想像界の密接な関係を解明することに置き、次のような明快な主張を提示した。「噂は、徴候であるとともに動因でもある。というのも、ある社会ないし集団の想像界の産物である噂は、拡散してゆくにつれて、この想像界を維持し、助長し、加工するのに寄与するからである。噂は、世界観や信念や表象を露わにするが、転じて行動や態度を引き起こしもする。……したがって、ある一つの噂ないし一連の噂を見つけ出し解読することは、次の二つのことを同時に可能にするのである。一つは、噂がその内部で広まる社会集団の想像界の諸特徴を抽出することである。もう一つは、神話、信念、社会的想像界の生産と再生産において働いているメカニズムのいくつかを明らかにすることである」(Ploux, 2003, p. 12)。

そもそも人が他者に対して、根拠がなく、検証不能で、さらには客観的事実によって否定される情報を言明するということは、他者とのコミュニケーションに想像界が介入するからだと筆者も考える。だから、噂の追究は、想像界の働きの理解に資する。そして、想像界の働きを理解すれば、人間は、自己を取り巻く世界をありのままに捉えているのではなく、それに一定の意味を付与しているのであり、そうやって認知的に再構成した世界像に基づいて行動していることが明瞭に見えてくるはずだ。この再構成された世界像に準拠して人間は行動するのであるならば、その行動はたとえどんなに情動的であろうとも何らかの論理性を持つと言ってよい。したがって、噂の追究は、想像界の解明を介して、人々の行動様式の論理についての理解を深めるのに寄与することができる。とくに民衆の行動様式の論理を探ろうとするとき、そのための資料として民衆の行動の証言記録や裁判記録が重視されてきたが、噂の言説もまた無視し得ない資料体となり得る。この点については、アラン・コルバンが、一八七〇年にペリゴール地方のある村での定期市に集まった農民群衆が地元の一人の貴族を虐殺した事件を探求した著書の中で、次のような指摘をしている。「噂の位置するところを突きとめることは、民衆の行動様式の論理を見抜こうとする者にとっては不可欠の作業となる。噂は、それを伝える人々を分割するような種々の社会的緊張を物語るものである。他のいかなる情報伝達様式にもまして、それは人々の欲望や不安をあらわにする」(コルバン、一九九七年a、二一頁)。もっとも、噂は民衆にのみ現出するものではない。それは、シブタニの言う「公衆」のうちに流布する。シブタニの定義では、「公衆」とは「ある出来事が生み出す結果に自分たちが巻き込まれるだろうと考え、それをコントロールする可能性に関心をもっている人々のこと」(シブタニ、一九八五年、六〇頁)である。[*5] われわれは、こうした意味での「公衆」の想像界を探る手がかりを噂に求めることができる。

コルバンは右記の著書の中で次のようにも述べていることが筆者にはさらに重要だと思われる。「本当の意味で想像界の社会的研究を進めるのに同意するのでない限り、この時代の政治史研究は実質的に進展し得ないだろう。だから、諸々の社会的あるいは領域的集団にその外部で作り上げられた表象システムを押しつけるような硬直したレッテル貼りはやめねばならない」（コルバン、一九九七年a、二一四頁、注一四二）。すなわちコルバンは、それぞれの「社会的あるいは領域的集団」は固有の表象システムを持つのであり、その固有性を捉えてゆかない限り、政治史の実質的な進展は望み得ないと言うのだ。「社会的あるいは領域的集団」のそれぞれ――それは「公衆」の母胎となる[*6]――に固有の表象システムを明らかにするうえで「想像界の社会的研究」が必要なのであり、噂はこの「想像界の社会的研究」に格好の素材を提供する。つまり、噂は、表象システムの解明に資するがゆえに政治文化史にとっても重要な研究対象となり得る。筆者が噂に注目する最大の理由は、ここにこそある。

ここまで噂を定義せずに論を進めてきたが、ここで筆者なりの噂の定義を示しておきたい。だが、噂の厳密な定義は案外に厄介である。社会学や社会心理学でも、噂の定義は研究者ごとに異なると言っていいほど多様だ。とくに日本語では、噂の類義語として「流言」があり、噂と流言を区別する論者もいる。だが、そうした区別も不適切であったり、あいまいであったりして、受け入れ難い。本書では、あえて噂と流言を区別せず、同義語として扱う。そのうえで、噂には、社会的存在としての個人や集団の想像界から生み出され、他方その想像界を維持・助長・加工する、真実であることを証明されずに人々の間に流布してゆく情報という定義をひとまず与えておこう。

研究史を振り返ると、一九世紀フランスの噂研究は、フランス近世史やフランス革命史に比べて大きく遅れをとった。フランス近世史の分野では、すでに一九七〇年代にイヴ＝マリー・ベルセが一七世紀における激烈な反税一揆における動員ファクターとして噂を分析した（Bercé, 1974a）。ジャン・ドリュモーが「恐怖心の歴史」を考察した著書（原著一九七八年刊）においても噂について論じられたことは、すでに述べたとおりである（ドリュモー、一九九七年）。スティーヴン・L・カプランは、一八世紀に広く流布した「飢餓陰謀」の噂を考察した（Kaplan, 1982）。アルレット・ファルジュとジャック・ルヴェルは、一七五〇年にパリで生じた一連の民衆暴動における「群衆の論理」を探った著書（原著一九八八年刊）で、当時パリに流布していた子ども誘拐の噂に着目した（ファルジュ／ルヴェル、一九九六年）。ファルジュはまた、「民衆的世論 opinion public populaire」の存在を一八世紀パリに流布した噂のうちに看て取った（Farge, 1992）。さらにファルジュは、『ヨーロッパ啓蒙思想事典』で「噂」の項目の執筆を担当した（Farge, 1997）。フランス革命史の分野では、ジョルジュ・ルフェーヴルが一九三二年に著した『一七八九年の大恐怖』が、噂の歴史研究の古典として屹立している。ブロニスラフ・バチコは、「革命的噂 rumeur révolutionnaire」の歴史の一環を成したものとして、テルミドール期に流布した、ロベスピエールがルイ一六世のあとを継いで国王になりたがっていたという噂を扱った（Baczko, 1989）。

このように、近世史・革命史では噂の研究が早くから豊かに積み重ねられてきたが、一九世紀の噂に関する著書はいずれも近年に刊行されたものばかりである。このうち二〇世紀の末までに刊行され、噂を民衆の政治的態度との関係において分析した著書はわずかに二冊を数えるのみだ。[*7] 一つは、「民衆的ボナパルティズム」を考察したベルナール・メナジェの著書で、メナジェは「民衆的ボナパルティズム」の表現形態の一つとして、噂を取り上げた（Ménager, 1988）。もう一つは、すでにあげたアラン・コルバンの著書（原著一九九〇年刊）で、一八七〇年に起こった農民群衆による虐殺事件を検討するうえで、農民の感情の系譜を明らかにするために噂に関心が向けられた。同書でコルバンは、一九世紀フランス民衆の社会的想像界を探る上で重要となる噂について体系だった研究がまったくないことを嘆いていた(コルバン、一九九七年a、二一―二二頁)。

だが、二一世紀に入って、先述したジャン＝クロード・キャロンとフランソワ・プルーの著書が刊行された。また、「ナポレオン伝説」の表現形態として噂を分析したスディール・ハザリーシンの著作も上梓された(Hazareesingh, 2004)。とくにプルーの著書は、今日までのところ、一九世紀フランスの噂についての最も体系的な研究と言え、[*8]大いに参考になる。

噂を通じて、農村住民の想像界の諸特徴を捉えるためには、噂という情報形態のテーマ分析が必要である。だが、そこに踏み込む前段階として、まずは、噂はいかなる条件の下で発生するのか、噂はどのように伝播するのか、噂に対して公権力はどう対応するのかといった諸問題を、一九世紀フランスの具体的な事例に即しつつある程度明らかにしておく必要がある。本章の課題は、一九世紀フランスを対象とし、とくに農村世界の場合に留意しながら、こうした噂のダイナミクス(力学)を概観することである。

2　噂の発生条件

フランソワ・プルーは、一九世紀フランスの噂は、超自然的な領域に属するものはごくわずかで、「確かに真実ではないが、しばしば本当であってもおかしくはなく、とりわけ政治と社会階級間の諸関係の領域に限定された情報を広めた」と指摘する(Ploux, 2000, p. 397)。だが、プルーが一九世紀フランスの噂に看て取ったこのきわめて傾斜的な配分は、彼が主に用いている資料の性格に因ってもたらされたところもあろう。彼が主として用いているのは、政治的・社会的秩序の攪乱要因になると見られる噂にとくに注目してこれを抑圧しようとした体制が生み出した資料(たとえば、県知事から内務大臣への報告書、検事・検事長から法務大臣への報告書など)であり、それゆえ彼の収集した資料体は、「政治や社会階級間の諸関係の領域」に属するものが過剰代表される傾向を抱え込んでいると言えよう。とはいえ、一九世紀フランスにおける噂の全体的特徴を捉えることよりも、噂を政治文化史の研究に役立てようとの意図を持つ筆者にとって、プルーの資料収集のあり方に不都合は感じない。

以上のような資料に基づいて、プルーは、一九世紀(正確には一八一四―一八七〇年)のフランスにおける噂のクロノロジーを概観している。そこには、以下のような八つの大きな噂の波(「噂の氾濫する危機 crise rumorale」)が見て取れるという(Ploux, 2003, pp. 75–76)。

(1) 最初の波は、一八一四年四月のナポレオン一世の退位直後に始まり、一八一五年一〇月以降急激に増大し、一八一六年一月から三月に頂点に達し、一八一七年春以降徐々に消えてゆく。

(2) 一八一九年三月から一八二〇年六月に、ユルトラ(超王党派)が立憲派の自由主義的政策(とくに選挙法)に対抗して起こした攻勢によって動揺と不安が惹起され、噂が増殖する。

(3) 一八二三年春、スペイン革命へのフランスの軍事介入によって、短期間だが爆発的な噂の増殖が引き起こされる。

(4) 一八二九年八月、貴族反動を体現するポリニャックが首相に指名されたことで引き起こされた政治的危機(これがのちに七月革命へとつながる)が噂の波を起こす。七月王政に入ると、一八三二年のコレラの流行が噂の蔓延をもたらす。

(5) 一八四一年八月から九月、全国の市町村で税務調査が実施されると、主に南フランスに新税の噂が広まり、南仏の広範な地域で騒擾が発生する。
（6）一八四八年、急進共和派（「財産分割主義者 partageux」）に関する噂が、「持てる者たち」の不安を掻き立てる。これらの噂は、同年パリの六月蜂起後、農村部にパニックを引き起こす。
（7）第二帝政の権威帝政期に噂が増殖する。少なくとも三つの要因の結合が、その増殖を説明できる。その三つの要因とは、クリミア戦争（一八五四年三月―一八五六年一月）、コレラの再出現（一八五四―一八五五年）、食糧危機（一八五四―一八五六年）である。
（8）一八七〇年、普仏戦争下に噂が増殖する。

以上のクロノロジーは、統計的な数量化によって導き出されたものではない。噂は、一つの村や一つの街区内でわずか数日で終息してしまうものもあれば、大きく地方全体を巻き込んで、数カ月、時には数年も続く場合がある。どちらも一件の噂と数えてよいだろうか。同じ噂のヴァリアントと見なせるものは、すべてまとめて一件として扱うのか。結局、噂という対象は、数量化を行なうための明確な基準の設定ができないのであり、時間軸に沿って頻度の変化の振幅を厳密にたどることはおよそ不可能なのである。だから、噂の流布量の変動幅を見定めようとするいかなる試みも概観的にならざるを得ない（Ploux, 2003, p. 59）。ただ、プルーが試みたように、噂が眼に見えて激しく増加する時期（プルーの言う「噂の氾濫する危機」の時期）を資料から捉えることは不可能ではない。もっとも、ここにも留保が必要で、用いる資料（プルーの場合、行政・司法・警察の報告書類）が噂の頻度の現実の変動を多少なりとも忠実に記録していることが条件となる。しかし、のちに見るように、一九世紀の諸体制はいずれも、体制の秩序を揺るがしかねない噂を政治的敵対勢力の人心操作の産物と見なしており、第二帝政の権威帝政期に典型的なように、体制の政治的な抑圧の度合が強いほど噂への警戒心も高くなり、噂が行政・司法当局者の報告書に記録される頻度が増す傾向にあった(Ploux, 2003, pp. 59–62)。行政・司法・警察の報告書類を資料とするとき、このことは念頭においておかねばならない。

以上のような留保は必要だが、プルーによるクロノロジーの試みは、当面われわれにとって一つの目安となり得る。ここから、一九世紀フランスにおける噂の発生条件について、何が言えるだろうか。プルー自身は次のように述べている。「噂は、希望や千年王国的期待の感情よりも不安や不確実さの感情の表現であることが多いから、*9とりわけ混乱した時期に増加した」(Ploux, 2000, pp. 401–402)。「混乱した時期」とは具体的には、戦争、飢饉、伝染病の流行、政治的動揺などの時期である。ただし、噂が期待の感情よりも不安の感情の表現であることが多いのは、一九世紀のフランスに限ったことではないようだ。社会心理学者のニコラス・ディフォンツォによれば、「人間にはポジティヴな情報よりもネガティヴな情報を重視する「ネガティビティ・バイアス」と呼ばれる性向がある。意思決定の専門家の調査によれば、人間はたいてい、自分の身に起こりそうな良いことよりも悪いことのほうに敏感なのだという。……したがって、「願望の噂」より「恐怖の噂」が多くでまわることになる」という(ディフォンツォ、二〇一一年、六三頁)。つまり、噂は不安や不確実さの感情を掻き立てるあいまいな状況、もしくは脅威に直面しているか、将来の脅威が予想される状況でとりわけ生じやすいということになる。

こういう状況の中では、噂は脅威の性格を明確にし、しばしば脅威をもたらす張本人を特定する。たとえば、一八三二年のコレラ流行の際には、政府、ブルジョワ、あるいはそれらから金をもらった医者が給水所の水や小売店の食物に毒を仕込んでいるという噂が流布した(Ploux, 2003, pp. 65–68)。また、第二帝政期の食糧危機のときには、噂は、穀物高騰の原因を、とくに貴族と聖職者が、王位継承権保持者シャンボール伯（「アンリ五世」）の権力掌握を図って皇帝と政府に対する民衆の不満を高めるために、民衆を飢えさせる陰謀を企んで、穀物を買い占めたり、収穫物を廃棄したりしていることに求めた[*10]（Ploux, 2003, pp. 218–221）。噂は、このように、人々が、とくに自己を不安に陥れる状況に巻き込まれたとき、その状況を何らかの一貫した解釈のもとに理解し、それに対処しようとすることで発生する。噂とは、シブタニが指摘するように、「人々が状況の定義を形成する過程」なのである[*11]（シブタニ、一九八五年、二二頁）。

噂の発生には、偶発的な要因が関わることもある。この偶発的要因については、マルク・ブロックの「虚報」に関する考察をここで想起しておこう。ブロックは「虚報は、その誕生より前に存在する集合表象から常に生れる」と述べた上で、こう指摘していた。「虚報における偶発的なものとは、必ずやありふれたものであるきっかけとなる出来事がすべてであって、この出来事が想像力の働きを引き起こすのである。しかし、この揺り動かしが起こるのは、想像力がすでに準備され、ひそかに発酵しているからに他ならないのである」。この指摘は、噂における偶発的要因の働きを考えるうえで、重要だと思われる。

噂の偶発的要因としては、まず単なるふざけ話や冗談があげられる。第二帝政下では、皇帝の暗殺の企てを語る噂が絶えず繰り返されるという状況にあった。こうした状況においては、皇帝暗殺に関する冗談は、噂の源となり得た。一八六〇年、オーベルブリュック（オ＝ラン県）のある肉屋は、冗談でナポレオン三世が暗殺されたばかりだと語った。この暗殺は聖職者の仕業だという話がすぐに加わって、皇帝暗殺の知らせは八つの町村の人々を驚愕に陥れた（Ploux, 2000, p. 399 ; Id., 2003, p. 83）。一八五四年同じくオ＝ラン県のある農民は、聴衆を驚かして喜ぼうと、イギリスが東方問題をめぐってフランスと手を切り、ロシアの旗の下にアルザスへまさに進軍しようとしていると嘘をついた。この話は噂となって、アルトキルク郡に広まった。このふざけ話が噂へと変貌した理由は、まず心理的コンテクストがそれに好都合であったことがあげられる。当時、クリミア戦争、穀物の高騰、コレラの流行が重なって、人々の間に強い不安感が醸成されていた。さらに、すでにさまざまな噂(同県ではとくに正統王朝派の陰謀や皇帝暗殺の噂)が飛び交っていたという事情があり、これらの噂に動揺していた人々がさらなる情報を欲していたということもあげられるだろう。このようにすでに噂が交錯している状況がある場合も、ふざけ話や冗談は、噂に姿を変えることがあり得たのである(Ploux, 2003, p. 82)。

　噂を引き起こすきっかけとなった偶発的出来事がごく些細なものでも、噂がきわめて大きく広まって、噂によって危険の切迫を信じた非常に多数の人々による防衛的な集合行動であるパニックが生じることがある。一七八九年の「大恐怖」がまさにそうした現象であったが、一八四八年のパリにおける六月蜂起の鎮圧後にもこのようなパニックが、ノルマンディー地方、ラン―サン＝カンタン―カンブレを結ぶ北フランスの一部、シャンパーニュ・アルデンヌ地方、フランス中西部の一部、同南西部の一部の五地帯に生じた。このときパニックに陥った諸地方の多くは、一八四八年の二月革命直後に、「財産分割主義者 partageux」の支配を確立するための大きな陰謀の噂が名望家によって広められていたところである。これらの地方の農村部においては、パリでは労働者が次々と騒動を起こしており、やがて「財産分割主義者」が農民から土地や穀物を奪いに来るだろうと不安をもって語られていた。また、これらの地方の多くは小麦の搬出地で、一八四八年における穀物価格の暴落は、穀物の低値の恩恵を受けているパリの労働者に対して敵意の感情を育んでいた。恐怖が頂点に達したのは、パリでの六月蜂起が鎮圧された直後であった。公式声明は、「士気を失った蜂起民は農村部に逃げ込み、そこで国民衛兵に逮捕されている」と伝えたが、地方では、パリから逃げ出した叛徒たちが盗賊行為に走っているとの噂が広まった(Ploux, 2003, pp. 83–88 ; Lefebvre, 1988, p. 76)。こうした状況においてパニックは発生したが、大抵の場合、各地でそのきっかけとなった出来事は実に些細なものであった。ノルマンディー地方のパニックを例に取ろう。一八四八年七月四日、ヴィール(カルヴァドス県)の集落に近いところで、農作業に出かけた一人の老女が、路傍に不審な様子の二人の男を見かけた。一人は疲れて不安げな様子で腹ばいになり、もう一人はひきつった顔で行ったり来たりを繰り返していた。後の調査で、この二人連れは精神障碍の息子とその父親であることが分かったが、老女は二人を盗賊だと思い込み怯えた。そこに地元の若者が馬に乗って通りかかり、老女は彼に自分の恐怖を伝えた。若者は急ぎ馬をヴィールへと走らせ、盗賊が迫っていると村に伝えた。すると、「財産分割主義者」の盗賊団が迫っているという噂がたちまち他の村や町に流布していった。噂が広がってゆくうちに、伝えられる盗賊の数は増えてゆき、最初は二人だったのが、一〇人、三〇〇人、六〇〇人となり、サン゠ロ、バイユー、カンの諸都市に至ると、三〇〇〇人の盗賊がヴィール近隣の森に集結し、略奪、火付け、殺害を犯していると噂された。村々では早鐘が鳴らされ、住民たちが武装した。カンには、周辺農村から三万人以上の人々が武器を持って駆けつけた(Lefebvre, 1988, pp. 76–77 ; ソブール、一九五六年、一一二―一一四頁 ; McPhee, 1992, p. 103)。発端となった出来事の些細さとその反響の規模の大きさとの隔たりは、まことに印象的である。他の地方でも、同時期に、子どもたちを怖がらせようとした冗談、旅籠での口論、森の縁で密売人を見かけたことなど、やはり些細なことがパニックを引き起こしている(コルバン、一九九七年 a、四五頁 ; Ploux, 2003, pp. 87–88)。

一九世紀フランスの農民は、アンシアン・レジーム復活の切迫を告げていると信じられる徴候に細心の注意を払っていた。アンシアン・レジームの復活を恐れる潜在的不安感が、ごく些細な偶発的出来事をその徴候として解読する噂を生じさせることがあった。一八二〇年、王位継承予定者ベリー公の暗殺が国中に動揺を引き起こしていた中で、フィジャック(ロト県)周辺の農民たちは、古い城館のクロッキーを描いて廻っていた一人のイラストレーターの様子を窺い、ついには彼を激しく襲った。ロト県の県知事は、この事件について、内務大臣にこう報告している。「農民たちは、彼は旧領主たちの手先で、旧領主たちの代わりに、城館の復旧と譲渡された財産の回復のために、プランを立てたり策を練ったりしていたのだと信じていました」(Ploux, 2000, p. 401 ; Id., 2003, p. 88)。また、一八六八年には、シャラント県、ドルドーニュ県、およびジロンド県の一部に教会十分の一税の復活の噂が広まり、農民たちが教会に押し寄せる騒動がこれらの諸県で相次いで発生した。その噂を引き起こしたのは、ごく些細な二つの出来事だった。一つは、正統王朝派の名望家レストランジュ侯がシュヴァンソー(シャラント＝アンフェリウール県)の教会にユリの紋地の上に諸聖人をあしらった二枚のステンドグラスを寄贈したことであり、もう一つは、ラ＝ロシェル(シャラント＝アンフェリウール県)の新任司教トマが、マーガレットと麦穂が描かれた、自分の家紋の付いた盾形の標識を司教区の各教会に掲げさせたことであった。農民たちは、ユリ紋に、またマーガレットと麦穂に、教会十分の一税復活が差し迫っている証拠を見て取った。教会十分の一税復活が差し迫っているとの噂が広まったシャラント県、ドルドーニュ県、ジロンド県の村々では、農民たちが棒や農業用フォークを手に教会になだれ込み、内陣を飾っていた花やブドウの房や麦束を奪った。農民たちにとって、これらの花や果物も十分の一税復活の急迫を告げる証しであったのだ。時に司祭は手荒く扱われ、司祭を守ろうとした憲兵たちは石を投げつけられた(Bercé, 1974b, pp. 214–221 ; コルバン、一九九七年a、三六―三八頁 ; Weber, 1976, pp. 250–251)。

一九世紀のフランスでは、国家の実施する調査、統計作成が噂を引き起こすこともあった。このような噂には、ローカルな住民の国家に対する警戒心が反映されていた。一八一九年一二月、選挙法改正を求めるユルトラの攻勢によって引き起こされた不安から、各地にアンシアン・レジーム復活の噂が流れる中、シャラント県のプロテスタントたちは、自分たちが対象とされた全数調査を新たなサン＝バルテルミーの虐殺の前兆と解釈した。同県のコニャック郡では、村々の村長が、村民のこうした怯えを郡長に報告しに行っている(Ploux, 2000, p. 400 ; Id., 2003, p. 91)。また、一八四一年の夏に、主に南フランス(アキテーヌ地方、ラングドック地方、オーヴェルニュ地方、アルプス地方など)のおびただしい数の村や町で発生した反税騒擾もこの種の行動様式に入る。この騒擾はトゥールーズから始まり、地域によってはきわめて激しい様相を呈し、トゥールーズやクレルモン＝フェランでは、軍隊との衝突により、叛徒側に死者を出すに至った。これらの騒擾は、直接税の厳密な徴収のために全国の市町村で実施された税務調査に抵抗して生じたもので、その背景にはこの調査を新税導入のための施策だとする噂の流布があった。この噂と騒擾の広がりの規模の大きさゆえに、これはとくに注目に値する出来事で、以下で少々立ち入って見てみよう。

問題の税務調査を主導したのは、財務大臣ジャン＝ジョルジュ・ユマンであった。彼がスールト内閣の財務大臣に就任した一八四〇年一〇月当時、国家は、鉄道の敷設、運河網の開設計画、ティエールによるパリの要塞化などによって、一億三八〇〇万フランの財政赤字を抱え込んでいた。この事態に臨んで、ユマンは、課税率の引き上げや新税によってではなく、個人動産税、戸口・窓税、営業税などの直接税に関する諸法を厳密に現状に適用することによる税収増を図ることにした。一八四一年二月二五日の財務相通達は、建築財産、戸口・窓、個人課税対象の個人、営業税納税義務者、賃貸収入の総合調査を、全国の市町村で実施することを各県知事へ伝えた。しかし、この通達で規定された調査方法は、右派の正統王朝派からも左派の共和派からも、コミューン(市町村自治体)の自治を侵害するものだとして批判を受けた。というのも、従来、定率税ではなく配賦税[*12]である不動産税、個人動産税、戸口・窓税の場合、個人の課税額の査定は、市町村議会によって指名された配賦人の役目であり、税務署員はその配賦人の作業に立ち会う権限しか持たなかったのに対して、今回の財務相通達は、調査実施の権限を国家役人である徴税監督官に与え、市町村長にはその支援を義務付けるという補佐的な役割しか認めなかったからである。当時、選挙法改正運動を展開していた共和派は、ここにさらなる政府批判の対象を見出し、正統王朝派以上に活発なプロパガンダ活動を繰り広げた。彼らは、新聞や張り紙や口頭宣伝で、徴税監督官の「家宅侵入」の違法性やユマン調査による租税負担の増加の脅威を唱え、人々のうちに古くからある反税感情に訴えかけた[*13](Ponteil, 1937, pp. 316–324 ; Ploux, 1999, pp. 238–246 ; Caron, 2002, pp. 53–76)。

以上のような財務大臣の決定とそれに対する反体制派の批判が引き起こした動揺が、噂の波を生じさせた。正統王朝派も共和派も政府による新税導入の脅威を宣伝したわけではなかったにもかかわらず、人々の間には、政府による調査は、彼らの所有する布製品、衣服、家財、寝具、食器、農具、家畜などの目録を作成することが目的で、この目録はこれらのささやかな彼らの財産にやがて新税を課するのに用いられるのだという噂が流布した。奉公人や、さらには生れてくる子ども、ないしは妊婦までもが新税の対象になるのだとも噂された(Ploux, 1999, p. 251)。テュル(コレーズ県)では、椅子に年間一フラン、衣装だんすに一〇フラン、シーツ一二枚に六フラン、肌着一二枚に六フラン、靴下一二足に四フラン、毛布一枚に三フラン、女児を産んだ女性には二〇フラン、男児なら一フランという具体的な課税額を示す噂が流れた（Ponteil, 1937, p. 335）。このように新税の課税額を詳細に伝える噂は、他の村や町にも確認されるが、こうした噂は、その信憑性を高めるのに寄与したことであろう。ここに見られる布製品や新生児への新税の噂は、決して新しいものではなく、アンシアン・レジーム期の南フランス各地に前例がある（ドリュモー、一九九七年、三二七頁 ; Bercé, 1974b, pp. 72–75）。布製品や新生児への新税というこの強迫観念は、民衆心性のうちに深く根を張っていて、刺激を受ければすぐに再出現するものであったと考えられよう。

騒擾は、大抵の場合、徴税監督官ら税務署の調査員がコミューンにやって来たときに起こった。しばしば、まず子どもたちが、調査を遂行する税務署員らを罵りながら、家から家へと彼らの後について回り、間もなく女たちが子どもたちに加わる。やがて男たちが介入すると、調査員たちに石を投げつけるなどの物理的暴力が始まる。そうなると、女たちはエプロンに石を集めて男たちに渡すなどの補助的な役割に回った（Ploux, 1999, pp. 257–258 ; Id., 2003, p. 99）。多くの村や町で、調査員たちは、「盗賊」「盗人」「悪党」と罵られている。騒擾は、布製品や家財への新税の噂にも窺えるように、家庭という私的圏域を国家の行政当局が侵害することへの抵抗の表現であったが、同時にローカルな共同体の基本的諸権利に対する国家の侵害への抵抗の表現でもあった。そのことを窺わせる二例をあげよう。ヴィルフランシュの憲兵隊中尉から陸軍大臣への報告書によると、ヴィルヌーヴェル（オート＝ガロンヌ県）では、農民たちは、調査にやって来た徴税監督官らに「大声で、しかし大いに落ち着いた様子で、政府は法によって規定された調査を行う権利を村当局から巻き上げるという大きな誤りを犯しており、税務署員が調査を行うに至るとしたら、それは無理やりのことでしかないと明言しました」という。モンサンプロン（ロト＝エ＝ガロンヌ県）では、集合した群衆は、数名の委員を指名し、この委員たちに徴税監督官の家宅訪問を監視させるという挙に出て、いわば実力行使でコミューンの権利を回復した（Ploux, 1999, p. 256 ; Id., 2003, p. 100）。一八四一年の夏に主に南フランスに広まった騒擾には、コミューンの諸権利を守ろうとする住民の熱意とその住民の国家に対する極度の警戒心とが読み取れる。そして、この国家に対する強い警戒心が、噂の流布を促したのであった[*14]。

3　人心操作と噂

噂は、人心を操作するために意図的に流されることがある。ブロニスラフ・バチコによれば、テルミドール期に流布した、ロベスピエールが国王となってルイ一六世の娘と結婚したがっていたという噂は、ロベスピエールの排除を後から正当化するために、テルミドール九日のクーデタを起こした者たちによって捏造され、流された作り話であった（Baczko, 1989, pp. 15–56）。また、アラン・コルバンによれば、一九世紀のペリゴール地方の農村社会には、「農村ブルジョワジー」（非貴族の富裕な土地所有者およびそれを苗床とした自由業従事者など）による農民大衆の想像界への長く巧妙な働きかけという「ブルジョワ的戦略」の強力な作用が見て取れる。この地方の「農村ブルジョワジー」は、フランス革命期に形成された反貴族の言説を増幅させつつ農民大衆へと広め、農村における社会対立の軸を富と土地所有から逸らせ、家柄や「カースト」を軸とした対立へと水路づけることに腐心した。「農村ブルジョワジー」の言説では、貴族の尊大さや傲慢さが大きくデフォルメされ、社会的格差を維持することに汲々とした貴族というステレオタイプが構築されてゆく。さらに彼らは、封建地代や領主裁判権が復活するかもしれないとか、国有財産の返却のおそれがあると騒ぎ立て、封建的諸特権の復活に対する農民の不安を煽り立てた。こうした噂を広めることで、「農村ブルジョワジー」は、アンシアン・レジームの復活をもくろむ「貴族の陰謀」という観念を農民大衆に刷り込むことに躍起になった。その結果、この観念は一九世紀末頃まで農民大衆に取り憑き続けることになるという。また「農村ブルジョワジー」は、聖職者も貴族と結託してアンシアン・レジーム復活を企んでいると吹聴した。司祭の口やかましい厳格主義や、コミューンの問題に対する司祭の干渉や、高すぎる冠婚葬祭の料金が、司祭と農村住民との間に緊張関係をもたらしたことは、他の諸地方についてもよく知られているところだが、こうした緊張関係に基づいて農民のうちに醸成された「内生的な」反教権主義は、貴族と聖職者の結びつきの強さを故意に誇張して両者がアンシアン・レジームにおける卓越性や諸特権を復活させようとして陰謀を企んでいると言い立てる「農村ブルジョワジー」の言説によって、さらに一層掻き立てられたのであった（コルバン、一九九七年 a、一三一—一三〇頁）。

一八一九—一八二〇年の政治危機の場合にも、「農村ブルジョワジー」が噂を広めることで人心を操作しようとした好例を見て取ることができる。この事例について、やや詳しく見てゆくことにしよう（以下、この事例については、Ploux, 2000, pp. 408–410 ; Id., 2003, pp. 173–177 を参照）。

そもそもこの政治危機は、選挙法の改正をめぐって生じたものであった。一八一七年二月に可決された選挙法（いわゆる「レネ法」）は、純理派の思想から影響を受けた者たちによって、選挙における土地貴族の影響力を削減し、したがってまた、ユルトラの勢力を削ぐ手段として構想されたものであった。課税額年三〇〇フラン以上の有権者を県庁所在地に集めた単一の選挙会による直接投票という方式は、土地貴族よりも都市に住むブルジョワジーに有利と見なされていた。[*15] 実際、一八一七年一〇月の選挙ではユルトラに替わって立憲王党派が多数を占めるに至った。下院議員の五分の一を毎年改選する規定も手伝って、左派を成した自由主義派の進出はいちじるしく、ボナパルト派や共和派までもが当選した。こうした事態に対して、ユルトラは、土地貴族により有利となるように選挙法を改正することを望んだ。そして、一八一九年二月二〇日、バルテルミー侯によって貴族院に選挙法の改正が提案された。この提案に、議会も新聞も大揺れに揺れた。三月二日、貴族院はバルテルミー提案を可決する。九月一一日の下院五分の一改選で、自由主義派は改選議員の三分の二の二五名を当選させ、その中にはかつてのジャコバン派国民公会議員でルイ一六世の「弑逆者」であるグレゴワールが含まれていたことは、ユルトラの恐れを正当化するかのように思われた。政府の政策の右傾化を伴った、一一月二〇日の内閣改造の直後に、首相のドカーズは、選挙法改正案を下院の審議に付した。国王も玉座での演説でこの改正案に言及した。このような事態に対して、自由主義派は、レネ法維持を訴える請願運動を組織して、世論を動員することに乗り出した。彼らは、選挙法改正は憲章《シャルト》の保証するものの無効化へと、つまりはアンシアン・レジームの復活へと道を開くものだと世論に訴えた。

だが、自由主義派によるこのプロパガンダ活動の現実の影響力を測るためには、出来事のクロノロジーに着目する必要がある。というのも、地域によっては、農村部の住民が、自由主義派がプロパガンダ活動に着手する前に、選挙法の改正がもたらし得る結果について、不安を示し始めた所もあるからだ。バス＝ピレネー県では、上院におけるバルテルミー侯の提案は、二月二八日に伝えられたが、この知らせは住民の不安を呼び起こした。イゼール、ドローム、モゼール、ウール、セーヌ＝エ＝マルヌ、ロワール＝エ＝シェール諸県の県知事たちも、バルテルミー提案が県民のうちに引き起こした不安を報告している。ガール県とシャラント県では、もっとも不安を抱いたのは、プロテスタントたちであった。だが、こうした不安は、アンシアン・レジームの復活を恐れるものばかりではなかった。三月の初めには、おそらくユルトラの反動の意思に対抗する保証と見なされていた国王に関して不安を掻き立てる噂も流れていた。コート＝ドール県では、国王は暗殺の犠牲となったと噂された。イゼール県では、国王は病気になったと言われた。アンドル県、バス＝ザルプ県、トゥーロン市では、国王が死んだという噂が流れた。また、三月五日付けの憲兵隊のある報告は、バルテルミー提案がメーヌ＝エ＝ロワール県にきわめて激しい動揺を引き起こしたことを述べたうえで、次のように付け加えている。「もっとも憂慮すべき噂が農村部に流布しており、その中には、内戦が迫っているとの噂すらあります」。同じ時期、フランス西部の諸県では、土地貴族・聖職者の影響力の強いヴァンデ県が深刻な騒乱に陥っていると噂された。

したがって、自由主義派のプロパガンダは、必ずしも一八一九年三月にフランスを見舞った恐怖の波の源になったわけではなかった。逆に、彼らは、その波を直接に引き起こせなかった所では、ユルトラの攻勢を、教会十分の一税、封建的賦課租、諸特権、賦役の復活へと、そしてとくに国有財産売却の取り消しへと必ずやつながるはずの事態だと言い立てることで、この恐怖に糧を与え、これを誘導しようと努力することになる。国有財産問題がとくに強調されたことは、レネ法の改正案に対抗して、農村社会の上部階層を動員しようとする自由主義派の意思によって説明がつくだろう。というのも、結局のところ、出回っている請願書の下欄に自分の名を署名できる能力を持つのは、農村社会の上部階層に属する者たちに限定されるからである。

自由主義派のプロパガンダ活動は、パリ周辺の諸県（ソンム、オワーズ、セーヌ＝エ＝マルヌ、ロワール＝エ＝シェール、ウール＝エ＝ロワール、ウール、アンドル＝エ＝ロワール）でとくに活発であった。一八一七年の選挙法の維持を要求する請願書は、読書クラブ、居酒屋、カフェ、小売店、仕事場、市場を巡った。家から家へと回されもした。この請願書に署名を求めて回ったのは、公証人、弁護士、役人、「土地所有者」らであったが、彼らは、少なくともいくつかの県で、できる限り多くの署名を集めるために、請願書の内容を変質させて伝えた。すなわち、数多くの農民が文字を読めないのを利用して、自由主義派の活動家たちは、この請願書はアンシアン・レジームの復活の企図への抗議を含んでいると農民たちに信じ込ませたのである。彼らは、ほとんど常に同じ手法に訴えた。一般に、市の立つ日に請願書は、市に集まった人々に提示された。そして翌日には、封建制の復活や国有財産売却の無効化の噂が広まった。自由主義派の活動家が噂の流布に責任がある明らかな事例は、モゼール県、ソンム県、シャラント＝アンフェリウール県、モルタン郡（マンシュ県）、オート＝ガロンヌ県に見出される。ヴェルノン（アンドル＝エ＝ロワール県）の村長は、何人かの「共謀者」とともに、国有財産、教会十分の一税、封建的賦課租に関する噂を広めることで、署名を集めようとしたとして、起訴され、有罪となった（これらの噂は、トゥール近隣の六つのコミューンで指摘された）。この村長の「共謀者」たちは、中小ブルジョワジーに属していた（公証人、村長、卸売商、税務署員、弁護士など）。彼らは日常的に情報の普及における媒介者の役割を果していた。そうした社会的立場のゆえに、人心の操作も、彼らにはさほど困難なことではなかった。こうして、封建制復活の噂は、選挙法改正をめぐる対立が頂点に達する一八二〇年の春まで農村部に流布し続けるのである。

しかし、同じ時期に、また諸々の別の噂も流布していたことに注目せねばならない。たとえば、子どもの毒殺、徴兵適齢者の特別招集（オート＝ヴィエンヌ県の農村部では、ルイ一八世が「黒人」王に軍事的援助を与える約束をしたので、新兵はアメリカの「未開の地」に送られるのだと噂された）、プロテスタントの虐殺、ブルターニュの蜂起、イエズス会への教育の委譲、王弟アルトワ伯への国王ルイ一八世の譲位、貴族・聖職者と提携したアルトワ伯によるクーデタの試みとパリのフォーブール・サン＝タントワーヌの労働者たちの介入によるその失敗、穀物の高騰、盗賊団の存在、自由主義的諸条項を盛り込んだ憲章《シャルト》にあまりに執着している県知事や役人の罷免などが噂された。これらの多様な噂の出現は、政治闘争に身を投じた農村エリートたちが、農民たちの不安の感情を完全に誘導する能力は持っていなかったということを物語る。噂による人心操作について考えるとき、この点は見逃してはならないポイントであろう。

噂の流布において、意図的な操作——より特定的には政治的な操作——の役割を過小評価してはなるまい。「民衆的諸階層の政治的想像界は、現在の集合的経験といわば自己維持的な社会的記憶だけをもっぱら糧とする完全に自立的な審級ではない」のであり、そして「一九世紀には、民衆的諸階層の政治的想像界は、かつてないほど党派の宣伝熱に働きかけられた」のである(Ploux, 2003, p. 108)。しかしながら、噂によるプロパガンダは、人心に常に影響を与えるというわけではない。プルーが指摘するように、「虚報は、受容的な土壌と出会うという条件下でのみ広がるのである」(Ploux, 2003, p. 108)し、シブタニの述べるように、「煽動者の技量がいくらすぐれていても、人々のなかで発展しつつある雰囲気を反映した話でなければ受け入れられない。特に強い興奮状況では、すでに「ひろまっている」(in the air)内容に合わせた表現をしないかぎり煽動がうまくいくことはない」(シブタニ、一九八五年、二七六頁)のである。さらに、噂は、それをプロパガンダとして創り出した人びとの思惑からしばしば逸れて行く。なぜなら、メッセージの内容が、個々人の観点に応じて、歪曲されたり再解釈されたりして、伝播の過程で変質を被り得るからである。噂を受け取った主体が、それをどう他者へと伝達するかは、意図的操作の埒外にある。すなわち、噂は、公衆内部における自立的な情報伝達のプロセスを前提とせざるを得ない。結局のところ、噂は「完全に統御されるわけではない力学に応じて進む」(Ploux, 2003, p. 108) と言えるのである。

4　噂の伝播

噂の伝播のプロセスを考察するに当たっては、噂の発生地(噂の源となった場)と中継地(噂がそこを通過した場)とは区別せねばならない。だが、すべての噂が、主要な一つの発生地から拡散したというわけではない。一つの同じ噂が、互いに離れた複数の地から、一見したところ何の脈絡も窺えぬままに、同時に発生する場合もあり得た。先述した、一八四一年に南仏の諸県に流布した新税の噂の場合がそうであった。この噂の流布においては、主要な一つの発生地が見て取れず、発生地として特定できるのはいくつかの町であるが、そこから周辺の諸小郡へと噂が広まっていくという様相を呈したのであった(Ploux, 2000, p. 411 ; Id, 2003, p. 109)。

同時代の噂の観察者たちの大多数は、多少とも同類の噂が同時に離れた場所で発生するという現象を、公権力への敵対者たちによる組織された行動の証しと解釈した。一方で、より数は少ないが、おそらくより洞察力のある観察者たちは、まったく逆のことを推論した。一八二〇年六月にピュイ＝ド＝ドーム県でありとあらゆる「ばかげた流言 bruits absurdes」が流布していたとき、同県の知事は、それらに公権力への敵対者たちによる組織された「悪意」を見ることはなかった。「なぜなら、〔そのように見れば〕悪意をあまりに広汎なものと想定しなければならなくなってしまうだろうからです。〔これらの噂は〕いわば不安の激しさと多様さから同時に生じているのです。こうした不安が社会の底辺の諸階層にまで及んでいるときは、とくにそうなのです」と知事は内務大臣に書き送っている(Ploux, 2003, p. 109)。

だが、国土の広大な部分に広まった噂の大多数は、パリに源を発した。私人の手紙によって、あるいは徒歩や馬車で移動する旅行者によって、パリで発生した噂は、そこから放射状に地方に伝播していった。その一例を以下にあげよう(この事例については、Ploux, 2003, pp. 110–113を参照)。

一八二六年一一月から翌年の一月にかけて、シャルル一〇世殺害の試みについての虚報がパリで広まったあと、地方の広範な地域へと広がっていった。警察資料によると、この噂は、国王が参加した狩猟の集いの最中に、ある衛兵に起こった事故が発端となったようだ。一八二六年一一月末、シャルル一〇世が暗殺を免れたとパリで噂されるようになり、とくに居酒屋で話の種となった。この噂が地方へと伝播し、巨大な虚報となっていったのだが、噂の筋立てはほぼどこでも主要な四つのモチーフから成り立っていた。まず、事件は狩りの最中に起きたということ。暗殺者(噂のヴァージョンによって、狩猟地番人、衛兵、憲兵の違いはあった)は、国王に向けてピストルを撃ったこと。国王は軽傷で済んだこと。そして、企てが失敗したのを見ると、暗殺者は自分の「頭を撃ちぬいた」(各地の資料に現れる言)ということである。このような噂が、首都から地方農村へと伝播していったルートの具体例をいくつかあげれば、次のようなものがある。一八二六年一二月末、スダン(アルデンヌ県)の居酒屋で、パリからやってきた五人の出張営業代理人voyageurs de commerceが、ある薬剤師に国王暗殺未遂の報を告げた。この薬剤師は、彼らの話をスダン駐屯部隊のある軍曹に伝えた。軍曹は、その噂を機甲部隊兵たちに語った。これらの兵士たちが噂を街へと広め、さらにスダンから周辺農村部へとそれが伝播していった。このタイプの伝播ルートはよく見られ、まず噂が兵舎内部に広がり、次いで部隊の駐屯する都市へ流出し、それから周辺農村部へと流布していくことは稀ではなかった。また、パリ近郊にあるアルフォール獣医学校のある学生は、パリに隣接するシャラントンという町のカフェで国王暗殺未遂事件の話を聞いた。彼は、エール＝シュル＝リスという村（パ＝ド＝カレ県）に住む兄（軍の獣医官）に事件を手紙で伝え、手紙を受け取った兄は、すぐに村の居酒屋でその手紙を読み上げた。さらにアンドル県ならびにクルーズ県の場合、パリに滞在したのち故郷へ帰ってきた出稼ぎ労働者たちが、両県にこの噂を伝えた。

パリ以外の大都市が大きく広まった噂の発生地となることもあった。一八二九年三月、シャルル一〇世が死去したという噂が発生したのは、パリではなくリヨンであった。この噂は、リヨンからローヌ川沿いやニームおよびマルセイユに至る街道を経て南仏方面に広まり、「周辺諸県の山間地域」（ドローム県知事（？）から内務大臣への手紙での言）にまで及んだ（Ploux, 2000, p. 412 ; Id., 2003, p. 114）。プルーの言うように、「すべての噂が大都市で生まれるわけではないが、大都市は共鳴箱の役割を果たし得る」（Ploux, 2003, p. 114）のである。一八六二年の末にナポレオン三世暗殺未遂の噂の発生が資料上最初に確認できるのはスイスのバーゼル州で、次いでその噂は隣接するフランスのミュルーズ郡（オ＝ラン県）に浸透したが、それが他の広範な地域へと広まったのは、パリを通過したのちのことであった（Ploux, 2000, p. 412）。

噂の流布圏の様相に注目すれば、農村における噂の流布の場合は、噂の語り手と聞き手とが直接接触し、口頭で噂が伝えられるので、噂の流布圏に大きな空白域が生じることはない。だが、情報の伝達に口頭以外のコミュニケーション様式――とくに書簡や電信――が介入する場合や、噂が長距離を駅馬車等で移動する旅行者によって伝えられるとき、噂の流布圏は、より分散的な様相を呈することになる。流布圏が分散的になる場合、とくに農村への噂の伝播で注目しておきたいのは、手紙の果たした役割である。兵士やパリで学ぶ学生、パリで働く出稼ぎ労働者などは、親族に宛てた手紙の中で、都会の居酒屋、仕事場、街頭、兵舎での会話の最中に聞いた話に言及し、意図せずして噂を自分の故郷へと広めてしまう。農村世界では、特定の個人に宛てた私的な書簡であっても、それが情報の集団的普及のプロセスへ挿入されることがあり得たことに注意しなくてはならない。手紙が宛先に届くと、隣人たちがそこへ情報を求めにやって来る。また、手紙が居酒屋や村の広場で読み上げられることも稀ではなかった(Ploux, 2003, pp. 115–116)。

ある噂の発生地の人口規模の大きさとその噂の流布圏の広さとの間には、明白な関係がある。パリで発生した噂は、国土のどこへでも伝播する可能性があった。しかし、主たる一つの発生地がなくても、互いに離れた複数の諸県で同一の噂が指摘されることもあった。ある噂を聞いた者は、自己に関わるなんらかの事態が生じ得るとその噂から想定されるときにのみ、議論し、その結果として判断を得るために、それを周囲の他者に伝える。つまり、ある噂が流布するかどうかは、伝達主体の噂との関わり合いの度合いによって規定される。新たなサン＝バルテルミーの虐殺の噂は、プロテスタントの多い地域に流布した。教会十分の一税や封建的諸特権の復活は、農村部で噂された。一方、戦争、王政復古期のナポレオンの帰国、第二帝政期のナポレオン三世の暗殺などの陰謀、新税についての噂は、こうした社会的あるいは空間的限定を伴わなかった(Ploux, 2000, pp. 412–413 ; Id., 2003, pp. 116–117)。

一九世紀の観察者たちが断言したのとは反対に、噂は、最も貧困な諸階層のみにもっぱら流布したわけではなかったし、また必ずしもそれらの諸階層に優先的に流布したのでもなかった。ときには、社会階梯の上から下へと噂が伝播することもあったことを押さえておく必要がある。一例をあげよう。

一八六〇年四月頃、タシェ・ド・ラ・パジュリー夫人は、ある伯爵夫人の家を訪問した際に、皇帝の命を狙ったテロの噂を語った。伯爵夫人に家庭教師として雇われていた青年は、パリで勉学中であった友人にその噂を語った。その友人が今度は、プレーヌ＝フジェール(イル＝エ＝ヴィレーヌ県)に住む父親への手紙の中で、噂に触れた。こうして四月一〇日、その噂は同村に広まったのである(Ploux, 2000, pp. 413–414 ; Id., 2003, p. 117)。

噂の伝達主体に注目すれば、あるカテゴリーの人々が、噂の伝播においてとくに重要な役割を果たしたことが窺える。それは、浮浪者、行商人、駅馬車の御者など、恒常的ないし反復的に移動をする人々である。彼らは、定住的・孤立的な住民にとって、多少とも定期的に外の世界の情報をもたらしてくれる人々であった。

浮浪者は、旅を続ける間に耳にした情報を提供するのと引き換えに、施しを受けたり、納屋に一夜の宿を与えられたりした。彼らには、寛大な恵みを引き出すべく、聞き手が気に入りそうな話をする傾向があった。一八五四年四月には、ある浮浪者が、王党派と目した修道士たちに対して、ナポレオン三世が病気であり、間もなくアンリ五世の治世が訪れると語った。同時期、また別の浮浪者は、共和主義者と評判の職人たちに対して、間もなく皇帝の命を狙ったテロが起きると告げた(Ploux, 2000, p. 414 ; Id., 2003, p. 118)。

行商人については、一八一五年一二月一五日付けの各県知事宛て通達の中で、内務大臣ヴォブランは、こう述べている。「自分の村の教会の鐘楼が見えなくなる所へは行ったことがない農民たちは、旅をする商人たちの話を神託のように聞く」(Ploux, 2003, p. 118)。この言葉は、公権力が行商人の民心に対する影響力をいかに不安視していたかを窺わせる。公権力は、行商人たちを反体制的党派によって金で雇われた手先ではないかと疑っていた。実際、一八一五年のこの内務大臣通達には、次のように記されている。「フランスは、あらゆる方向へと国を貫いて歩む行商人たちで覆われている。彼らの旺盛な生業は、最も小さな部落をも経巡り、最も孤立した住居にまで及ぶ。悪意や徒党的精神が彼らを利用して虚偽や陰謀の手先とすることがあまりにも多い。……彼らが害を及ぼすことを食い止めるためには、彼らを監視しなければならないし、彼らを有益なものに変えるには、指導が必要だ」(Ploux, 2003, p. 119)。王政復古初期のように世情不安定な時期には、政府は地域当局に対して、行商人の動向を監視するよう要請したのであった。しかし、行商人は、反体制派の手先として組織的に噂を流していたのではなく、単に客を引き寄せようとの目的で、センセーショナルで、しばしば虚偽の物語を語っていたというのが実情であろう。一八二三年四月、毛布とハンカチを扱っていたある商人は、ロゼール県のある村の広場に商品を並べて、自分は脱走兵であり、ボナパルトがスペインにいると語った。またナポレオン三世の治世当初に、ニエーヴル県のある村では、一人の女乞食が、皇妃のポートレートを商品として並べて、皇妃は離縁された、「なぜなら、彼女は金持ちと外国人の味方だから」であると述べた(Ploux, 2003, p. 119)。

駅馬車の御者は、定期的に旅籠や居酒屋などを訪れ、しばしば噂を各地で最初に広めることになった。駅馬車の通過に伴い、その経路に沿ってまたたく間に噂が広まっていくことも稀ではなかった。一八五九年六月、イタリアとの戦争の最中、ペルピニャンとポール＝ヴァンドル(ともにピレネー＝ゾリアンタル県)を結ぶ駅馬車の御者は、ペルピニャンの壁に張り出された公式のビラの内容を自分では知ることができなかったので、ビラを見るために集まっていた人々にその内容を尋ねた。彼らは、皇帝が負傷したと彼に告げた。御者はポール＝ヴァンドルへ向けて馬車を走らせ、宿駅ごとにその虚報を伝えていった(Ploux, 2000, p. 414 ; Id., 2003, pp. 119–120)。

噂の流布過程においては、人々が集まって会話が交わされ、情報が交換される場が噂の放射点となる。農村世界における噂の放射点として特筆すべき役割を果たしたのが、定期市である。定期市に集まった人々が交わす会話について、コルバンは次のような特徴を指摘する。「この一時的な社会は、言語交換の空間を拡大する。それは人々を、農村共同体の内部を支配しているいくぶんか重苦しい面識関係からそらしてくれるのだ。隣人関係の枠からはみだす種々の情報が、このとき相互に伝達され、論評される」(コルバン、一九九七年a、一〇一頁)。定期市にやってきた人々は、自己が所属する相互面識集団の外部の情報を得て、村へと帰りそれを広めるのである。定期市から村へと噂が伝播した一例を見てみよう(この事例については、Ploux, 1999, pp. 253–254 ; Id., 2003, pp. 121–122 を参照)。カンブリ(ロト県)の鐘つき人にして村役場の守衛であるベルナール・カスタニエは、一八四一年八月、ユマン調査に関する虚報を広めた罪で起訴された。彼は以下のような供述をしている。「この前の八月一四日、フィジャックでの定期市の日、私はそこに行きました。多くの者が間もなく行われる調査について話をしているのを聞きました。すべての台所用品、すべての布製品、すべての家具の目録が作られ、やがてどの道具も課税されるのだと語られていました。そのような話をしていた者たちを名指しすることは無理です。なぜなら、〔もしそうするとしたら〕私が居酒屋や小売店で出会ったすべての者たちの名前を挙げなければならないでしょうから」。フィジャックの定期市の翌日は、カンブリの守護聖人の祭日であった。ミサのあと、村民たちは教会の前でカスタニエが語る情報に耳を傾けた。鐘つき人はこう供述している。「私は言いました。税務署員はおれたちの家具調度の目録を作りに今週コミューンにやって来るに違いない、奴らはどの道具にも税をかけるだろう、おれたちはベッドにまで税を払わなきゃならなくなる」。

村の相互面識集団の内部で噂がどのような流布過程をたどったかについては、行政・警察・司法関係の資料からはほとんど窺い知ることができない。行政・警察・司法関係者は、噂を最初に広めた人物を特定するよう努めるが、その後どのようなルートで村内に噂が広まっていったかには関心を払っていないのである。ただ、人々が普段から集まって会話を交わすソシアビリテの場が、このようなローカルな圏域における噂の放射点となったことは間違いなかろう。そうした場としては、居酒屋、小売の店、職人の仕事場、夜の集い、洗濯場などが考えられる（Ploux, 2003, p. 121 を参照）。噂は、こうした場で語られたのち、村内へと拡散していったであろう。噂が必ずやこうしたソシアビリテの場を介して村内に広まったとは限らないが、ソシアビリテの場は、日常的に相互面識集団内の主要な言語交換の場としての役割を果たしていたがゆえに、噂の流れを増幅させる機能を持ち得たと見てよい。

フランスにおける一九世紀は、情報の流通の領域において、重要な発展を見た時代であった。新聞などの定期刊行物の発刊は飛躍的に増加し、鉄道や電信の敷設は情報の伝達速度を格段に引き上げた。この時代、情報伝達は、定期性という面でも、迅速性という面でも、大きな進展を遂げたのであった。しかし、「情報のアンシアン・レジーム」（Ploux, 2003, p. 57）とでも呼べるような状態のいくつかの特徴は、なおも持続していた。新聞へアクセスする社会層は、アンシアン・レジーム末期以来、民衆諸階層にも広がり始めたとはいえ、民衆諸階層のなお低い識字率のゆえに、文字に書かれた情報は、口頭を経由しなければ広まらなかった。そしてまた、定期刊行物の飛躍的発展にせよ、公権力によるコミュニケーション・インフラの近代化の促進にせよ、情報伝達における伝統的な媒介者ないし媒体（行商人、旅行者、浮浪者、出稼ぎ労働者、駅馬車の御者、書簡）を消滅させることはなかった。一九世紀のフランスにあっては、これらの伝統的な媒介者ないし媒体や私的な知り合い間の口頭によるコミュニケーションが、噂の伝達される非公式のコミュニケーション・ネットワークの形成に主として与《あずか》ったのであった。

5 噂への公権力の対応

噂に対する公権力の対応について見る前に、一九世紀の公権力が噂をどう見ていたかについて述べておこう。プルーによれば、一八一四―一八七〇年におけるフランスのどの体制下においても、公権力の保持者や行政当局は、一貫して、噂を公権力に対する政治的敵対者による無知で軽信な人々の操作の産物としてみなしていたという。ナポレオンの百日天下では、王党派が虚報を流していると見られた。王政復古の初期には、帝政復活を望む者たちが国中を襲った噂の波の源と疑われた。しかし、同じ王政復古期でも、王党派が九割以上の議席を占めた「またと見出しがたい議会」の解散(一八一六年)直後には、ユルトラの手先も虚報の流し手としてしばしば非難され、一方一八一九年以降は、農村部に流布している虚報を公権力は「自由主義派」の術策によるものと見た。七月王政下では、「急進派」(共和派)が虚報の主要な出所として告発され、ときには彼らが正統王朝派と結託して噂を流していると疑われた。第二帝政下では、共和派の策略によるものと見なされぬ噂は、ほとんどなかった(Ploux, 2003, pp. 78–79)。

すでに見たように、党派的目的による人心操作の産物として噂を見ることは、まったくの過誤というわけではない。しかし、その見方は、噂の実態の緻密な観察に基づくものとは言い難かった。〈噂=党派的な人心操作の産物〉と見る思考の枠組みは、公権力が噂の増殖を規定ないし促進している原因や噂の意味について深く省察することを妨げることになった。このような思考枠組みが自明なものとしての規定力を持ったのは、それが一九世紀の政治エリートによって共有されていた民衆の表象を反映していたからだとプルーは指摘する。その表象とは、次のようなものだ。民衆は、素朴ではあっても、ある種の明晰さを本性として備えている。その明晰さのゆえに、彼らは、自分たちを統治する者たちを自発的に敬う。それが彼らの利益となるからだ。だから、体制へのあらゆる異議申し立ての言説は、民衆の外部からもたらされるのであり、民心操作の産物以外のものではあり得ない。実際、貧しい階級は、軽信で、非常に影響を受けやすい。彼らはどんなに「ばかげた absurde」噂でも受け入れ、機械的に再生産してしまう。この階級は、固有のオピニオンを形成することができず、外部からの影響を受けやすい「客体としての階級 classe-objet」なのだ。一九世紀の政治エリートは、この階級が、想像界を生産する能力を備えていることなど、ましてや独自の政治意識を持っていることなど考えも及ばなかったのである(Ploux, 2003, p. 80)。

このような民衆の表象を抱懐する公権力の噂に対する態度は、ある種の矛盾を呈することになる。統治者は、公衆のうちに流布する虚報の「ばかばかしさ」や「支離滅裂さ」を絶えず述べ立てる。しかし、噂は、正統なる権威を揺るがす企図の道具として見なされるがゆえに、公権力にとってとくに注目しなければならないものなのである。「ばかばかしい」として否定するものに特別な注意を払わなければならないという矛盾は、アルレット・ファルジュによれば、一八世紀の噂に対する公権力の態度にすでに見られたものであった。「人々は考え語り、広め繰り返す。これらの意見は、権力によって否定される一方で、その権力はそれらに執拗に耳を傾け、そのことを自らの抑圧装置の中心に位置づける」(Farge, 1997, p. 959)。一九世紀についても同様である。「虚報は、一貫して「ばかげた」と形容されるが、内務大臣や法務大臣へ定期的に送られる詳細な報告の対象となるほどに重大視されたのだ」(Ploux, 2003, p. 80)。

噂に対する公権力の対応は、「噂を広める者を抑圧する(処罰する)」「流布している噂を否定する」「人々に情報を提供する」の三つの施策に大別される。公権力はこの三つの施策を組み合わせて噂に対応したが、噂がどのような状況のもとで増殖するかは経験によって知っているはずであろうに、公権力が噂の増殖現象に先回りして施策を講じる(たとえば、噂が増殖する前に情報を人々に伝える)ことは稀であった。つまり、公権力は、流布している噂にアポステリオリに対応することが一般的であった(Ploux, 2003, pp. 46–47)。以下では、そのような公権力の噂への対応を、王政復古初期について具体的にみてゆくことにしよう。

ルイ一八世の登位直後には、フランスを噂の嵐が襲った。ナポレオンの帰国、ブルボン朝の失墜、アンシアン・レジームの復活、決して実現には至らなかった陰謀や蜂起の噂が国中を駆け巡った。この状況に対して、公権力が全国レベルで採った最初の施策は、完全に抑圧的なものだった。すなわち、「煽動的行為 actes séditieux」を取り締まるために一八一五年一一月九日法が定められたのだが、虚報を人に告げることも「煽動的行為」と見なされ、同法の適用の対象とされたのである。この法の第八条では、「国有財産と呼ばれる財産の不可侵性を傷つける不安にせよ、教会十分の一税や封建的諸特権のいわゆる復活の流言にせよ、正統な権威の維持について市民を不安に陥れたり、市民の忠誠を揺るがす傾向のある報にせよ、これらを広めたり、信憑性のあるものとして流布させたりした者は誰であれ」最高五年の禁固と二万フランの罰金を科されると規定していた(Ploux, 2003, p. 48)。

翌一八一六年一月には、内務大臣ヴォブランが、警察的抑圧とは異なるやり方で噂への対抗を組織しようとする。一八一六年一月二四日付けの内務相通達は、そのために採るべき方法を各県知事に指示した。ヴォブランの見るところ、主要な困難は、最も辺鄙なコミューンの住民とコミュニケートすることにあった。彼は、「民衆の理解できる言葉で」書かれたテキストを配布することを提案しているが、民衆の大多数が文字を読めない以上、おそらく彼自身、こうした方法がきわめて限られたインパクトしか持ち得ないことを自覚していた。それゆえ、彼は、口頭のプロパガンダに訴えることも推奨している。つまり、郡長が自分の郡のコミューンを巡り、直接農民に語りかけるべきだと唱える。定期市の開催は、そのための格好の機会となるだろう。さらに各教区の司祭に虚報を否定するために自分の持つ影響力を行使することを司教から奨励してもらうよう、県当局は司教と協議すべきだとも勧告している。では、虚報に「惑わされている」人々にどんな言葉を述べるべきか。彼らに誤りを悟らせる最良の手段は、噂の予言的な言説が事実によって否定され虚偽であることが明らかになったことを説いて、彼ら自身の軽信さに彼らを向き合わせることであろう。ヴォブランはこう述べる。「とりわけ、悪意が告げた出来事を丹念にたどらねばならない。悪意は、犯罪的な大胆不敵さをもって、それらの出来事の起こる日や時を明示したが、そのような日や時は、やって来ることはなかったのだ。新たな流言の信憑性を失わせるには、より古い流言が明白に偽りであったという記憶ほど役に立つものはない」(Ploux, 2003, pp. 49–50)。

一八一六年を通じて、県知事たちは、ヴォブランの指示に促されて、噂の増殖を阻もうと努めることになる。とはいえ、県知事たちの決意の固さも巧妙さも、それぞれに異なっていた。さらに、住民に向けた公式の言説の内容も県毎にまったく違っており、県知事の中には司法的な制裁の脅威を振りかざす者もいれば、むしろ説得に訴える者もいた。大半の県知事は、一八一五年一一月九日法の条項を喚起したり、流布している噂を否定するために、コミューンに公式のビラを掲示させるか、県の新聞に声明を掲載させること以上のことはしなかった。住民に誤りを悟らせる任務を配下の者たち(とくに市町村長)に託すべく、中央権力の勧告を彼らに伝えただけの県知事もあった。世俗の行政当局が、教区の司祭の協力を得た諸県も見られた(Ploux, 2003, pp. 50–51)。

全体として見れば、以上のような措置に留まった諸県がほとんどであったが、より踏み込んだ策を講じた県もあった。モルビアン県の県知事は、一八一六年の三月半ば以降、噂の数が明瞭に減少したと看て取り、この減少には、彼が配布させた小冊子が貢献したと見た。その小冊子は、六カ月間に相次いだ噂を日付順に並べ、どれ一つとして実現には至らなかったことを記したものであった。一八一六年二月に、イル＝エ＝ヴィレーヌ県の県知事は、虚報を数え上げ否定した公報『悪意ある者たちについての公報』を印刷させた。同じく二月にオ＝ラン県の県知事は、内務省の資金援助を得て、噂への解毒剤として役に立つと見なされた、フランス語とアルザス語の二言語併用新聞『良識の友』紙を無償で配布させた。ムーズ県の県知事は、県の新聞に公式声明を発表するのではなく、虚偽であることが明らかとなった予言的な噂の一覧を掲載させた。エーヌ県の県知事は、流布している噂を否定する記事を掲載し、村長、司祭、土地所有者といった農村世界で影響力を持つ者たちに配布する農村向け新聞の刊行を申し出たある印刷業者に支援を与えた。この新聞は、一八一六年一月に創刊され、翌年まで刊行された(Ploux, 2003, pp. 51–52)。

虚報を否定したり、それを告げる者に法的制裁を加えたりするだけではなく、住民に情報を提供するという施策も採られた。一八一六年二月三日付けの内相宛て報告書によると、オート＝ガロンヌ県の県知事は、「フランスの真の状況についての明白で正確な情報を農村部に広め、幾人かの煽動者を逮捕させました」という。一八一六年五月に、ジロンド県の県知事は、グルノーブルで起こった蜂起が引き起こした動揺を鎮めようとして、市町村長に事件の詳細を含んだ通達を送った(Ploux, 2003, p. 52)。

以上のように、公権力は、体制に敵対する勢力(「悪意」「悪意ある者たち」)による人心操作の産物と見なした噂の増殖を食い止めるためにさまざまな施策を講じた。しかし、流布している噂を鎮めるための施策が、かえって噂の増殖を促すこともあり得たことに注意しておく必要がある。一八一六年一月二三日付けの内相宛て報告書にはこう記されている。「ボナパルトの帰国の流言が、ニオール(ドゥ＝セーヴル県)に配置の県知事に、その流言を語るすべての者を逮捕するよう命じた宣言を出させました。この流言には宣言が新たな信憑性を与えてしまっているようで、それはアングレームからトゥールに至る道筋全体に流布しています」。また、一八一六年三月三日付けの内相宛て報告書によると、パ＝ド＝カレ県では、封建制の復活と国有財産売却の破棄の噂は、「新聞がそれらの噂を否定し始めたときになってから飛び交うようになりました。民衆は、自分たちを安心させようとする試みがなされるというただそれだけのことで、不安を抱くのが当然だと思ったのでした。想像力がようやく落ち着いたのは、想像力に対して穏やかにしていろともう言われなくなってからのことです」(Ploux, 2003, p. 47)。公権力がある噂を語ることを禁じ、否定するとき、その噂が公衆においてはより信憑性を増すことがあったのだ。体制の正統性が認められていない場合にこうした事態は生じやすい。公衆は、自分たちが正統と認めない公権力が発する否定の言説を欺瞞と見なす。公権力に欺かれまいとする心の傾きが、噂の伝達に拍車をかける。公権力による噂の統制は、噂のダイナミズムをむしろ強めることがあり得たのである。

さらに言えば、公権力が正確な情報を人々に提供すれば、噂を消し去ることができたとは到底考え難い。噂は、単なる情報では代替しきれない、独自の機能を持つ情報形態だからである。この点について、プルーはこう述べる。「集合的想像力の産物である噂が、人々によって耳を傾けられ反復されるのは、噂が期待を表明し、信念を正当化し、恐怖や憎悪を掻き立て、表象を培い、態度を正当化するからであり、あるいはまた、噂が説明し動員するからでもある」(Ploux, 2003, p. 50)。このような独自の機能を持つ噂に取って代わる情報を発信することは、公権力にとってほとんど不可能とも言える難事であろう。

シブタニは、「流言を抑圧することも、実際には一種のプロパガンダである。それは、望み通りのパースペクティヴを形成させるように、コミュニケーション内容を操作することだからである」(シブタニ、一九八五年、二八〇―二八一頁)と言う。このプロパガンダは、制度的チャネル*16(王政復古初期ならば、内務大臣→県知事→市町村長という行政システム、司教→司祭という宗教システム、新聞)を通じて行われるが、往々にして成果をあげることができない。シブタニは適切にも次のように指摘する。「権力者による統制が強制的に課される場合でさえ、自発的で補助的なチャネルはしばしば制度的情報源を不用にしてしまう。流言は往々にして人を困惑させ、ときには非常に危険なものとなるが、そうした流言がひろがるということは、人々が独立して判断を下すことの、また公的に是認されている定義を受動的に受け入れたりするのを好まないことのひとつのあらわれなのである」(シブタニ、一九八五年、二九六頁)。そうである以上、公権力による噂の統制には大きな困難が伴うことをわれわれは十分に認識する必要がある。ファーマの力は、公権力にとって手に余るものなのである。

以上、本章では噂のダイナミクスを見てきたが、次章では噂のテーマ分析に歩を進めることにしよう。

第二章　ルイ一八世治下のナポレオンに関する噂

――シャンパーニュ地方オーブ県を中心に

1　噂と「ナポレオン伝説」

前章で見たように、噂は、人が他者に対して伝える、根拠がなく、検証不能で、さらには客観的事実によって否定されることもある情報である。人が他者に対してこのような性格の情報を言明するのは、他者とのコミュニケーションに想像界が介入するからである。したがって、噂を追究することは、想像界の働きの理解に資することになる。また、噂に表出する想像界の政治的次元すなわち政治的想像界は、噂の流布する集団に固有の政治的表象を露呈させる。ゆえに、噂は、政治文化史にとって重要な研究対象となり得る。

噂を通じて政治的想像界の様態を捉えるためには、噂という情報形態のテーマ分析が必要だが、本章は、そのテーマ分析のケース・スタディとして、王政復古期（より正確に言えば、第二王政復古期）

のルイ一八世統治下（一八一五—一八二四年）におけるナポレオンに関する噂を検討する。この短い時代に注目する理由は、王政復古の初期に、一八五二年の第二帝政成立直後と並んで、「政治的内容を持った情報を伝える噂」が「まったく異例と言えるほどに増加した」という指摘があるからである（Ploux, 2000, p. 416）。そして、ルイ一八世治下に流布した政治的な噂の大多数がナポレオンに関するものであった。われわれは、これらの噂を通じて、公衆が抱懐していたナポレオンのイメージを明らかにすることができる。

王政復古期（より特定的にはルイ一八世統治期）におけるナポレオンに関する噂を扱った主要な先行研究は、三点存在する。まず、「民衆的ボナパルティズム bonapartisme populaire」の歴史を描こうとしたベルナール・メナジェ[*1]は、王政復古期については、体制によって処罰・監視の対象とされた「ボナパルティスト的感情の表現行為 manifestations du sentiment bonapartiste」に注目した。彼が「ボナパルティスト的感情の表現行為」として捉えたものには、「皇帝万歳」といった叫び、ナポレオンへの共感を吐露する「不穏な言葉 propos séditieux」、ナポレオンや帝政を称えた歌、ナポレオンを支持する内容の張り紙、帝政の象徴である鷲の記章のような禁じられた標章の着用・所持のほか、ナポレオンに関する「虚報 fausses nouvelles」が含まれている（Ménager, 1988, chapitre I : Les Napoleon contre Louis XVIII (1815–1823), pp. 15–39）。だが、「虚報」を「ボナパルティスト的感情の表現行為」として叫びや「不穏な言葉」など王政復古体制によって抑圧された他の表現行為と同列に扱うのには問題がある。そもそも噂の流布においては、噂を媒介する主体がその現実性を確信している事柄を伝えるのである。噂は、「不穏な言葉」や叫びのように内面の吐露や政治的な「信条表明 profession de foi」（メナジェが用いている言葉）として提示されるのではなく、異論の余地のない客観的現実（と信じられている事柄）の表現法として立ち現れるのである。この客観的現実として提示される情報では、イデオロギーは言説の底に潜みはしても表面的には明示されず、だから噂という情報は多様な――ときに相対立する――解釈に委ねられる(以上の噂の性格については、Ploux, 2000, p. 419 ; Id., 2003, pp. 159–160を参照)。ルイ一八世治下に流布したナポレオンに関する噂に即して言えば、その噂の圧倒的多数を占めたのは、ナポレオンがセント・ヘレナ島を脱出してフランスへ間もなく帰国するという虚報であったが、ナポレオンの帰国の噂は、期待と喜びを持って語り伝えられるばかりではなく、不安と恐れを伴って語り伝えられる場合もあったのである。つまり、ナポレオンに関する噂は、公衆が抱懐しているナポレオンのイメージを常に表現するものではあっても、「ボナパルティスト的感情の表現行為」という観点には収まりきらないのだ。ナポレオンに関する噂に表出される政治的想像界の様態を捉えようとするに当たっては、噂の以上のような政治的表現としての特性を考慮に入れる必要がある。

次に、フランソワ・プルーが著した、一九世紀フランスの噂についての今日までのところ最も包括的な研究書があげられるが、彼は、その著書の第一部で、噂がいかに出現し、いかに広まるかといった噂の力学について論じたのち、噂の内容やメッセージの意味を捉える作業へと歩みを進めた第二部を、「噂と政治――ボナパルティズムの想像界」と題して、ルイ一八世統治期とナポレオン三世統治期における政治的な噂を分析することに当てるという構成を採った(Ploux, 2003)。プルーが第二部をこのような内容にしたのは、彼が史料のうちに見出した一九世紀フランスの噂の大多数が、密接に絡み合い相補的な関係にある二つのテーマのうちのどちらかに分類し得るものであったからだという。そのテーマとは、一つに「伝統的な社会的エリート(貴族と聖職者)によって民衆に対して企まれた陰謀の存在」が信じ込まれていたということであり、もう一つは「一八一四年から一八七〇年までの間、噂の流布は、民衆的ボナパルティズムの表現行為の一つであった」というものである（Ploux, 2003, p. 125）。ここでもまた、メナジェの研究書に関してすでに述べたことが当てはまる。ナポレオンに関する噂であっても、「民衆的ボナパルティズムの表現行為」という観点では、それを包摂しきれないのだ。実のところ、プルーは、ナポレオンに関する噂が、人々の間に熱狂や期待を引き起こす一方で、恐慌や不安をも引き起こしたことを明らかにしている。そうであるのに、プルーがルイ一八世治下のナポレオンに関する噂を論じた章のタイトルを「救世主への期待」としているのは、整合性を欠くと言わざるを得ない。

最後に、スティール・ハザリーシンの「ナポレオン伝説」に関する研究書があげられる（Hazareesingh, 2004）。同書で、ハザリーシンは、フレデリック・ブリュシュに代表される歴史家たちが、「ナポレオン伝説」は「ボナパルティズム」と違って政治的性格を持たないとしてきたことを批判し、むしろ「ナポレオン伝説」に政治的意味を積極的に認めようとする。そして、同書の目的は「政治と神話 mythology を不可分のものと見るナポレオン伝説の分析を提供すること」（Hazareesingh, 2004, p. 6）であるとする。そのうえで、「ナポレオン伝説」の形成を探る糸口として、王政復古期におけるナポレオンの帰国に関する噂に着目し、これに一章を割いた（Hazareesingh, 2004, chapter 2 : Birth of a Legend, pp. 40–71）。ナポレオンに関する噂を対象としたとき、ハザリーシンのように「政治と神話を不可分のものと見る」視点は、きわめて重要になる。視点を反転させれば、噂へ着目することで、古くから研究の多い「ナポレオン伝説」の研究に新たなアプローチを拓いたとも言えるだろう。*2 また、ハザリーシンが次のように述べているのも注目される。「この心情〔ナポレオンの帰国が迫っているということを信じること〕は、一八一五年以降国中の何百万というフランス人の男性と女性に共有されたのだ。ある者にとっては、それは希望と期待を意味し、ある者にとっては、それは恐怖と絶望を意味した」（Hazareesingh, 2004, p. 41）。ここには、ナポレオンの帰国の噂という形をとって現出した「ナポレオン伝説」が、一方では「希望と期待」、他方では「恐怖と絶望」という相反する感情から構成されていたという認識が示されている。メナジェやプルーの採る「ボナパルティズム」という観点では、ナポレオンに関する噂をカバーしきれないが、ハザリーシンのような認識に立った「ナポレオン伝説」の観点からならば、その全体を視野に収めることができるのである。ハザリーシンの研究をこうしたラインで継承し、ナポレオンに関する噂を、筆者は、「ボナパルティズム」の表現行為の一つとしてよりも、ナポレオンに対する相反する感情を包摂する仮構の体系である「ナポレオン伝説」の表現行為の一つとして捉えたい。ただし、ハザリーシンは、王政復古期におけるナポレオンの帰国の噂を検討するに当たって、メナジェやプルーとは異なって、クロノロジカルな見方をせずに、復古王政期全体についてこの噂の特徴を捉えることを主に試みているために、この噂の時系列的な動態はほとんど見えなくなってしまっている。噂は状況に応じて容易に内容を変えてゆく。噂のメッセージが状況とともにどう動いてゆくかは見極める必要がある。

本章では、「ボナパルティスト的感情」や「民衆的ボナパルティズム」という観点よりも視野を広く採って、ナポレオンに対する相反する感情を包摂する「ナポレオン伝説」の観点に立ちつつ、ルイ一八世治下におけるナポレオンに関する噂を、「ナポレオン伝説」の表現行為の一つであり、ナポレオンの想像的な形象を表現した政治的言説として捉える。そして、その政治的言説のテーマ分析を本章の課題とし、言説の内容の動態を時系列的に追う。

メナジェ、プルー、ハザリーシンのいずれもがフランス全体を対象としているので、本章では、彼らよりも一層細かく、緻密に史料を読解することを試みるために、地域的な限定を設ける。本章で対象とするのは、シャンパーニュ地方のオーブ県である。ブリュシュによれば、同県は、ルイ一八世統治期に先立つナポレオンの百日天下期（一八一五年三月二〇日―六月二二日）において、当時ナポレオンを強く支持する地域が全国的にはかなり限定されていた情勢下にあって、ボナパルティズムのいわば「堡塁」とも呼ぶべき地域の一つであった（Bluche, 1980, pp. 109–111）。本章は、百日天下期にナポレオンを強く支持した一地域において、続く王政復古のルイ一八世統治期にナポレオンに関する噂がどうであったかを見るケース・スタディということになる。

本章で用いる史料について述べれば、大きくは二種類に分類できる。一つは、ナポレオンに関する噂を広めて、人々を不安に陥れたとの「虚報」の罪で起訴された被告人の裁判資料である。これらの被告人は、各郡に置かれた軽罪裁判所で裁かれたので、王政復古期のオーブ県を構成した六つの郡の各軽罪裁判所の判決記録簿に記載された大量の判決記録の中から該当する刑事訴訟を洗い出し、加えてそれらの刑事訴訟の各々に関する一件書類も探し出した。これらの史料は、オーブ県古文書館（Archives départementales de l'Aube, 以下 A.D.A. と略）の série U に所蔵されている。もう一つは、県知事、郡長、検事、憲兵隊隊長などが書いた、行政・司法・警察当局の「虚報」に関する報告書で、国立古文書館（Archives nationales, 以下 A.N. と略）やオーブ県古文書館に所蔵されている。どちらの種類の史料にしても、「虚報」の内容についてはごく簡単な記述しかされていない場合も多いのだが、それでもなお噂のテーマ分析に有益な情報を提供してくれる史料であると言える。

2　ルイ一八世治下オーブ県におけるナポレオンに関する噂の流布量変動の概観

ナポレオンに関する噂のテーマ分析に取り組む前に、ルイ一八世治下のオーブ県におけるナポレオンに関する噂の流布量の変動について見ておきたい。とはいっても、すでに第一章で述べたように、噂は数量化を行うための明確な基準の設定ができない対象であって、時間軸に沿って噂の頻度の変化を厳密にたどることはおよそ不可能であり、噂の流布量の変動を見定めようとするいかなる試みも概観的にならざるを得ない。

ナポレオンに関する噂の流布量の変動の概観を得るために、ここでは、ナポレオンに関する噂を広めて、人々を不安に陥れたとの「虚報」の罪状による起訴件数に注目しよう。「虚報」の罪が王政復古期で初めて明文化されたのは、「煽動的行為 actes séditieux」を取り締まるための一八一五年一一月九日法の第八条においてであり、国有財産売却の無効化の不安を煽ったり、教会十分の一税や封建的諸特権の復活を告げたり、「正統な権威の維持について市民を不安に陥れたり、市民の忠誠を揺るがせたりする傾向のある報」を広めた者を処罰することを規定していた(第一章三九頁を参照)。同法が制定されるまでは、「虚報」の伝達者には、公的言説による反逆教唆に関する刑法第二一七条が適用されていた(Ploux, 2003, p. 246, note 61)。「煽動的行為」に関しては、一八一九年五月一七日法と一八二二年三月二五日法がのちに制定され、一八一五年一一月九日法は廃止されたが、一八一九年五月一七日法と一八二二年三月二五日法には、「虚報」の罪についての言及がなかった(Ploux, 2003, p. 248, note 81)。しかし、政府は一八一五年一一月九日法の廃止以後も「虚報」の取り締まりを関係当局に命じ、「虚報」を広めた者には一八一九年五月一七日法や一八二二年三月二五日法で規定されていた「不穏な言葉」の罪が適用された。ナポレオンに関する噂を広めたとされた容疑者は、これらの法律に則って逮捕され、裁判にかけられたのである。これらの起訴件数を、ルイ一八世統治期のオーブ県について、罪が犯された(すなわち、「虚報」を広めた)と裁判で認定された年毎に数えると、次のようになる。「虚報」については、それを広めた容疑者を警察・司法当局が特定できなかった場合も少なくない

1814年5月–1815年3月(第一王政復古期)	1
1815年7–12月	8
1816年	34
1817年	1
1818年	1
1819年	2
1820年	1
1821年	0
1822年	0
1823年	2
1824年	0
計	50

ため、「虚報」の罪での起訴件数の変化は、噂の流布量の変動を正確に反映したものとはなり得ないが、噂の流布量の変動について概観を得ることはできよう。「虚報」の罪での起訴件数の変化によれば、ナポレオンに関する噂は、第一王政復古期にすでに現れるが、[*3] 一八一五年七月に第二王政復古期が始まると増えてゆき、一八一六年には他の年を圧した増加を見せる。一八一七年には噂の波は引き、以後は散発化してゆく。プルーによれば、一八二三年に、スペインの自由主義革命へのフランスの軍事介入と絡んで、ナポレオンに関する噂が短期間だが爆発的な最後の増殖を見せたというが(Ploux,

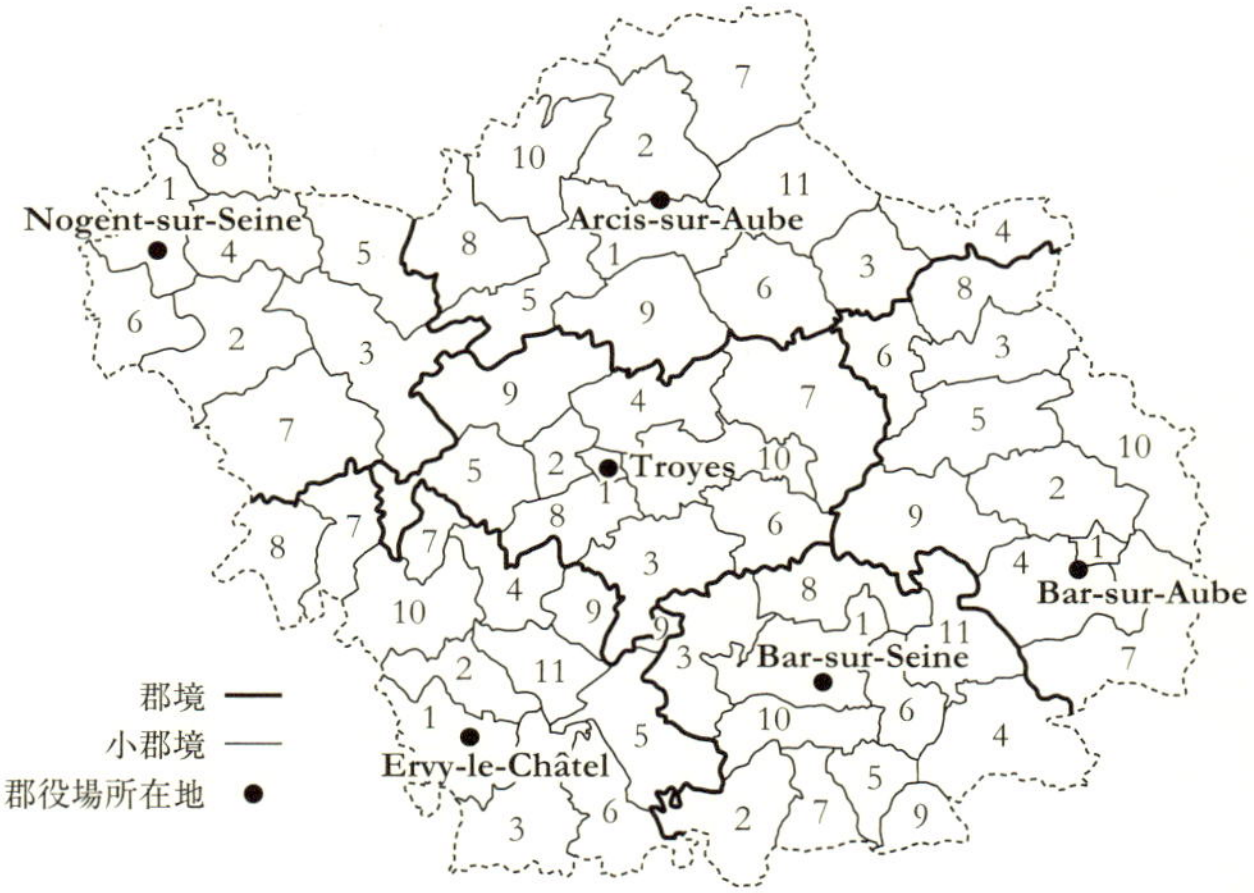

1790年の郡と小郡

Troyes 郡
1. Troyes
2. Saint-Martin
3. Aumont ou Isle
4. Creney
5. Fontvannes
6. Lusigny
7. Piney
8. Saint-Germain
9. Saint-Lyé
10. Tennelière

Nogent-sur-Seine 郡
1. Nogent-sur-Seine
2. Fays
3. Marigny
4. Pont-sur-Seine
5. Romilly
6. Traisnel
7. Villadin
8. Villenauxe

Bar-sur-Aube 郡
1. Bar-sur-Aube
2. Arsonville
3. Brienne-le-Château
4. Couvignon
5. Dienville
6. Lesmont
7. Longchamp
8. Rosnay
9. Vendœuvres［Vendeuvre］
10. Ville-sur-Terre

Bar-sur-Seine 郡
1. Bar-sur-Seine
2. Bagneux-la-Fosse
3. Chappes
4. Essoyes
5. Gyé-sur-Seine
6. Landreville
7. Les Riceys
8. Marolles
9. Mussy-l'Evêque
10. Polizy
11. Vitry-le-Croisé

Ervy 郡
1. Ervy
2. Auxon
3. Bernon
4. Bouilly
5. Chaource
6. Chesley
7. Neuville
8. Rigny-le-Ferron
9. Saint-Jean-de-Bonneval
10. Saint-Mards
11. Saint-Phal

Arcis 郡
1. Arcis
2. Allibaudière
3. Aulnay
4. Chavanges
5. Chauchigny
6. Coclois
7. Mailly
8. Méry-sur-Seine
9. Mont-Suzain
10. Plancy
11. Ramerup［Ramrupt］

［参考図　オーブ県概略図］

Anne Vitu, *Paroisses et communes de France : Dictionnaire d'histoire administrative et démographique : Aube,* Sous la direction de M. Mollat et J. P. Bardet, Paris, CNRS, 1977, pp.54-55 の図をもとに作成.

2003, p. 75, 178)、オーブ県では一八二三年にそうした現象は見られない。百日天下期にナポレオンに対する支持が強かったオーブ県であるが、ナポレオンに関する噂の波は、百日天下後一年半ほどで消滅してしまい、その後再び高まることはなかった。

以上の結果から、一八一五年後半と一八一六年を合わせてナポレオンに関する噂が氾濫した時期、一八一七年以降はそれが散発化した時期と見なすことができようが、一八一六年から一八一七年にかけては、注意しなければならないことがある。それは、一八一六年の収穫期から一八一七年の収穫期にかけては深刻な食糧危機が起き、この時期にはフランス各地で激烈な食糧騒擾が頻発したのだが、そうした地域の中でも、ブリ、ブルゴーニュ、ロレーヌの各地方の他、オーブ県を含むシャンパーニュ地方での食糧騒擾ではしばしば「皇帝万歳」が叫ばれたことである(Ménager, 1988, p. 22)。したがって、一八一六年から一八一七年にかけての食糧危機の時期に発生した噂におけるナポレオンのイメージは、食糧難との関係においてとくに検討する必要がある。そこで、以下では、一八一五年後半と一八一六年を合わせた噂の氾濫期、一八一六年から一八一七年にかけての食糧危機の時期、一八一八年から一八二三年までの噂の散発化の時期の三つに時期区分をして、それぞれの時期のナポレオンに関する噂のテーマ分析を行うことにしたい。

３　噂の氾濫の中で(一八一五―一八一六年)

一八一五年七月八日にルイ一八世がパリに帰還し、次いで同月一五日にナポレオンがセント・ヘレナ島へ配流となった後、オーブ県では、再び復帰したばかりの王政復古体制にとって「危険な」噂が同年秋から急激に流布し始め、行政当局に大いに危惧を覚えさせた。一八一五年一〇月、トロワ郡の郡長は、同郡の全町村長に向けて、「貴殿の統治する農村部で、貴殿の被治者たちにばかげた報を、なかんずく教会十分の一税の復活、封建的諸権利の回復、国王が自ら人民に与えた憲章によって保証された財産権の侵害、途方もない数の軍勢を率いたブオナパルテの間もなくの帰国、その他この類の作り話を絶えず語る不穏分子や反乱分子を細心の注意を払ってとくに監視する」ことを促した（Troyes 郡郡長通達、一八一五年一〇月一〇日、A.N. F7 CIII Aube 8）。引用文中のブオナパルテ Buonaparte とは、ボナパルト Bonaparte のコルシカ語による表記である。反ナポレオンの立場に立つ者は、ナポレオンがコルシカ出自であることを想起させ、彼に何らフランス人的なところがないことを示そうとする場合、この表記を用いた。王政復古期の行政文書では、しばしばこのブオナパルテという表記が使われている。[*4]

ほぼ同じ時期、同郡長は、県知事にこう報告している。「農村部では、民衆は、国王が貴族と聖職者に彼らの古き諸特権を返したがっている、したがって、封建的諸権利と教会十分の一税を復活させたがっていると相変わらず確信したままでいます。彼らは、あくまでも国王から遠ざかり、彼らが証人や痛ましい犠牲者となった悲惨な出来事の原因について真実を拒絶し続けており、かくしてあらゆる災厄は国王一人のせいだと思っています。彼らは、もっともな理由からパリに設立されたものと推測される中央蜂起委員会によって、かくもとがむべき錯乱状態に陥れられています。この中央蜂起委員会は、諸県に支部を持ち、〔県庁所在地の〕トロワにはその熱心なエージェントやプロパガンディストがおります。これらの者たちが、農村部の住民の間に、国王と王室の方々に対するこの上もなく無礼な中傷や侮辱を広めています。彼らは、ブオナパルテの間もなくの帰国を公然と告げており、民衆を反逆から遠くない興奮と高揚の状態に留め置いています」（Troyes 郡郡長報告書、一八一五年一〇月二四日、A.D.A. M1254）。この史料からは、まずもって、行政当局がナポレオンの帰国の噂の流布を反体制勢力の組織的プロパガンダの結果と見ていたことが分かる。もっともパリと地方を結ぶ広域的な組織網の存在の指摘は、体制に対する蜂起の陰謀の強迫観念に囚われていた行政当局が反体制勢力の組織力を過大評価したものであろう。

だが、公権力が噂をどう見ていたかを探ることは本章の課題ではない。一九世紀の公権力が噂をどう見ていたかについては、第一章で述べておいた。本章の課題は、噂のテーマを分析することにある。上記のトロワ郡郡長の通達と報告から、王政復古体制の復帰当初に急激な勢いで流布し出した噂のテーマに関して注目すべきことは、アンシアン・レジームの復活（具体的には、教会十分の一税・封建的諸権利の復活や国有財産売却の無効化）の噂とナポレオンの帰国の噂が同時に流布していることである。ブルボン王政が復古したことに伴うアンシアン・レジーム復活への恐れとナポレオンの帰国への期待は、背中合わせの関係にある。ナポレオンの帰国の噂を語り伝えた者の中には、アンシアン・レジームの復活を阻止する救世主としてナポレオンをイメージする者がいたことだろう。

王政復古体制は、国民的和解をもたらすことは成し得なかった。一部の民衆にとって、ナポレオンの帰国は、国王とすべての王党派の殲滅をもたらすものであった。一八一五年一〇月、レ・リセの指物師ジャック＝イジドール・シュルダンは、ジエ＝シュル＝セーヌの旅籠屋で、「ボナパルトはクリスマスまでに玉座に就くだろう。国王は殺害されるだろう」と述べた（軽罪裁判所判決記録簿、一八一五年一一月二一日、A.D.A. 8U128）。同じく一八一五年一〇月、エクス＝アン＝オトの屋根屋ジョゼフ・レルミットは、同村のある商人に「ボナパルトが戻ってくる。すべての王党派は吊るされるだろう」と告げた（軽罪裁判所判決記録簿、一八一五年一一月一五日、A.D.A. 5U165）。一八一六年一月、シャヴァンジュの綱製造工クロード・カレは、二人の子どもにこう語った。「ボナパルトはライン川にいる。馬たちはライン川の水を飲んだのさ。ヴィトリから届いた最初の手紙は、ナポレオンについて大事な知らせをもたらすだろう。熱烈な王党派であるリシュ親父を始め、王党派はみな吊るされるだろうよ」（軽罪裁判所判決記録簿、一八一六年一月二六日、A.D.A. 6U52）。

一八一五年から一八一六年にかけてのナポレオンに関する噂の氾濫期には、彼が大軍を率いてパリに進軍中であるか戦闘を行った（あるいは、戦闘中である）という内容の噂が多い。いくつか例をあげよう。一八一五年一〇月、グロセ＝シュル＝ウルスの日雇農ルイ・マレシャルは、ヴィリィ＝アン＝トロードの居酒屋で、ナポレオンの率いる軍勢の規模の大きさがまことに印象的な次のような話をした。「国王はもう長くパリに留まることはない。ボナパルトがものすごい数の軍勢を率いており、その前衛部隊は六〇万人から成る。すでに彼はチロルにいて、〔反フランス〕連合軍の進軍を押しとどめている」（軽罪裁判一件書類、証言、一八一五年一二月一日、A.D.A. 8U216）。また一八一六年五月、アランブクールの奉公人アントワーヌ・デシャネは、同村のある日雇農にこう告げた。「ナポレオンは、四日前にフランスに戻り、最初の国境の都市に達した。非常に長い戦闘が行われた。新聞がそれを告げている。この都市の王党派は、ナポレオンと戦わせるために、下層民に金を与えた。ナポレオンは勝利して、都市を手に入れた」。この噂は、次々と村人の間に伝わっていった（軽罪裁判一件書類、Chavanges 憲兵隊調書、一八一六年五月二二日、A.D.A. 6U112）。一八一五年一二月には、トロワ郡の郡長は、「ブオナパルテがイタリアに上陸した。彼はマントヴァを急襲したのち、この都市を占領した。彼は三月にフランスに帰国するだろう。あるいは、彼はトルコ人の強大な軍勢を率いている。こうした流言が、わが郡のいくつかの部分に広まりました」と県知事に報告している（Troyes 郡郡長報告書、一八一

五年一二月二五日、A.D.A. M1254)。

ナポレオンが「トルコ人」の軍勢を率いているという噂は、オーブ県ではしばしば見受けられるが、プルーによるとフランス全体でも同様であるという(Ploux, 2003, p. 140)。なぜ「トルコ人」の軍勢の噂が多いのかを解明するのは難しい。メナジェは、この噂はボナパルト派のプロパガンディストたちが生み出したもので、ナポレオンのエジプト遠征の記憶を掻き立てようとしたのだという仮説を示しているが(Ménager, 1988, p. 20)、さほど説得力があるとも思われない。プルーとハザリーシンによると、フランス全体で見れば、ナポレオンが率いている軍勢を構成していると噂された人々として、「トルコ人」の他にも、「アフリカ人」「インド人」「アルジェリア人」「アメリカの黒人」「ペルシア人」「中国人」などがあったという(Ploux, 2003, p. 141 ; Hazareesingh, 2004, p. 60)。そうであるとすれば、「トルコ人」の軍勢の噂は、ナポレオンが率いる異国的軍勢の噂の一ヴァリアントということになる。ナポレオンの率いる異国的軍勢の噂は、国際的な軍事力の掌握者としてのナポレオンのイメージを反映したものであろう。

オーブ県では、ナポレオンが率いている軍勢を構成している人々として、「トルコ人」の他に、「黒人」(Troyes 郡検事報告書、一八一六年四月六日、A.N. BB³ 165)、「三億〔フラン〕で買った奴隷」(Arcis-sur-Aube 郡郡長報告書、一八一六年一月五日、A.D.A. M1276)、そして注意すべきことに「盗賊 brigands」が見いだされる。ナポレオンが「盗賊」を率いて帰国するというこの噂について見てみよう。一八一六年五月、レ・リセのある女性が、同じ町の靴職人でトロワから帰ってきたばかりのフランソワ・ドレに、トロトロワには何かニュースがあったかと尋ねた。ドレは、「何もよいことはない。皇帝が盗賊どもと一緒に戻ってくる。俺は、県庁の門の張り紙でそれを読んだんだ。トロワ市のブルジョワたちが、備えを固めるために警告されたんだ」と答えた（軽罪裁判一件書類、Les Riceys 町町長報告書、一八一六年五月二一日、A.D.A. 8U216）。ここには、稀なケースではあるが、ナポレオンが無法者集団を引き連れた安寧秩序の攪乱者としてイメージされ、その帰国が脅威をもって噂された事例が見られる。

ナポレオンの戦闘に関する噂については、ナポレオンとオーストリアの関係について述べておく必要があろう。噂によって、両者の関係は、まったく正反対となっているのだ。ナポレオンの百日天下期には、ボナパルティストたち自身が、皇帝の復位に対して広く支持を得る一手段として、皇妃マリ＝ルイーズの故国オーストリアがナポレオン皇帝を支援しているとの噂を広めたのだが、一八一五年以降もこの「伝説」は続いた（Hazareesingh, 2004, p. 62）。一八一六年六月、フーシェールの旅籠屋の妻レーヌ・レジールは、定期市の立っていたバル＝シュル＝セーヌの広場で、こう述べた。「私らの国は間もなく内戦になるよ。皇帝はオーストリアにいる。彼の義父（オーストリア皇帝）は彼の味方となるはずだ」（軽罪裁判一件書類、Bar-sur-Seine 憲兵隊調書、一八一六年七月八日、A.D.A. 8U216）。しかし、他方では、オーストリアは、ナポレオンの戦闘相手として想像されもした。一八一六年一月、主にシャヴァンジュ小郡の諸コミューンとアルシ＝シュル＝オーブ郡のバル＝シュル＝オーブ郡沿いの諸コミューンに広まった噂について、オーブ県憲兵隊指揮官は、次のように県知事に報告している。「皇位簒奪者（ナポレオン）が多数のトルコ人の軍勢とともに到着すると方々で噂されています。すでに彼の軍とオーストリア軍との間でいくつかの戦闘があり、この戦闘で、オーストリア皇帝が片腕を切断されたとさえ伝えられています。これらの報は、どんなにばかげたものであろうとも、農村部にきわめて悪しき影響を及ぼしています」（オーブ県憲兵隊指揮官報告書、一八一六年一月七日、A.D.A. M1276）。ハザリーシンは、ナポレオンの帰国の噂においては、ナポレオンとオーストリアの提携（「オーストリアン・コネクション」)という側面しか指摘していないが(Hazareesingh, 2004, p. 62)、噂に見られる想像界においては、オーストリアは、ナポレオンの一方で味方であり、他方で敵であるという二面性を持っていたと見た方がよい。

ナポレオンの進軍や戦闘の噂では、ナポレオンは、ルイ一八世と正反対の人物として描き出された。すなわち、外国の護送車でフランスへ帰還した痛風で体の利かない君主であるルイ一八世に対して、ナポレオンは、噂では、みずから膨大な数の軍勢を率いて玉座を奪い返しにやって来る精力的な戦士として立ち現れるのである(Ploux, 2003, p. 160)。この〈戦士としてのナポレオン〉のイメージは、反フランス連合軍による侵入と占領という現実を背景として現出したとも考えられる。シャンパーニュでは、「一八一五年の戦役は、徴発と強制的課税を伴った占領でしかなかった」(Clause, 1988, p. 340)という。[*5] 連合軍による占領とナポレオンの進軍や戦闘の噂との関係については、ハザリーシンの次のような見解が示唆的である。一八一五年の戦役は、破壊的であるばかりでなく、占領という結果によって深い屈辱をもたらすものでもあった。連合軍による占領は、「打ちのめされた祖国愛とローカルな怒りの感情を生んだ」。膨大な数の外国の軍勢を率いて玉座を奪い返しにやって来るナポレオンの物語は、連合軍の占領という現実の裏返しとして、「ポスト一八一五年のヨーロッパと世界の秩序の代替像」を提示するものであり、この秩序の代替像において、「皇帝を通じて、フランスの国際的な立場が再主張された」と見なし得るのである(Hazareesingh, 2004, p. 59)。先に見たような様々な異国の軍勢を率いるナポレオンやオーストリアと連携するナポレオンのイメージは、こうした文脈で理解することができよう。

ナポレオンが間もなく帰国するという噂は、超自然的な物語の形をとって語られることもあった。

一八一六年三月、フュリニィの農民(cultivateur)アンブロワーズ・ノルとその妻マルグリットは、ジュザンヴィニィで数人の人々に「フュリニィで生まれたばかりの赤ん坊が、二カ月以内にボナパルトが帰国すると告げた」と述べたことで逮捕された(軽罪裁判所判決記録簿、一八一六年四月二〇日、A.D.A. 7U183)。これは、稀な例ではない。フランス全体について、ハザリーシンは、「農村フランスで記録された多くの出来事において、彼(ナポレオン)の帰国は、新生児によって告げられた」と指摘している(Hazareesingh, 2004, p. 68)。ナポレオンの帰国の物語は、超自然性を特徴の一つとしていたと言えるだろう[*6]。

ナポレオンの帰国の噂は、人々によって異なる意味を持った。この噂は、人々の間に、一方で熱狂を引き起こしもしたが、他方で強い不安を引き起こしもした。まずは熱狂の事例をあげよう。この点では、トロワ郡の検事から法務大臣宛ての一通の報告書がある村の農民たちの熱狂の様子を詳細に伝えているので、それに注目したい(以下、この事例については、Troyes 郡検事報告書、一八一六年四月六日、A.N. BB^{3} 165 を参照)。

一八一六年三月の初頭、コート＝ドール県の運送屋と思われる一人の男が、エソワに立ち寄り、一息入れようと居酒屋に入った。居酒屋の女主人は、彼に何かニュースを知らないかと尋ねた。彼は知らないと答えたものの、オーソンヌを通った時に、この都市が防備を施そうとしているのに気づき、六門の大砲が同市に運び込まれつつあったと付け加えた。翌日、彼はエソワを旅立った。その後、何が起きたかについては、少々長くなるが、検事の報告書を引用しよう。

エソワの住民の精神は、生来騒ぎ好きで、どんな権威であれ、権威の敵であるように思われます。とりわけ、権威が正当なる手に握られている時に権威の敵となるのです。こうした悪しき性向のせいで、旅人の話は、早くもその晩には忌むべき酵母を作り出し、この酵母が、この上もなく悪意を抱いた住民たちの想像力を発酵させたのち、翌日になって、まさに常軌を逸した光景を生み出したのです。

その日、住民たちは、薪伐採権の割り当て分を利用するために、森に集まることになっていました。実際、彼らは森へ赴いたのです。道すがら、言うところのニュースは、付け足しや論評を伴って伝わって行きました。この付け足しや論評が、そのニュースをまったく歪曲してしまったのです。

まず、ボナパルトが途方もない数のトルコ人と黒人と共にオーソンヌに到着したというのです。やがて、彼はオーソンヌを通過し、パリに向かいつつあるということになりました。閣下、お信じになれましょうか。このあわれな農民たちは、愚かさも極まることに、この出来事をコミューン中に公式に告知するために、太鼓を鳴らしてそれを触れ回させるようにとの命令を村長が受け取ったと言い交し、互いにそう信じ込むことにまで及んだのです。彼らは、錯乱して、皇位僭称者の支配に戻ったと信じ、狂気の沙汰にも、この言うところの帰還を喝采しました。彼らは、森の中で、数時間にも亘って、「皇帝万歳！」の叫び声をあげることまでしたのです。

外界からもたらされたニュースが、農民たちの願望（＝ナポレオンの帰国）に合わせて容易に驚くほどの変容を遂げ、彼らの熱狂を掻き立てた様子がまことに興味深い。

だが、他方で、ナポレオンの帰国の噂は、戦争と徴兵に対しての強い不安を呼び起こしもした。この不安が、徴兵逃れのための若者の結婚を増加させることになった。一八一六年一月にノジャン＝シュル＝セーヌ郡の郡長が県知事に送った報告書の中で、郡長は、同郡の農村部では、「皇位僭称者の間もなくの帰国」が語られ、「彼〔ナポレオン〕がトルコ人と共に大勝利を収め、六万人を捕虜にした」という虚報が広まっていることを述べたあとで、こう続けている。「農村部は不安におののいています。農村部では、多くの若者が次々と結婚していますが、おそらく徴兵の復活と戦争を恐れてのことだと思われます」(Nogent-sur-Seine 郡郡長報告書、一八一六年一月一二日、A.D.A. M1255)。ナポレオンの帰国を知って恐慌に陥った農民たちが、自分たちのささやかな財産である金品を急いで隠すということも見られた。一八一六年一月一〇日付けのオーブ県知事から内務大臣宛ての報告書によると、オーブ県とマルヌ県にナポレオンの帰国の噂が広まった時、農民たちには次のような態度が見られたという。「農民たちは、これらの流言を信じ込んだようで、彼らの金や最も貴重な身の回りの品を隠し、租税の支払いを遅らせております」(Ploux, 2003, p. 157 ; Hazareesingh, 2004, p. 56)。金や貴重品を隠したのは、ナポレオン軍に奪われるかもしれないことを避けるためであり、租税の支払いを遅らせているのは、ブルボン朝の支配の終焉が近づいているかもしれないからであって、農民たちのこれらの態度には、この史料を引用しているハザリーシンの指摘するように彼らの「実利的な用心深さ」(Hazareesingh, 2004, p. 56)を看て取ることもできようが、農民たちがナポレオンの帰国の噂を聞いて金品を隠したのは、実利的な計算の行為であるよりはむしろパニックに襲われてのことであり、噂に怯えて極度の用心深さを示したものと見るべきであろう。*7

このように、一八一五年から一八一六年にかけてのナポレオンに関する噂の氾濫期においては、その噂への人々の対応は一様ではなく、ナポレオンに関する噂には熱狂と期待と恐れが交錯している様相を看て取ることができるのである。しかし、いずれの反応を示そうとも、公衆が想像しているナポレオン像は、みずから膨大な数の軍勢を率いて玉座を奪い返しにやって来る戦士という点では、ほぼ一致しているように思われる。第二王政復古期初期の一八一五―一八一六年にまず噂において主要なものとなったナポレオンのイメージは、〈戦士としてのナポレオン〉であったと言えるだろう。

4　食糧危機と噂（一八一六―一八一七年）

一八一六―一八一七年の食糧危機の直接的な原因は、天候にある。一八一五年、インドネシアのタンボラ火山が激しい噴火を起こして、大量の火山灰を大気中に放出し、一八一六年の春から夏にかけて、北半球の気温低下をもたらした。さらに、一八一六年の夏には、とくにフランス東部で雨と雹が頻繁に降り、シャンパーニュからアルザス、ブルゴーニュ、ローヌ川流域、アルプス地域にかけて、小麦が倒され、牧草地が水浸しとなり、麦とブドウの収穫が被害を被った(Bourguinat, 2002, p. 154)。オーブ県でも、寒さと雨とで、小麦、ブドウ、秣《まぐさ》が凶作となった(Beury, 1983, p. 112)。こうした天候上の原因に加えて、オーブ県を含め連合軍によって占領されている地域では、連合軍による小麦と秣の徴発が危機をさらに悪化させた(Ploux, 2003, p. 161 ; Bourguinat, 2002, p. 155)。一八一七年三月から小麦価格は急騰し、同年六月には最高値に達した。オーブ県では、一年で二倍の一ヘクトリットル当たり四〇フランという価格に達した小麦は[*8]、ほとんど民衆の手の届かぬものとなり、民衆は飼料の燕麦にわずかな小麦を混ぜて焼いたパンを食べるしかない状況に陥った(Beury, 1983, p. 113)。

　こうした深刻な食糧難を背景にして、一八一六年秋から一八一七年春にかけてフランス各地に食糧騒擾が頻発した。オーブ県では、一八一七年の五月半ばから六月初頭にかけて騒擾が相次いだ。同県の食糧騒擾は激しく、国立古文書館の史料から一八一六―一八一七年の全国の食糧騒擾を丹念に拾ったロベール・マルジョランは、「危機が絶頂に達したのは、異論の余地なくオーブ県においてであった」と述べている(Marjolin, 1933, p. 442)。一八一七年五月一七日、エクス＝アン＝オトの部落ヴュイユモンでは、群衆の実力行使による小麦の価格設定が行われた。五月一九日、ヴィルノクスでは力ずくでパンを奪おうとする試みがなされた。ノジャン＝シュル＝セーヌでは、五月二六日、四〇〇から五〇〇人の群衆が、家々に入り込み、穀物、小麦粉、パンを奪った。五月二九日には、ノジャン＝シュル＝セーヌ郡で、六〇から八〇人から成るいくつかの農民の集団が同様の行動に出た。五月三〇日、再びヴィルノクスでは、周辺農村部の民衆が、この町の民衆と合流し、穀物の価格設定を行い、いくつかの家で略奪をはたらいた。五月三一日、ノジャン＝シュル＝セーヌで市の立つ日、農民たちはこの郡役場所在地を襲撃し、商店を略奪した。さらに周辺の農場も略奪された。同日、六〇〇〇人の農民が、バル＝シュル＝オーブの市に結集し、騒擾の光景が街中で繰り広げられるところとなった。六月三日には、エクス＝アン＝オト小郡とエスティサック小郡で多数の結集が見られ、軍隊との衝突も起こった。六月五日には、また別の諸団が、ソムヴァル、シャモア、エルヴィ、ダヴレ、オーソンなどに赴いた。さらに別の一団は、トロワを奪取しようとして、この県庁所在地に向かったが、トロワの数キロメートル手前で同市の騎馬国民衛兵と戦闘となり、逃走した。同日には、トロワ郡とバル＝シュル＝セーヌ郡で、民衆の実力行使による穀物の価格設定が行われた。パリの検事長は、六月一六日付けで、法務大臣宛てに、六月二日から五日にかけてオーブ県で展開した諸事件は、従来に経験したことのない深刻さを呈したと書き送っている(以上、オーブ県における一八一七年の食糧騒擾については、Marjolin, 1933, pp. 442–443 を参照)。

これらの食糧騒擾では、騒擾の参加者たちは、食糧難は天候によるものではなく、その責任は国王やその政府にあると明言した。一八一七年五月三一日、ヴィルノクスでの騒擾の翌日、ヴィルノクスのブドウ栽培農民クロード・パピヨンは、騒擾で彼がとった行動について批判を述べる田園監視員に対してこう答えた。「そうさ、高いパンを食わせるためなんだ。その責任はルイ一八世にある。もしうまくやれるなら、奴の首を切り落とさせてやるのに」(臨時即決裁判所判決記録簿、一八一七年七月四日、A.D.A. 4U6)。同日、ノジャン＝シュル＝セーヌで群衆がフランソワ・グートランの家に略奪に赴いたとき、群衆の中の一人の女性(氏名不明)が、「小麦の高値の原因は政府にある。反逆しなければいけない」と叫んだ[*9](臨時即決裁判所判決記録簿、一八一七年七月一四日、A.D.A. 4U6)。

すでに一八一五年一二月に一時的に穀物の高騰が生じた時、その責任は国王にあるとされた。この時、オーブ県では、国王がイギリスへ大量の穀物を輸出しようとしているという噂が流れた(Ploux, 2003, p. 162)。一八一六年七月にも、オーブ県では類似の噂が発生した。その噂では、ルイ一八世はひそかにイギリスへの小麦の輸出を許可したが、それはこの措置が反乱を、そして間接的には外国軍の新たな侵入を引き起こすことを期待してのことだとされた(Ploux, 2003, p. 163)。この噂は、民の苦境に思いを寄せぬばかりでなく、腹黒く策謀を企て、さらには愛国心も欠如しているという国王像を描き出していよう。

政府は、一八一六年の初冬に王国の地上および海上の国境の外に穀物を搬出することを禁止する政令を発した。プルーによれば、この政令も政府が小麦の輸出を企てているという噂を消し去ることにはほとんど寄与しなかったようであり、市場への穀物の供給を目的とした様々な措置(米および穀類への輸入関税の免税、輸入への助成金、ロシアの小麦の購入、ベリー公の結婚や国王の誕生日の際の小麦粉の配給など）も政府に対する消費者の態度を変えなかった。「体制の不人気は、何ものも統治者たちのよき意図を住民に認めさせるほどの力を持ち得ないほどだったのだ」（Ploux, 2003, pp. 163–164）とプルーは言う。

一八一六―一八一七年の食糧危機の間、国王ルイ一八世が民衆の間で嫌われたことは、噂以上に数々の「不穏な言葉」がはっきりと示している。国王は、しばしば豚呼ばわりされた。一八一七年六月、ビュクスィユのブドウ栽培農民ピエール・サンジェは、今蔓延している食糧難の責任は国王にあるということを同村の村民たちに説得しつつ、こう述べたという。「ルイ一八世の豚野郎 le cochon de Louis 18 が国王でいる限り、俺たちは飢え死にしてしまう」（軽罪裁判一件書類、Buxeuil 村長から Bar-sur-Seine 郡検事宛て書簡、一八一七年七月五日、A.D.A. 8U216）。ディアンヴィルの日雇農で寡婦のマリー・ジエヌヴォワールは、一八一七年四月から六月までに、「国王は太った獣、太った豚だ。皇帝の下ではパンを食べていたのに、国王の下では飢え死にしてしまう」と繰り返し述べた（軽罪裁判所判決記録簿、一八一七年八月九日、A.D.A. 7U184）。さらに、ランティーユの指物師ジャン＝バティスト・ルイヨは、一八一六年三月に、「国王は un c…（原文伏字。女性器の意味もある con「まぬけ」か）、ジャガイモ食い un mangeur de pommes de terre だ」と通りや村の広場で述べた（軽罪裁判所判決記録簿、一八一六年四月二七日、A.D.A. 7U183）。同じく一八一六年三月、バル＝シュル＝オーブの商人の女中ジャンヌ・パージュは、「国王はイギリスでジャガイモを食いすぎて、送り返され、フランスへジャガイモを食いにやって来た」と述べた（軽罪裁判所判決記録簿、一八一六年三月一六日、A.D.A. 7U183）。ジャガイモは、一八世紀にオーブ県に導入されたが、以来「豚の食い物」と見なされてきた（Clause, 1988, p. 334）。一九世紀初頭、ジャガイモはなお人間の食糧として完全に定着しておらず、「ジャガイモ食い」という呼称は、国王を豚扱いするけなし言葉だったと思われる。[*10] 先にあげた、ルイ一八世が策謀を企て、ひそかにイギリスへの小麦の輸出を許可したという噂とともに、これらの恨みのこもった嘲弄的な「不穏な言葉」は、小麦の高騰を食い止めることのできない国王の無能ぶりと民衆の苦境に対する国王の無関心を非難する意味合いがあったであろう。

一八一六―一八一七年の食糧危機は、「食物をもたらす国王 roi-nourricier」という伝統的な国王の形象が解体するというプロセスにおいて、補足的な一段階を記したとするプルーの見解が興味深い。彼は、次のように指摘する。アンシアン・レジームの王政のイデオロギーにおいては、一つの黙契が君主と臣民との間を結んでいた。すなわち、臣民の服従の見返りに、国王は臣民の生存を保証する義務を負う。政府の役割は、臣民に食物を与えるというよりも、むしろ食物の市場への供給と誰にでも買える価格でのパンの販売を保証することである。食糧不足の時には、強制的徴発を実施し、ローカルな消費者にとって不利益な輸出を禁止することが公権力に期待される。一八世紀の後半に、重農主義者の思想の影響で、王政が穀物取引の規制緩和になんとか乗り出した時に、国王は投機家たちの立場を取って、黙契を破り、臣民を裏切ったのだという世論が現れた。こうして「パン屋としての国王 roi-boulanger」という温情的で安堵感を与える形象が後退し、替わって「小麦商としての国王 roi-marchand de blé」という非難の込められた形象が登場する。「パン屋としての国王」の形象の後退は、伝統的王政の「聖性の喪失 désacralisation」の諸局面の一つだったのである。もっとも、こうした断絶は、急激だったわけではない。一七八九年一〇月六日にヴェルサイユからパリへと国王一家を連行してきたパリの群衆の女たちが、ルイ一六世をなお「パン屋」と呼んでいたのはよく知られた話だし、一七九五年の食糧騒擾や一八一二年の食糧騒擾においてさえも、「ルイ一七世万歳」が叫ばれたのであった。一八一六—一八一七年に、実力行使で小麦の価格を設定したり、穀物の自由な流通を妨げた群衆が、ルイ一八世の名において行動したと主張した事例もあった。とりわけ、数多くの噂が、公権力を批判しながらも、穀物の高値を引き起こしているのは国王ではなく、その大臣たちや取り巻きであるとしていた。このように、「食物をもたらす国王」ないし「パン屋としての国王」という伝統的な国王の形象が解体するというプロセスは、一八一七年においても完了したわけではなかった。しかし、一八世紀後半に始まったこのプロセスは、一八一六—一八一七年の食糧危機の期間に確実に歩を進めたのである(Ploux, 2003, pp. 164–165)。一八一七年六月三日、オーブ県で起きたある食糧騒擾を率いていた一人、サン・マールの日雇農ドゥニ・ラクロワが次のように叫んだことは、そうしたプロセスの進展を窺わせる一例である。「皇帝万歳！　俺たちを飢え死にさせる穀物商の国王 le blatier de Roi, marchand de grain を倒せ！(blatier は「穀物商」を表す古語)」(臨時即決裁判所判決記録簿、一八一七年九月二日、A.D.A. 4U7)。国王の形象は、民衆の庇護者としての「パン屋」から策謀によって小麦の価格を引き上げる投機家としての「穀物商」に転化していったのである。

　上の事例に見られるように、一八一七年のオーブ県の食糧騒擾では、しばしば「皇帝万歳！」が叫ばれた。では、一八一六—一八一七年の食糧危機の時期、オーブ県では、皇帝の形象はどのようなものであったのだろうか。一八一六年九月、ジョクールの恩給受給の退役軍人クロード・ロベールは、隣人のブドウ栽培農民にこう語った。「ボナパルトは、九月二五日にフランスに帰って来る。彼は、三年分の小麦と金を満載した二隻の軍艦と共に帰るだろう」(軽罪裁判一件書類、証言、一八一六年一〇月一四日、A.D.A. 7U301)。一八一七年五月、ジエ＝シュル＝セーヌの石工の妻ジャンヌ・ガルダングは、「ボナパルトが帰って来る。彼が私たちのもとに届く小麦を送ってよこす」という噂を同村に広めた

（軽罪裁判一件書類、Gyé-sur-Seine 村長から Bar-sur-Seine 郡検事宛て書簡、一八一七年五月九日、A.D.A. 8U216）。食糧危機の時期の噂は、ナポレオンを、外国への輸出が空にしてしまった市場に再び小麦を供給し、安寧と豊かさをもたらす「恵みの王 prince évergète」（Ploux, 2003, p. 167）として描き出している。ナポレオンは、フランスの敵（イギリス）に収穫を引き渡してしまうルイ一八世に対比して、気前よく施しを分配し、繁栄をもたらす者として想像される。噂を通じて見れば、民衆は、国王とその政府が自分たちを貧困に追い込もうとする策謀を企てていることを確信する一方で、この策謀を打ち砕き、民衆に幸福を保証することのできる無尽蔵の富の源泉である救世主として、ナポレオンにメシア待望的な期待を抱いていたことが窺える[*11]（この想像上のナポレオン像については、Ploux, 2003, pp. 168–169 を参照）。なお一つ付け加えておけば、一八一七年以降、ナポレオンに関する噂が、不安や恐れをもって受け止められた反応は見られなくなる。

「食物をもたらす国王」として、民衆の幸福を保証することは、伝統的に国王の務めと見なされた。ブルボン王家は、もはやこの務めを引き受けることはできないでいる。代わって、「ナポレオンが、君主の務めに伝統的に結び付けられてきた信念と表象の総体を一身にいわば結晶化した」（Ploux, 2003, p. 170）というプルーの指摘は、正鵠を得ていよう。つまり、「食物をもたらす者であり民衆の庇護者としての国王という神話的な形象」（Ploux, 2003, p. 167）は、一八一六—一八一七年の時点でも力を失ってはいなかった。しかし、その形象を具現化するのは、もはやルイ一八世ではなく、ナポレオンなのである。

5　噂の散発化の中で（一八一八—一八二三年）

一八一八—一八一九年にもナポレオンが帰国するという噂がオーブ県では発生したが、一八一八年以降、同県では、ナポレオンに関する噂は散発化する。ナポレオンに関する噂の波はオーブ県では再び高まることはなかった。しかし、一八一八年以降ナポレオンに関する噂の発生の頻度は同県では小さくなったとはいえ、その内容には時に興味深いものがあった。

一八二〇年二月一三日に起きた、王弟アルトワ伯の次男で王位継承予定者のベリー公の暗殺は、ナポレオンを支持する者たちに高揚をもたらし、そして彼らに大きな変動の始まりを予感させた。レ・リセの馬具製造職人ジャン・ボヌヴォーは、レ・リセの町長によれば、「ナポレオンと共にエルバ島に渡り、彼にきわめて愛着を持ってい」て、「彼の帰国を望んでいる」人物であったが、ボヌヴォーは、一八二〇年六月、レ・リセの居酒屋で酒を飲みながら、ベリー公の暗殺を話題にして、居酒屋の主人にこう語った。「この知らせを知った時、俺は喜んだ。王室の皆が同じ運命を被るなら結構なことだし、俺も満足がゆくのだが。俺が知ったところでは、フランスでは二カ月後にすべてが覆されるとのことだ」(軽罪裁判一件書類、Les Riceys 町長より Bar-sur-Seine 郡検事宛ての書簡、一八二〇年七月二日、A.D.A. 8U216)。「すべてが覆される」という予言のうちには、ブルボン王政が転覆し、帝政が復活することが含まれていよう。また、長靴下製造業者のジャン＝シャルル・ルグラは、ベリー公暗殺の翌日にパリを立ち、二月一六日にノジャン＝シュル＝セーヌに達したが、その途上で出会った数人の者たちにこう話した。「ベリー公の暗殺はフランス人にとって喜ばしい出来事だ。ボナパルトはスペインにいる。ジョゼフ〔ナポレオンの兄〕は再び〔スペインの〕玉座につく。スペイン王はフランスに亡命したばかりだ。公が暗殺されなかったとしたら、むしろ驚きだ[*12]」(Nogent-sur-Seine 郡検事より Paris 検事長への書簡、一八二〇年二月二三日、A.N. F^7 6745 ; Malandain, 2011, p. 283)。

プルーのフランス全国に関する調査によれば、ナポレオンがスペインにいるという噂は、すでに一八一五年から見いだせる。だが、この噂は、スペインが自由主義派と国王絶対派との対立の舞台となった時期(一八二〇—一八二三年のいわゆる「自由主義の三年間」の時代)に、はるかに数を増した。一八二〇年の最初の数カ月、アリエ県、ムルト県、タルヌ=エ=ガロンヌ県、ローヌ県と並んでオーブ県でも、ナポレオンはスペインの自由主義派に加わっているとの噂が発生している(Ploux, 2003, p. 179)。

周知のように、翌一八二一年の五月五日、ナポレオンはセント・ヘレナ島で死去した。ナポレオンの死の知らせは、同年の七月の後半にはフランスの地方にも伝わった。この報は、とくに目立った反応は引き起こさなかった(Ploux, 2003, p. 178)。ハザリーシンによれば、ナポレオンが死去した一八二一年は、ナポレオンの帰国の噂に関しては、相対的に静穏であったが、一八二二年の初頭にはこの噂が再び姿を現し始めたという(Hazareesingh, 2004, p. 70)。オーブ県では、ナポレオンの死後は、ナポレオンに関する噂の発生は見られないのだが、ナポレオンの死を認めない叫びの事例はある。一八二二年四月、傷薬の行商人ドゥニ・ギニョロは、ヴィル=スゥ=ラ=フェルテの旅籠屋で、次のように叫んだ。「皇帝万歳。ボナパルトは死んでいない。彼は間もなく戻ってくる。王党派なんか糞くらえだ」(軽罪裁判所判決記録簿、一八二二年五月一八日、A.D.A. 7U189)。一八二三年四月七日、スペインで進行する自由主義革命に干渉するために、アングレーム公の率いる一〇万のフランス軍がスペインに侵入したが、その直前にナポレオンがスペインにいるという噂がフランスでは増殖した。同年の七月から八月にかけては、ナポレオンの帰国の噂がフランス各地で多数発生している(Ploux, 2003, pp. 179–180)。

このように、一八二二—一八二三年には、ナポレオンの死を知らされた人々の間から、彼がなお生きていて、フランスへ間もなく戻ってくるということを断言する言説が立ち現れたのである。この言説が意味するところは何だろうか。プルーは以下のような三つの仮説を提示している（以下、三つの仮説については、Ploux, 2003, pp. 180–181 を参照）。まず第一に、ナポレオンの死の報は、ボナパルト派の士気を失わせるための公権力の策謀に過ぎないと見なされ[*13]、彼はまだ生きていると実際に信じられたということもあり得るということである。第二に、ナポレオンは死んだとしても、一八一五年以来彼が具現してきた政治的原理はなお生きているという観念の一表現として、上記のような言説を解釈することもできるということである。第三に、ナポレオンが不死であると信じられた可能性も完全には排除できないということである。第三の仮説の根拠として、プルーは、一八二三年にスペインにナポレオンがいるとする噂では、彼がしばしば「不死将軍 général Malmort」と呼ばれたことを挙げている[*14]。プルーは、ナポレオンの不死性を信じることが非合理的であるからと言って、第三の仮説よりもむしろ前者二つの仮説のうちのいずれかを重視するようなことは誤りであろうと述べる。彼は、ジャック＝オリヴィエ・ブードンの分析に基づいて、ナポレオン崇拝は、一九世紀前半には、ほとんど宗教的な様相を帯びたと言う。ブードンは、こう述べている。「集合的記憶においては、ナポレオンは、通常の偉人ではないと見なさなければならない。彼は通常の偉人の性格も持ってはいるが、さらにそれに他の属性、とくに英雄の、さらには半ば神なるもの demi-dieu の属性を付け加えているのだ。このことが、偉人の集団の中で彼に特殊な地位を付与するように思われる。彼は敬愛以上に真の崇拝の対象となっているのであり、それは、ナポレオン的宗教 religion napoléonienne という言い方もできるほどなのだ」（Boudon, 1998, p. 132）。「宗教」とも言えるこのナポレオン崇拝においては、「帝位を追われた皇帝は、その肉体の消滅によって、いわば不死性に至る。彼の死を否定することは、実際、彼が死すべきものとしての性質を持っていると信じることの拒絶の表明であった」(Boudon, 1998, p. 138)。ブードンの見解によれば、フランス革命が引き起こした宗教的危機が、カトリシズムに代わるいわば「代替信仰 culte de substitution」として「ナポレオン的宗教」の定着を促進したのであり、この「代替信仰」が「ナポレオンとキリストの同一視」を押し進め、ナポレオンは「ほとんど超自然的な存在」としての性格を持つに至ったのであった(Boudon, 1998, pp. 138–139)。ブードンのこうした分析に基づけば、ナポレオンの不死性が人々に信じられた可能性も排除できないのである。

一八二三年のフランス軍によるスペインの自由主義革命への干渉に話を戻せば、ルイ一八世は、一八二三年一月二八日にスペインへ軍事介入を行うことを公言していたが、同年の春、オーブ県のバル＝シュル＝オーブ郡では、この軍事介入が結果として外国軍のフランスへの侵入を招くとの噂が流布し、住民の間にパニックを生んだ。このパニックについて、オーブ県の県知事は、内務大臣にこう伝えている。「バル＝シュル＝オーブ郡の郡長氏が私に伝えてきたところによりますと、同郡の住民は、外国軍の侵入の脅しに怯えて、彼らの最も貴重な身の回りの品を隠し始め、いくつかの村では、こうした恐怖に駆られて、住民たちが彼らの家禽や家畜を捨て値で売り払ってしまったということです」(オーブ県知事報告書、一八二三年三月一〇日、A.N. F7 6729)。公権力はスペインに派遣したフランス軍の快進撃を国民に伝えるよう努力したにもかかわらず、スペインへの派遣軍については、フランス軍の手痛い敗北やフランス軍における大規模な犠牲者の発生やフランス兵の敵への寝返りといった公権力からすれば凶事の噂がフランス全土に流布した(Ploux, 2003, p. 179)。メナジェによれば、フランスの反体制派は、このスペイン派兵ではスペインがフランス軍の墓場となり、ブルボン王政復古体制は間もなく崩壊すると信じた。そうした情勢の中で、ナポレオンに関しては、二つのタイプの噂が流布した。

一つはナポレオンが帰国するというものであり、もう一つはナポレオンの息子ナポレオン二世に関するものである（Ménager, 1988, p. 62）。

オーブ県では、スペイン派兵時に、ナポレオンに関する噂の発生は見いだされないが、ナポレオン二世については語られるのが見られた。一八二三年四月一二日、フランス軍がスペインに侵入して五日後に、サン＝パレス＝レ＝ヴォードで、パリの珐瑯引き職人アンリエット・ビュスィは、商売のために訪れた家でこう語った。「私は従軍商人で、ナポレオン二世を迎えにパリを立った軍に所属している。私には息子が三人いて、三人ともこの軍に所属している。この軍は、明日ここを通過するはずだ」（軽罪裁判一件書類、Saint-Parres-les-Vaudes 村村長調書、一八二三年四月一二日、A.D.A. 8U216）。また、軽罪裁判所判決記録簿によると、一八二三年五月、エルビスの農民（cultivateur）ニコラ・ベレは、トルシ＝ル＝グランの居酒屋で、「ナポレオン二世について語り、さらに彼によればピレネーに翻っている三色旗について語ったあと、ブルボン家はフランスに長く留まることはないだろうと言った」。さらにベレは、自分の息子が現在スペイン派遣軍に従軍していると述べたあと、「息子と代われたらよいのに。息子のように銃か拳銃を持っていたら、［スペイン派遣軍指揮官の］アングレーム公を殺せるだろうから」と語った（軽罪裁判所判決記録簿、一八二三年五月三〇日、A.D.A. 6U56）。ブルボン王政に明確な敵対心を示すこの農民が、ナポレオン二世について何を語ったかは、史料から知ることができない。ただ、ピレネーがすでにナポレオン二世の勢力下にあるということを語っているとは言えよう。

ナポレオン二世に関する噂は、オーブ県ではすでに一八一五年に見られる。一八一五年一〇月、ボサンクールの日雇農エドム・ムージャンは、同村の数人の者たちに、「二週間のうちにナポレオン二世が戻ってくる。二週間後には、ナポレオン二世万歳が叫ばれるだろう」と語った（軽罪裁判一件書類、書類 N° 109、一八一五年一一月三日、A.D.A. 7U301)。メナジェは、ナポレオンの息子が皇帝の正統な後継者と民衆に見なされていたことを指摘している。一八一五年六月二二日、ナポレオンは、一八一四年とは異なって無条件に退位したのではなく、息子に帝位を譲って退位したのであり、ナポレオンの弟リュシアンの尽力により、翌日に議会は、「ナポレオン一世の退位の事実と帝国の基本法の効力によって、ナポレオン二世はフランス人の皇帝となった」という動議を可決することにより、ナポレオンの譲位の決定を追認したのであった。この報が当局の手によって地方に広められるだけの時間はあったし、ナポレオン二世の治世は虚構のものとは言え、公式化されたのである(ナポレオン二世即位の記念メダイユも発行された)。こうした一八一五年の出来事を記憶しているボナパルト派の民衆にとっては、ルイ一八世の方こそが王位簒奪者なのであった(Ménager, 1988, pp. 37–38)。さらにナポレオンの死後について言えば、「ナポレオンの死が信じられた場合には彼の死によって引き起こされたトラウマは、彼の後継者に寄せられた希望によって、大部分は相殺されたように思われる」というメナジェの見解(Ménager 1988, p. 39)は、適切であろう。ナポレオンが死んだとしてもナポレオン二世がいるというように、ナポレオンから正統な後継者への希望の継承が行われたと見られるのである。ただ、オーブ県の場合、噂の流布量からして、ナポレオン二世に希望を寄せる人々の数は、その父親に希望を寄せた人々よりもはるかに少なくなったとは言えるだろう。

ナポレオン一世ならびに二世に関する噂は、一八二三年を最後にオーブ県では見られなくなる。[*15] これらの噂は、ルイ一八世の治世を揺るがせて同県では消滅した。では、噂という形での「ナポレオン伝説」の表現は、後の世に何も残さずに消えてしまったのだろうか。筆者にはそうではないように思われる。

ナポレオンの帰国の噂が度々繰り返されたということは、帝政が復活する可能性があるという想念を民衆に抱かせることになったであろう。この想念は、四半世紀の間現実の政治を動かす力にはならなかったが、一八四八年の第二共和政大統領選挙という局面において、オーブ県ではルイ＝ナポレオンが投票総数の九一％（全国平均は七四・二％）という高得票率を獲得する（Tudesq, 1965, p. 206, 253）という結果を生むうえで、作用を及ぼしたであろうと考えられる。つまり、オーブ県におけるルイ＝ナポレオンへの票には、帝政復活の期待を込めたものが少なからずあっただろうと推測される。

　さらには、ナポレオンの帰国の噂は、政治的主義を超えて一世代後の時代にも継承されるある種の政治文化を生み出したようにも思われる。パリの検事長から法務大臣への報告によると、一八五〇年一〇月、マルヌ県のドロネに住むフレデリック・ロベールとレパルニュ＝ブランゾンいう二人の人物が、オーブ県のシャヴァンジュの居酒屋で、急進共和派のルドリュ＝ロラン[*16]のために合図があり次第パリへ進軍するという誓約書に署名すれば、四五フランの金がもらえることを約束すると居合わせた客たちに話をした。ロベールは、実際には国外へ亡命しているルドリュ＝ロランが「北フランスで自らの軍兵を募ることに励んでいる」と付け加えた。数日後、レパルニュ＝ブランゾンは、ドロネで同じ提案をして同じ噂を流し、「ルドリュ＝ロランは、ディジョンで閲兵式をやったが、一一月一日には一五〇〇人の閲兵式を行うだろう」とも言った。「これらの行為は、周辺地域に動揺と不安をまき散らしました」とパリ検事長は報告している（Paris 検事長報告書、一八五〇年一一月二三日、A.N. BB^{30} 383）。ローカルな共和派の活動家と見られる二人の人物が流した上記の噂は、権力の座を追われた者がそれを奪還しに自ら軍勢を率いてパリに進軍するという物語を語っているという点で、ナポレオンの帰国の噂と言説の型を同じくしている。ナポレオンの帰国の噂は、〈権力奪還のためのパリへの進軍〉を統率する政治指導者＝救世主が体制の転換を実現してくれることに希望を抱く政治文化を生み出し――一八一五年三月の「鷲の飛翔」は、この希望を支える現実の出来事であった――、その政治文化がイデオロギーを超えて、ボナパルト派から一部の共和派へも継承されたことを上記の事例は示しているのではなかろうか。ここで述べているのは、今のところわずか一例に基づく仮説にすぎない。だが、ルイ一八世治下に大量にまた繰り返し流布したナポレオンに関する噂が民衆の集合的記憶に何を刻み込んだかを考察することは、重要であろう。その考察は、フランス近代史上、これまで注目されてこなかった、救世主による権力奪還願望の連続性という民衆の政治文化の一側面を照らし出すことになるからである。

第Ⅱ部　蜂起と農村民衆の「政治」

第三章
バス＝プロヴァンス地方ヴァール県における一八五一年蜂起の展開

1　一八五一年蜂起と第二共和政史

一八五一年一二月二日のルイ＝ナポレオン・ボナパルトのクーデタ直後に、フランスの中・南部農村地帯を中心に大規模な蜂起が発生した。この蜂起には発生直後から異なる立場からのイデオロギー的な解釈が与えられてきたが、そうしたイデオロギー的解釈から脱却して、この蜂起が本格的な研究と議論の対象にされるようになったのは、蜂起の規模の大きさにもかかわらず、比較的新しいことである。一九五〇、六〇年代に、フランス近代史の領域では、一八四八年前後の地方農村の状況に「社会的危機」が明確に顕現していると見たエルネスト・ラブルース門下の歴史家たちを中心に、第二共和政期の農村史に大きな注目が寄せられるようになった。こうした動向の中、さらに大戦後に大きく

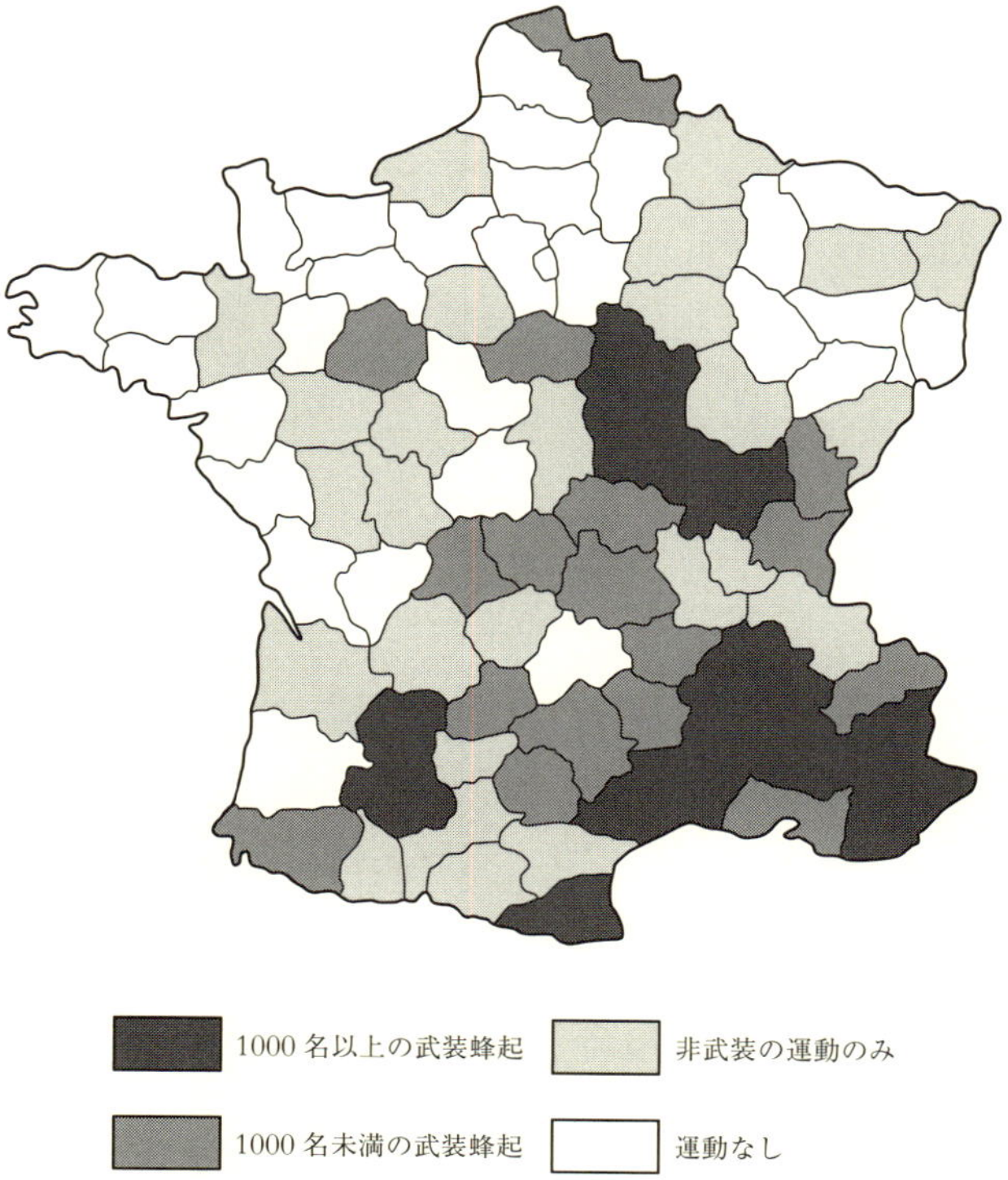

［参考図　1851年蜂起の広がり］
Margadant, 1979, p. 22の図をもとに作成.

展開した民衆運動史研究の影響も相俟って、一八五一年蜂起を一八四八年革命以来の一連の政治過程のいわば帰結として重視する研究が現れるようになり、一九七〇年代に至ると、一九世紀フランス最大の農村の武装運動として、この蜂起の規模の大きさが再認識されるとともに〔参考図〕、フランス近代史の中でこの蜂起の持つ意味が積極的に問われるようになった。

こうした一八五一年蜂起への関心の高まりはまた、それまで主に都市とくにパリに視座を据えて考察・構築されてきた一八四八年革命論や第二共和政史像に対して、農村に視座を移してそれらを捉え直そうとする姿勢に基づくものでもあった。この時期の農民層については、近代化に取り残された存在と見てその「後進性」を、あるいはルイ＝ナポレオンの独裁権力の主要基盤となったがゆえにその「保守性」を自明視する根強い傾向が、農村に視座を据えた本格的な研究の展開を立ち遅らせてきたように思われる。だが、第二共和政下では、フランス中・南部を中心に広範な農村地域に左翼政治勢力が浸透したという事実があり、それまで十分に顧みられることのなかったこの事実への関心が一九五〇年代以降高まって、第二共和政期の農村史研究を推進するひとつの原動力となった。一八五一年蜂起は、第二共和政下における農村への急進的政治勢力の浸透の過程と深く関わる事件として注目され、研究の進展へとつながっていった。そして議論は深化し、この蜂起の性格をどう捉えるかという問題は、一九世紀フランスにおける「農村民衆の政治化」をめぐる議論の一つのポイントとなるに至っているとされる(小田中、一九八八年)。

ところで、一八五一年蜂起がその発生地域の人びとの心に残した刻印の深さを窺わせる興味深い調査報告があるので、紹介しておきたい。一九七八年から八二年にかけて、ピエール・ゴーダンとクレール・ルヴェルションというプロヴァンス大学南フランス社会史センターに所属する二人の研究者が、南東フランスのドローム県で、一八五一年蜂起の集合的記憶について聴き取り調査を行なったのである。ドローム県は大規模な蜂起が生じた県の一つであり、蜂起民と軍隊との衝突が起こった町クレストには、一九一〇年に建てられた、蜂起参加者の栄光を称える記念碑も存在しているが、この県の住民の歴史意識においては、第二共和政の誕生した一八四八年よりも蜂起の起きた一八五一年の方が、共和政の歴史意識の中では重要な意味を持つ年として認識されていると二人の調査報告は伝えている。調査では、インフォーマントの大半は、一八五一年を第二帝政やルイ＝ナポレオンのクーデタとの関連で話し、帝政への抵抗の表現として語る一方、第二共和政や一八四八年の革命には言及しなかったという。そして、自由の木の植樹という実際には一八四八年の出来事も一八五一年のこととして語られ、アカデミズムに身を置く者なら「四八年の共和国」という言い方をするであろうところが、彼らにあっては「五一年の共和国」と表現される。まさしく「一八五一年の武装決起が〔第二共和政に関する〕記憶を結晶化している」のである。さらに、インフォーマントたちの歴史意識のうちでは、一八五一年の事件が第三共和政の政治生活へとつながる共和主義的伝統の淵源としての意味を担い、この年が「共和政の新時代の起源」を画する、いわば「創建の年 date fondatrice」と呼ぶべき位置を占めていると調査は伝えている[*1](Gaudin / Reverchon, 1986)。

ドローム県では、一八五一年に郷土で起きた蜂起は、父祖の成した「歴史的偉業」として、事件から一三〇年後もなお人びとに記憶されていたのである。集合的記憶は人為的に創出される場合もあり、この調査結果が明らかにした集合的記憶についても、蜂起に明確な共和主義的意味付けがなされているのを見ると、おそらく第三共和政期に公教育や様々な共和主義的媒体を通して刷り込まれた側面もあったのではないかということを考慮に入れる必要がある。とはいえ、ひとまずここで注目しておきたいのは、蜂起の集合的記憶が、この地方の人びとのうちに、一八四八年ではなく一八五一年こそをフランス共和政の歴史上決定的に重要な意味を持つ年と見る歴史観を生んだという点であり、ここにこの事件がその発生地域の人びととの集合心性に刻み込んだ刻印の深さが垣間見られよう。ここで紹介した調査は一県のみについてのものだが、同様のことを広範囲に及んだ蜂起地域全体について可能性として考慮するならば、フランス近代史上でのこの蜂起の重要性が改めて際立ったものとして認識される。一八四八年革命や第二共和政の意味を考えるという問題においても、「四八年革命の意味を単にパリの事件としてではなく、フランス全国民の問題として」考えようとするのならば、一八五一年蜂起を無視できないのは無論のこと、「四八年革命の意味は二月の動乱や六月蜂起よりもむしろ五一年一二月の反乱によって測られるべきものであろう」という主張も（西川、一九八五年、三―八頁）、あながち誇張とは思われない。

２　一八五一年蜂起についての諸解釈

さて、一九七〇年代に本格的な研究と議論が開始されるまで、アカデミックな歴史研究からは「忘れられた農民反乱」であったこの事件の「復権」[*2]（西川、一九八四年）に最も大きな貢献をした歴史研究者としては、フィリップ・ヴィジエ、モーリス・アギュロン、テッド・W・マーガダントらの名があげられる。彼らの研究についてはすでに日本での紹介もあるので（小田中、一九八八年；西川、一九八四年、一九八五年）、ここでは本書の議論に関わる限りでの簡略な整理にとどめよう。

ヴィジエの研究は、一九七〇年代以降本格化する研究や議論の先駆として位置付け得るものである。一九六三年に公刊された博士論文『第二共和政期のアルプス地方』の中で、ヴィジエは、第二帝政期以来ボナパルト派や共和派などのそれぞれイデオロギー的な立場から一面的に解釈されてきた一八五一年蜂起に、ニュアンスに富んだ解釈を与えた。ヴィジエによれば、この地方の蜂起の主要な参加者は、小農民層および村や町の手工業者・小商人だが、山岳派（急進共和派と社会主義的諸派の集合）の濃密なプロパガンダの影響を受けた彼らが、ローカルな山岳派の指導者に率いられて蜂起したのであり、蜂起運動の展開には、山岳派の秘密結社の地域的な組織網が大きな役割を果たした。この運動において、蜂起の指導者たちは、山岳派が一八五二年の総選挙に勝利することで樹立を目指していた「民主的・社会的共和国」の夢がクーデタによって葬り去られることを防ぐために、共和政という政体そのものを守ろうとしたのであるが、クーデタへの抵抗が県庁などの地域権力の奪取というかたちで成功を収めると、この「民主的・社会的共和国」の地域レベルでの即座の実現という革命的な様相を呈するに至った。こうした意味では、蜂起は「まず何よりも政治的運動」であったが、「民主的・社会的共和国」とは、「社会改革と民衆の要求に大きな地位を与える体制」つまりは「民衆の共和国」として、社会改革への期待を民衆のうちに掻き立てるものであったから、蜂起は同時にまた社会的運動でもあったことをヴィジエは示唆した*3（Vigier, 1963, t. 2, pp. 319–337）。

アギュロンもまた蜂起の一面的な解釈を乗り越えようとした。アギュロンは、一九世紀以来のイデオロギー色の濃い二つの蜂起解釈、すなわち「ジャックリー」説（貧者の富者に対する社会的怨恨の噴出）と「法の擁護のための闘争」説（憲法の侵害行為であるクーデタに対する憲法と共和政の擁護）の双方に距離を取り、両説の批判的統合を図りつつ（Agulhon, 1974）、バス＝プロヴァンス地方ヴァール県の蜂起についての分析（Agulhon, 1970 ; nouvelle éd., 1979）を経たのち、第二共和政についての概説書（Agulhon, 1973）において、一八五一年蜂起の全体像を要約的に提示しようとした。一九七三年に刊行されたこの概説書は、フランス第二共和政の歴史過程の全体的視野のうちにこの蜂起を位置付け、その重要性を積極的に示そうとした最初の試みであろうとの指摘（西川、一九八四年、三九八―三九九頁）におそらく間違いはないが、彼の蜂起解釈は、基本的にはヴィジエのそれを継承したものであるように思われる。また、ヴィジエは、蜂起に対して批判的ないし消極的であったローカルな共和派ブルジョワと彼らの統制を超え出て展開する民衆運動との緊張関係をすでに指摘していたが、アギュロンは、この点でもヴィジエの指摘を継承し、さらに発展させている。アギュロンによれば、蜂起を通じて民衆が実現させることを望んだ新たな「共和国」は、山岳派が一八五二年に選挙を通じて実現させようとしていた「民主的・社会的共和国」と重なり合うものであり、クーデタへの抵抗運動の参加者のうちには、最終的な目標をめぐっての相違はない。しかし、「一般的な理念 idée générale」は運動参加者に共通していても、最終的な目標実現までの期間や、目標実現のための闘争形態については、やがて山岳派に勝利をもたらすはずの自由な投票さえ回復するに至ればよいとする合法主義的な態度をとる共和派の名望家や一部の活動家たちと、徴税事務所を襲撃するなど目標の即座の実現を求めて実力行動に出た一般民衆との間に不一致が見られた。すなわちアギュロンは、一八五一年の蜂起運動のうちに緊張関係にある「二つの文化的層位 niveaux de culture の存在」を見出したのである（Agulhon, nouvelle éd., 1979, pp. 465–467 ; Id., 1973, pp. 195–197）。

一九七九年に刊行された、一八五一年蜂起それ自体が主題のマーガダントの著書『反乱するフランス農民――一八五一年蜂起』は、今日に至るまで、この蜂起運動についての最も包括的にして綿密な研究書と言える。三百数十ページに及ぶこの著書の論点は多岐にわたるが、マーガダントの研究の大きな特色の一つは、山岳派を中心とする地下組織が蜂起において果たした役割に注目し、こうした地下組織の組織構造や組織参加者の行動様式の解明に大いに力を注いでいる点に求め得る。一八五一年の蜂起運動の理解において「組織化」の過程に注目するマーガダントの研究のあり方には、チャールズ・ティリーの「集合暴力」論からの影響が指摘できる。[*4] しかしまたマーガダントは、この蜂起における秘密結社のイニシアティヴを重視しながらも、蜂起運動の全局面に秘密結社による組織化が及んでいたのではなく、地下組織に包摂されずに共同体的連帯に基づいて行動しようとする農村民衆の運動という側面も見られることを指摘している。つまりマーガダントによれば、一八五一年蜂起は、クーデタへの抵抗のイニシアティヴを取った地下組織による組織的運動と、共同体的連帯に支えられた民衆運動との結合として理解すべきものである。こうした観点から、マーガダントは、ティリーに依拠しつつ、一八五一年蜂起を近代フランスの「集合暴力」の歴史における過渡的現象として、すなわち、共同体を基盤とし共同体的な諸権利や慣習の侵害に防衛的に反応する「反作用的 reactive」な集合行動から、自発的結社を基盤とし国家権力の奪取を志向する「作用的 proactive」な集合行動への移行の過渡的現象として位置付けるという歴史社会学的解釈を示している(Margadant, 1979, pp. 231–232)。

以上の諸研究は、一八五一年蜂起のうちに農村民衆のアルカイックな意識と行動形態が現出していることを見逃してはいないが、山岳派あるいは民主＝社会主義派と称した左翼政治勢力が掲げる政治的理想の農村民衆への浸透を重視し、農村民衆の蜂起行動に「政治性」を認めるものであった。[*5] これに対して、アルベール・ソブール、イヴ＝マリー・ベルセ、ロジャー・プライス、ユージン・ウェーバーらは、一八五一年に蜂起した農村民衆の共和主義的「政治化」やその行動の「政治性」を過大に評価すべきではないとして、この蜂起については、むしろ伝統的な農民一揆との連続性を強調し、ある意味では、イデオロギー性を払拭した「ジャックリー」説の再構築とでも言うべき方向性を示した

(Soboul, 1948 ; Bercé, 1974b ; Price, 1972 ; Weber, 1976, 1980, 1982)。とくにウェーバーは、第二共和政期の農村民衆の「政治化」を否定し、農民的な習俗や心性は、全国的市場の形成された第三共和政前半期(一八七〇―一九一四年)の時代に至るまで、ナショナルな政治闘争には適応し得なかったと主張して、一九世紀フランスの農村民衆の「政治化」の時期、さらには「政治化」の内容をめぐる論争を引き起こした(この論争については、小田中、一九八八年 ; McPhee, 1992, pp. 261–263 ; Pécout, 1994, pp. 95–96 を参照)。

さらにはまた、農村民衆への左翼的あるいは共和主義的政治の浸透と関連付けて一八五一年蜂起を説明してきた諸研究は、蜂起した民衆のルイ＝ナポレオンに対する感情の問題については十分な考察を怠ってきたという批判も呈されている。地域によっては、多くの村々で民衆が「ナポレオンの名において」蜂起したと伝える県知事の報告や、ルイ＝ナポレオンが民衆に助勢を求め進軍を要請したのだとか、裏切られた彼が共和国を守るために民衆に呼びかけたのだと信じていた蜂起民の事例も見出されているからである(Ménager, 1988, p. 112)。西川長夫は、「五一年一二月の反乱の性格は共和主義的なものであるのか、それともボナパルティスト的なものであるのかという、最も基本的な点さえあいまいなままに残されている」とも述べている(西川、一九八五年、三二〇頁)。

だが、西川自身もそう示唆していると思われるが、蜂起の性格を全体として「共和主義的か、ボナパルティスト的か」と二者択一的に問うべきではない。ベルナール・メナジェが言うように、「ブルゴーニュやドーフィネのように、ナポレオン伝説が浸透した諸地方と、一八一五年に帝政に敵対的で、法の概念によりこだわりを持つ地中海周辺の諸地方とでは、同じ政治文化を持つわけではない」(Ménager, 1988, p. 112)とすれば、一八五一年蜂起の性格も地域によって異なり得る。また同一地域内でさえ、蜂起への参加の動機が一様であったとは限るまい。さらには、共和主義とボナパルティズムという、ナショナルな政治の議論の場では対立し合う二つの政治的理念が、ルイ＝ナポレオンが共和国を守ると信じた右記の事例に窺えるように、農村民衆の意識のうちでは、場合によっては矛盾なく結合していたということも考えられよう。農村民衆の政治文化を的確に捉えようとするのなら、われわれがパリの議会人や言論人の思想と行動に張り付けている政治的レッテルを、安易に地方農村の民衆に適用することは慎まなくてはならない。

3　一八五一年蜂起への本書のアプローチ

複雑な複合的様相を呈している一八五一年蜂起の性格の解明はなお道半ばと言わざるを得ないだろうが、この蜂起の性格を明らかにすることは、普通選挙制の導入によって「民衆の政治参加をぬきには統治できないという現代社会の大衆民主主義の基礎」(木下、一九九五年、八八頁)をフランスに創ったとされる第二共和政の政治過程が地方農村において持ち得た意味についての考察、あるいはそうした第二共和政治下での農村民衆にとって「政治」とは果たして何であったかについての考察に益するところ大であると考える。本書第Ⅱ部の目的も、一八五一年蜂起の性格の分析を通してこうした考察に寄与することに他ならないが、その考察を進めるためにここで主要な課題として設定したいのは、以下の二点である。

一つは、この蜂起においてイニシアティヴを取ったとされる地下組織の構造と蜂起の「組織性」の再検討である。この地下組織の構造や組織参加者間の関係については、それらに含まれていた矛盾や緊張がこれまでの研究では考慮されてこなかった。地下組織の矛盾内包的な性格に着目しつつ、蜂起における この組織の役割を再検討する必要がある。

もう一つは、蜂起のうちで交錯していた様々な論理や動機の解明である。とくに蜂起した農村民衆の意識について探究を進めねばならない。本書の「プロローグ」で述べたように、これまで「農村民衆の政治」を対象とした研究のほとんどが、都市で生み出された政治イデオロギーが農村民衆へと伝播・普及してゆく過程に関心を向け、結果的には農村民衆をイデオロギーによって水路付けられ型にはめ込まれてゆく受動的存在としてのみ描出してしまったという批判が呈されており、農村民衆による政治イデオロギーの受容の仕方、再解釈の仕方の解明に取り組むことが必要となっている［プロローグには該当する記述は見あたらない］。本書でも、蜂起した農村民衆におけるイデオロギーや政治的メッセージの受容形態の分析に努め、その分析を通じて農村民衆の「政治」について再考を試みたい。

以上の課題に取り組むに当たって、広範な蜂起地域全体を対象とすることは筆者一人の力量をはるかに超え出ることであり、また蜂起の全体像の再構築にはなお地道な地域研究の蓄積が必要と考えるので、ここでは対象地域を限定することにしたい。本書において具体的な分析の俎上に載せるのは、全国でも最大級の蜂起であった、南東フランスのバス＝プロヴァンス地方に属するヴァール県における事例である。同県の蜂起については、先にも触れたように、すでにアギュロンの研究があるが、彼の研究は、ここで主要な考察対象の一つとする山岳派の地下組織にはほとんど眼を向けていない。さらに、ヴァール県のうちでもとくに同県北西部のブリニョル郡に注目してみたい。このさらなる地域的な限定は、同県の蜂起に関する一次史料のあまりの膨大さにより余儀なくされたものでもあるが、より積極的な理由としては、同郡が全県で唯一郡役場所在地が蜂起側によって掌握された地域でありながら、アギュロンの研究ではその間の事情がまったく明らかにされていないこと、そして何よりも、この地域が、バ＝ラングドック地方エロー県のベジエ郡とともに、山岳派地下運動の階層制的な組織編成が全国でもっとも顕著であったとのマーガダントの指摘があることにもよる（Margadant, 1979, pp. 165–166）。筆者が参照し得た史料はなお限られた地域に属するものであるにしても、そこから得られる情報を他の地域やより広域の枠組みの先行研究が明らかにしたところと比較することで、考察に広がりを持たせることができよう。筆者の用いる一次史料は、ヴァール県古文書館（Archives départementales du Var）に所蔵されている、主として逮捕された蜂起民の予審における尋問記録と同じく予審における目撃者の証言記録であるが[*6]、逮捕者の尋問記録のような史料の場合、自分の罪を軽減したい蜂起参加者の思惑が働き、時にはそれが、陰謀組織や「赤」の指導者による大衆煽動を証明したい司法官の思惑との、いわば暗黙の「共犯関係」を構成している可能性も常に考慮に入れて利用する必要があるが、それでもなお蜂起参加者の意識を探るうえで最も貴重な史料であることは疑い得ない。

4　ヴァール県における事件の経過概略（1）――市町村庁の「革命」

まずはヴァール県における事件全体の経過について、アギュロンを始めとする先行の著書や論文[*7]（Ténot, 1865 ; Blache, 1869 ; Dupont, 1881 ; Fournier, 1928 ; Letrait, 1967 ; Constant, 1977）のほか、ヴァール県古文書館所蔵の手稿資料も参照しつつ概観を得よう。そして、同県における蜂起の基本的特徴と思われる諸点を押さえておきたい（以下、ヴァール県における騒動の広がりについては［参考図］を、事件の経過については図1を参照）[*8]。

一八五一年一二月二日パリで発生したクーデタの報は、首都から遠く離れた県都ドラギニャンのヴァール県知事のもとにも電信によって同日のうちに届いている。首都からの報は、議会の解散、新憲法の準備、それを承認する人民投票の実施、そして普通選挙を実質的に廃止していた一八五〇年五月

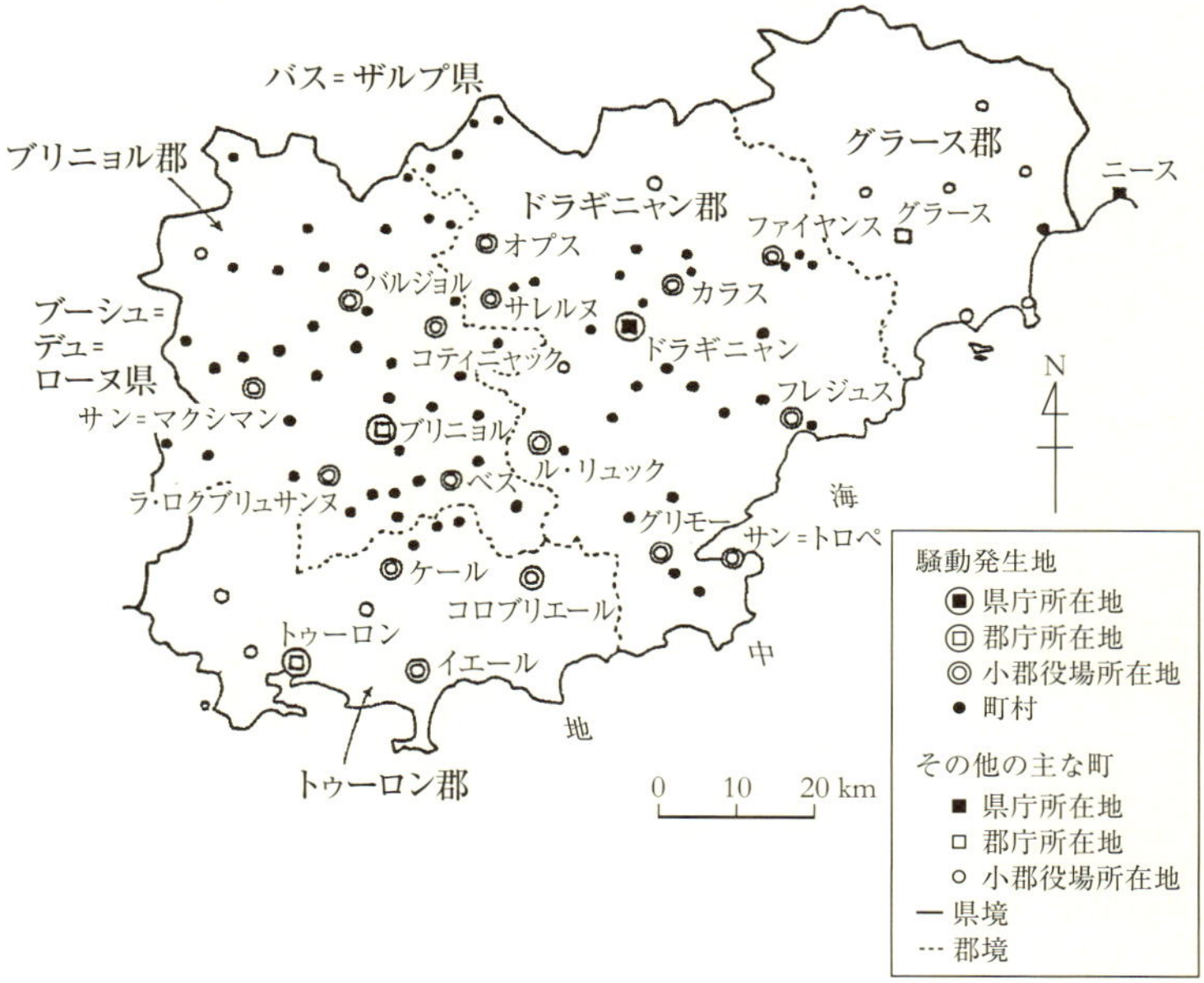

［参考図　ヴァール県における騒動の広がり］

著者の講義資料「図 4」をもとに作成.

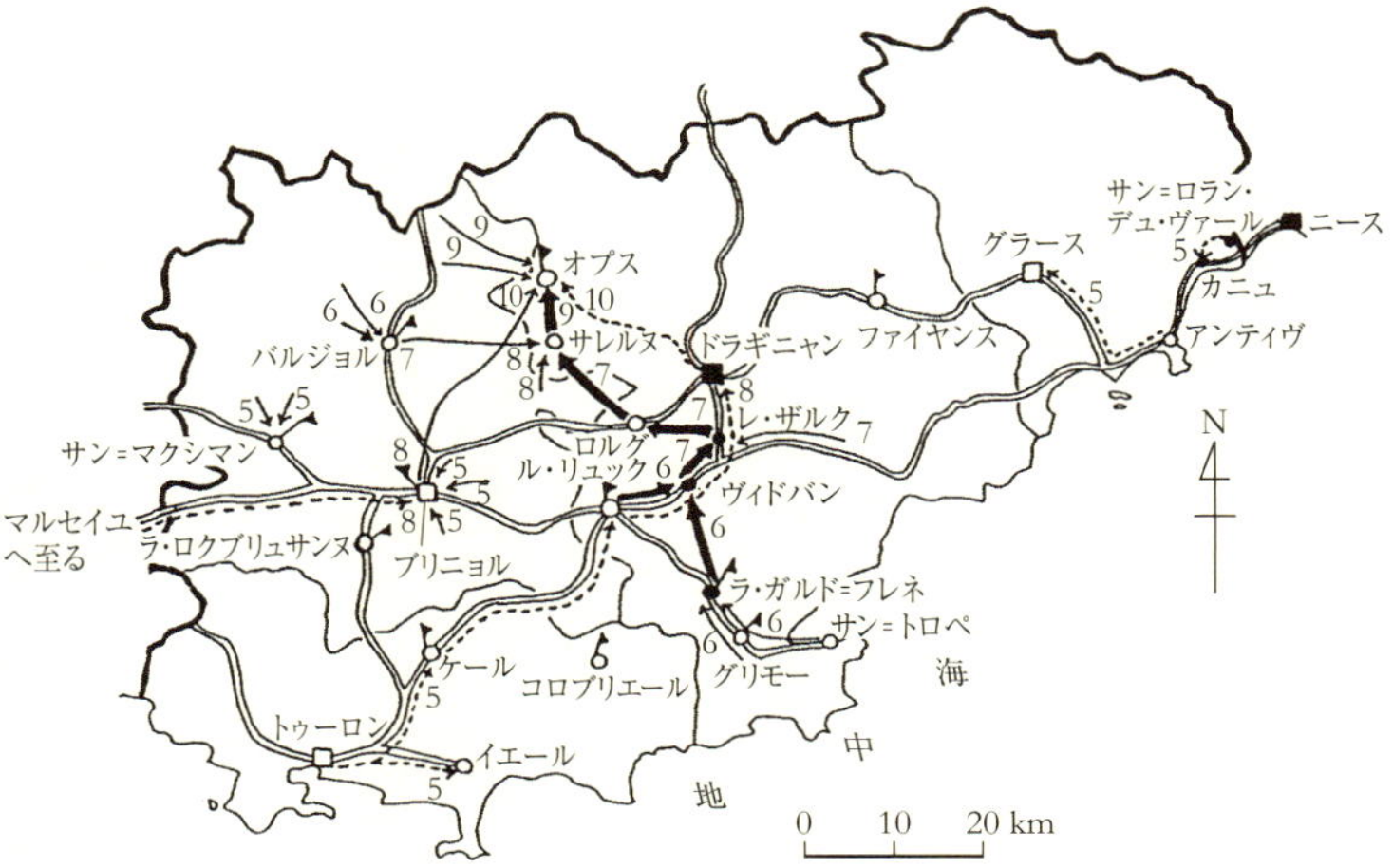

━ 1848年当時の県境
― 郡境
■ 県庁所在地
□ 郡役場所在地
○ 小郡役場所在地
● 町村
▶ 蜂起側が新町庁を立てた主な町
→ 蜂起民の結集
➡ 主要蜂起軍の進路
--→ 鎮圧軍の進路
═ 主要街道

数字は日付 ex. 5＝12月5日

図 1 ヴァール県における蜂起の展開図

三一日法の廃棄による普選の復活を告げる大統領令の発令を伝えた。「共和国大統領は国民に訴える。大統領は共和政を維持し、その運命を決定する権利を誠実に国民に委ねる」という文言を含んだ内相モルニーの名による急報が翌三日早朝ドラギニャンの通りごとに張り出され、またこの日のうちにクーデタの報は県内の主な都市に伝わった。

蜂起運動が展開するのは翌四日からであるが、県内の主要都市では、結局大きく運動が展開せずに終わっている。県都ドラギニャンでは、四日と五日、県庁前に非武装のデモが結集したが、これに対して、県庁職員と保守派のブルジョワたちが自ら武器を取り、家族を引き連れて県庁に籠城し、少数の軍駐屯部隊とともに防備を固めた。事態は膠着したまま何ら衝突に至ることなく、結局トゥーロンから出動した鎮圧軍が八日同市に到着し、ドラギニャンの騒動は幕を閉じた。海軍工廠を抱える県内最大の工業都市トゥーロンでも、四日と五日、数百名規模の非武装デモが起こったが、同市駐屯の第五〇連隊所属の部隊によって制圧され、共和主義者たちの逮捕が相次いだ。県東部の都市グラースでは、ついに目立った抗議行動はまったく起こらぬうちに、五日アンティヴの駐屯部隊の分遣隊が派遣され、同市を制圧した。

トゥーロン近辺では、五日イエールで、非武装の群衆が市庁舎に押しかけ、この圧力を背景に、共和派指導者たちが市庁舎を占拠した。同じく五日、ケールでは、激しい農民の行動が見られた。農民群衆が町役場に押しかけて町長を捕らえ、また憲兵隊の兵舎を襲って武器を奪った。この町では、群衆と憲兵隊との間で生じた騒動で憲兵班長が死亡し、さらには間接税や登記税の収税吏の事務所および自宅が襲撃され、群衆は帳簿を焼き、家具を破壊し、若干の略奪も行なった。群衆の行動が略奪や殺害にまで及んだ事例は、ヴァール県ではこれが唯一だが、アギュロンによれば、この事件は、一八五一年蜂起の中に、「クーデタの支持者たちがヴァール県の運動全体にあまりにみだりに拡張した〈ジャックリー〉という誹謗に多少とも当てはまり得る」(Agulhon, nouvelle éd., 1979, p. 418)要素があったことを示すものであった。いずれにしても、どちらの騒動も、トゥーロン駐屯部隊の迅速な展開で、同日夜には制圧され、これによって県南西部のトゥーロン郡は、はや全域がほぼ静穏状態に復した。

県東部グラース郡でも、五日には事態が沈静している。同郡では、唯一カニュという村で群衆が武器を手に結集したが、五日国境配置の税関吏らが組織した鎮圧隊によって解散させられた。

以上に対して、県北西部ブリニョル郡と中央部ドラギニャン郡では、五日から一〇日にかけて、運動が劇的に展開した。蜂起の口火を切ったのは、ドラギニャン郡南西部の小都市ル・リュックで、四日同市の山岳派の活動家たちが「抵抗委員会」を組織して自主的に新市長を選出したのち、街頭に武装群衆を結集させるのに成功し、市庁舎を占拠して、新市庁の樹立を宣言した。蜂起委員会は、近隣コミューンにこの例に倣うよう呼びかけ、同日のうちに、ラ・ガルド＝フレネ、ヴィドバンという比較的規模の大きなコミューンで同様の蜂起が生じた。さらに、ル・リュック、ラ・ガルド＝フレネでは、翌五日にかけて、憲兵や保守派の「逮捕」が行なわれた。

五日には、ブリニョル郡、ドラギニャン郡の広範な地域に武装蜂起が広がり、とくに前者は、翌六日までにほぼ全郡が蜂起状態に陥った。ブリニョルは、すでに触れたように、全県で唯一蜂起側の手に落ちた郡役場所在地で、その間の経緯についてはのちに見ることにするが、ブリニョルの蜂起指導者たちは、「山岳派秘密結社」の地域的な組織網を利用して、周辺農村から武装した住民たちを同市に結集させ市庁舎を奪取、「市臨時委員会」を設立するに至り、さらに武装蜂起民による役場占拠は、ブリニョル周辺の農村へと波及していった。同日、郡西部の町サン＝マクシマンでも、周辺農村の住民の同市への結集、町長の辞任という同様の事態が発生した。翌六日にも、郡北部の町バルジョルで、「赤いシャンブレ」と呼ばれた民衆サークルの活動家たちが群衆を率いて町役場を占拠、「革命委員会」を設立したが、近隣諸村もバルジョルからの呼びかけに応じて同様に蜂起した。既存の市町村庁が排除され、「蜂起委員会」「革命委員会」等の名称の新市町村庁が組織されるという「市町村庁革命 municipal revolutions」（マーガダントの表現）が生じたコミューン数は、マーガダントによれば、ブリニョル郡だけで三二（全郡のコミューン数五四）、全県では四八（全県のコミューン数二〇〇）にのぼっているが、この数は、マーガダントが全国で確認した「市町村庁革命」の発生コミューン数一一九のうち約四割を占めて、全国の諸県中断然の最上位である[*9]（Margadant, 1979, pp. 30–31）。ヴァール県における「市町村庁革命」の数字の大きさには、この地方の農村に特有の強力な住民自治の伝統が関係しているように思われる。バス＝プロヴァンス地方の農村では、すでにアンシアン・レジーム期から、常設の村庁を備えた住民共同体の高度な組織化が進んでいた（工藤、一九八八年、一八二—一八三頁）。こうした住民自治の伝統は、フランス革命以後のコミューン制度の下でも、村庁に強度の象徴的重要性を付与したであろう。村庁の掌握こそは、この地方の農村の蜂起民にとって、政治的権威の転換をもっとも顕著に表象する行為ではなかったかと思われる。

5　ヴァール県における事件の経過概略（2）——蜂起軍の進軍と敗北

ヴァール県の蜂起は、六日に新たな展開を見せ始めた。いくつかのコミューンの武装蜂起団が、県庁を奪うべく進軍を開始したのである。この新局面のイニシアティヴを最初に取ったのは、コミューン・レベルでの蜂起でも他に先駆けたル・リュックとラ・ガルド＝フレネの住民であった[*10]。この日、ル・リュックとラ・ガルド＝フレネの蜂起民は、「逮捕」した者たちを「捕虜」として引き連れて出発し、それぞれの蜂起団にはさらに周辺諸村の蜂起団が加わった。

これらの蜂起団は、同六日にヴィドバンで合流したが、ここに、マルセイユの山岳派新聞『民衆』紙の編集者カミーユ・デュテイユが、ブリニョルから小隊を率いて到着した。デュテイユは、マルセイユでの逮捕を逃れ、隣接するヴァール県で抵抗運動を推進しようとの意志をもって、ブリニョルにやって来ていたのである。それぞれのコミューンの蜂起団を率いていた指導者たちは、ヴァール県でも名の知られたこのジャーナリストに蜂起軍全体の指揮を委ね、デュテイユは「将軍」を名乗った。

デュテイユの指揮下、蜂起軍は、翌七日ドラギニャン南方数キロのレ・ザルクに到着、ここでさらにドラギニャン郡南東部諸村からの蜂起団が加わった。だが、県庁への進軍計画はここに至って頓挫を来す。県庁の防備が固いとの情報を得て、デュテイユは県庁攻略を無理と判断、ドラギニャンを避けて北上し、このときすでにディーニュの県庁を奪取していた隣接するバス＝ザルプ県の蜂起軍と合流する計画に変更した。ドラギニャンを避けた蜂起軍は進路をまず西に取ってロルグへと向かったが、ここで進軍中唯一、住民の積極的な抵抗の意思表示に遭った。この小都市では、蜂起軍迫るの報が入ると、同市の名望家たちが国民衛兵を組織し、市庁舎に立てこもった。しかし、結局一発の銃撃も交わすことなく、市庁舎になだれ込んだ蜂起軍の群衆によって、この国民衛兵は武装解除され、市庁舎には赤旗が掲げられた。ロルグの市長、治安判事らの名望家や、ドラギニャンの正統王朝派新聞『ヴァール連合』の編集者で、のちに事件の回想録[*11]を著すことになるイポリット・マカンらが、蜂起軍の「捕虜」とされた。

七日夜、蜂起軍はサレルヌに到着、ここでは住民の熱狂的な歓迎を受けた。翌八日、同地において、各コミューン蜂起団の指導者たちが集まり、ここで初めて蜂起軍の「参謀部 bureau de guerre」が設けられ、全軍の指揮の組織化が図られた。ここに至るまで、蜂起軍は全体の指揮系統をまったく欠いた、個々のコミューン部隊の寄せ集めにすぎず、こうした組織化は、蜂起以前に秘密結社などであらかじめ準備されていたのでは決してなかった(Agulhon, novelle éd., 1979, p. 441)。

蜂起軍は、県北西部の住民に援軍を呼びかけていたが、八日北西部の町や村の諸蜂起団がサレルヌに到着した。翌九日蜂起軍はオプスに入る。同日さらに県北辺の諸村からの蜂起団がオプスに到着し、また八日にブリニョルを立って北上して来た、同市やその周辺諸村の蜂起団も一〇日朝オプスに到着して合流した。この日までに蜂起軍に人員を提供したコミューン数は、マーガダントによれば四〇にのぼり(Margadant, 1979, p. 28)、また一〇日オプスの蜂起軍勢力を「捕虜」として目撃したマカンは、総勢五〇〇〇―六〇〇〇と見積もっている(Maquan, 1853, p. 194)。

一方、この蜂起の鎮圧の主力となったのは、各地に駐屯していた正規軍の諸部隊であった。ヴァール県の蜂起には、トゥーロン、マルセイユ、アンティヴの三駐屯部隊が出動している。このうち、アンティヴの部隊は、すでに触れたように、グラースを威圧したに留まり、流血の事態は引き起こしていない。マルセイユの部隊も、蜂起側との衝突には至らなかった。この部隊は、八日夜ブリニョルに入ったが、急進派の指導者たちの率いる一団が蜂起軍に合流すべくすでに同市を立ったあとで、市内に残った穏健派の共和主義者たちは、蜂起によって成立した市臨時委員会をただちに解散し、鎮圧軍指揮官に市当局の全権を委ねてしまった。

これに対して、トゥーロン駐屯の第五〇連隊は、オプスで蜂起軍に追いつき、流血の惨事を引き起こすに至っている。トゥーロンには、四日、クーデタ後即座にヴァール県の新知事に任命されたパストゥローが到着し、連隊長トラヴェール大佐と協議し、周辺地域の蜂起の海のなかに孤立する県都への進軍を決定した。トゥーロンの連隊は、五日のうちに郡内をほぼ制圧し終え、すでに蜂起部隊の立ち去った街道筋のコミューンを事もなく通過し、八日夜にドラギニャンを制圧した。県都の治安が立て直されたあと、総員一二〇〇名の鎮圧軍は、一〇日朝、蜂起軍追討に向かった。鎮圧軍は一〇日昼頃オプスに到着するが、蜂起軍側は鎮圧軍の姿を見るや戦わずして恐慌に陥り、瞬く間に悲惨な潰走を始めた。そもそも蜂起軍はその武装において、農民一揆の域を超え出るものではなく、デュテイユが蜂起壊滅後に著した回想録[*12]の中で、ヴィドバンに結集した際の蜂起軍の武装について、「大方の者は粗末な猟銃しか持たず、なかには古びたサーベルか、あるいはただの棒しか持っていない者もいた」(Duteil, 1852, p. 26)と述べているのを見ても、近代的装備で訓練も受けた正規軍の所詮敵ではなかった。鎮圧軍は逃げる蜂起軍側に銃弾とサーベルを浴びせる。このとき蜂起軍側の死者は五〇とも八〇ともいわれるが、蜂起軍壊滅後、逃亡蜂起民の追跡が繰り広げられる中で、憲兵らに殺された者もあった。

逮捕された者は全県で約四〇〇〇人にものぼり、一八五二年二月に設けられた特別裁判所「混成委員会」(県知事、検事、軍将官で構成)による裁判では、被告三一四七名(全国最大)中、軍法会議移送二五名、カイエンヌ流刑五名、アルジェリア流刑七九〇名、国外永久追放一五八名、国外一時追放一六三名、国内強制移住五〇六名、軽罪裁判所移送一四四名、釈放六八九名の判決を受けた(Agulhon, nouvelle éd., 1979, p. 444)。また蜂起によって生まれた各地の山岳派主導の委員会も相次いで解散させられ、五一年一二月末の人民投票までには保守派による市町村当局の掌握がほぼ完了した。

一八五一年一二月四日から一〇日までにかけてのヴァール県の事件では、結局、トゥーロン、ドラギニャン、グラースといった県内主要都市は比較的静穏で、群衆が行動を起こした場合でも非武装のデモにとどまり、武装蜂起には至らなかった。こうした都市の動向には、軍の駐屯部隊という抑圧装置の配置が関係していよう。これに対して、武装蜂起民による市町村役場占拠や蜂起軍への人員提供など、住民が何らかのかたちで武器を手にするという行動形態を取ったのは、人口数千人規模の若干の小都市あるいは町と多数の村の住民であった。[*13] したがって、ヴァール県における一八五一年の武装蜂起は、「都市的」というよりは「農村的」現象であったといえる。しかし、すでに見たように、武装蜂起は、ル・リュック、ブリニョル、バルジョルなど、郡役場所在地や小郡役場所在地の小都市あるいは町でまず起こり、周辺農村を巻き込んでゆくというかたちで展開しており、これらの小都市や町は蜂起運動のいわば起動センターとしての役割を果たした。以上の諸点は、大規模な蜂起の発生した諸地方についてすでにマーガダントが明らかにしたことを、ヴァール県についても確認したにすぎないが、本書でもまずは考察の出発点として改めて押さえておこう。ただし、本書の照準は、蜂起の起動センターの役割を担った小都市とその周辺農村との、蜂起の過程における関係の内実を再検討することに向けられていることはあらかじめ述べておきたい。

6　一八五一年蜂起の社会的構成と指導の問題

県レヴェルでの蜂起運動全体の社会的構成にアプローチするには、蜂起参加者を裁くために各県毎に設けられた特別裁判所「混成委員会」の作成した被告人リストやその統計資料に依拠する他はない。[*14] 各県の混成委員会の報告をもとに作成された被告人の全国統計に基づき、アギュロンは表1のように被告人の社会＝職業構成を整理している。全国でも有数の規模に達したヴァール県の運動は、「民衆

表１　被告人の社会＝職業構成

	全　国	ヴァール県
農業従事者	7,273 人 = 27.0%	1,341 人 = 42.6%
商業・手工業従事者	16,738 人 = 62.2%	1,653 人 = 52.5% （うち上位４職種 コルク栓製造工 = 148 人 靴屋・靴職人 = 132 人 石工 = 123 人 指物師 = 88 人）
ブルジョワ層 （土地所有者，金利生活者， 自由業従事者，教育関係者）	2,873 人 = 10.6%	154 人 = 4.9%
計	26,884 人	3,147 人

出典）Agulhon, nouvelle éd., 1979, pp. 446–447.

的」性格が、さらには「農民的」性格が強いようだ。*15 また手工業者・商人層についていえば、ラ・ガルド＝フレネを中心に県南部のモール山塊の農村地域で世紀前半に急速な展開をみたコルク栓製造業の製造工が首位を占めるのはヴァール県の特色だが、以下伝統的職種の従事者が続いている。

もっとも被告人の統計は蜂起参加者の構成を正確に反映しているわけでは無論ない。アギュロンが指摘するように、当時の当局者の認識では、この蜂起は「赤」や「社会主義者」の組織的・計画的陰謀であって（あるいはクーデタを正当化するために、そうでなければならず）、実際に蜂起に参加しなかった者でも、共和派の名望家や活動家には当局の厳しい追及の手が及んだ一方、彼らに「惑わされ」盲目的に行動に出たと見なされた多くの農民たちが逮捕や起訴を免れた可能性が大きく（Agulhon, nouvelle éd., 1979, p. 442, pp. 446–448）、実際の蜂起参加者における農民の割合は被告人統計におけるそれよりもずっと大きかったと考えられる。

いずれにしても、ヴァール県の蜂起は、数の上から見れば、農民層と、町や村の伝統的職種の手工業者や商店主、および急速に成長したコルク栓製造業の労働者を主要な主体とした運動であった。問題は、アギュロンが当時の通例にならって「ブルジョワ層」と呼ぶ者たち、つまりは土地所有者、金利生活者、自由業従事者（医師、弁護士など）、教育関係者などが、少数ながら明らかに蜂起に参加していた点である。彼らは多くの場合、ローカルな名望家というべき存在であり、われわれはここで蜂起の指導の問題に行き当たる。蜂起の構造を探るうえできわめて重要な問題なので、ここで少々立ち入って触れておきたい。

ヴァール県の蜂起軍全体を指揮したのは、マルセイユのジャーナリスト、カミーユ・デュテイユであったし、また次章で詳述するが、ブリニョルでは、同市と周辺農村を結ぶ山岳派の秘密結社組織の頂点に立ったのは三人のブルジョワで、彼らがまたこの地域の蜂起の指導者でもあった。蜂起によって生まれた新市町村庁の長や、県庁へ向かうコミューンの蜂起団の指導者となったブルジョワの例も見出される。しかし、ブルジョワの指導にはある種の曖昧さがつきまとっていたことを、ル・リュックの場合を例にアギュロンが指摘している（Agulhon, nouvelle éd., 1979, pp. 391–403）。すでに二月革命以前から共和派ブルジョワの勢力が強く、いわば「赤いブルジョワたちの町」であったル・リュックだが、同市の急進的なブルジョワたちは、必ずしも進んで蜂起の先頭に立ったわけではなかった。この町で蜂起のイニシアティヴを取った抵抗委員会を一軒のカフェで組織したのは、靴屋、仕立屋、コルク栓製造工といった民衆層のミリタン（活動家）たちであった。彼らは、元助役の土地所有者に新町長の座に就くことを依頼し、また国民衛兵隊長である土地所有者に県庁へ向けて出発する蜂起団の指揮を求めた。共和派ブルジョワは、民衆活動家によって、こうした指導的地位にいわば担ぎ出されたといえる。共和派ブルジョワが積極的にそうした指導的役割を担うことに乗り出した場合でも、そこには、共和主義者としてクーデタに抵抗しようとする政治的信念だけでなく、社会的憎悪に駆られた民衆の暴力の噴出を懸念し、それを未然に防ごうとする意図も働いていた。つまり、「名望家は、ときには、運動があまりに暴力的あるいは無秩序になるのを防ごうと自ら前面に立ち、またときには、その技術的・知的適性のゆえに〈秩序攪乱者〉たちによって前面に押し出されたのだ」とアギュロンは言うのである(Agulhon, nouvelle éd., 1979, p. 394)。

さらにまた、アギュロンは、八日に設けられた蜂起軍の「参謀部」の構成に注目している。この「参謀部」の正確なメンバーを伝える史料は残されていないが、アギュロンによれば、蜂起参加者の供述において、デュテイユとともに指導スタッフの地位にあったとして名をあげられている者たちは、ブルジョワよりも手工業者や労働者の方が多いという。このことからアギュロンは、「〔運動の〕指導層は、結局のところそう思われるほどにはブルジョワ的でなく、しだいに都市や町や村の手工業者によって掌握され、これに若干のプロレタリアートがやっと加わり始めたところであったのだ」という見解を導いている(Agulhon, nouvelle éd., 1979, pp. 449-450)。

このように、共和派ブルジョワの指導は、その「技術的・知的適性」のゆえに民衆層の活動家たちによってなお求められたものの、蜂起の過程で民衆活動家のイニシアティヴによって凌駕されつつあったのであり、きわめて不安定なものであったことをアギュロンは示唆している。アギュロンが示唆するような状況は、ブルジョワ層の指導者のうちに、民衆の実力行動が彼らブルジョワ指導者の抑止力を突き破って暴力的に噴出する事態への危惧の念を生むことになろう。徴税事務所の襲撃や憲兵の殺害といった暴力的な民衆行動の展開は、先に述べたようにヴァール県ではケールの事例があるだけだが、民衆の実力行動がいつ何時噴出するかもしれないような状態は、県内の他の地域にも窺える。

たとえば、五日以降蜂起民の勢力下にあったブリニョルでは、七日の晩に突然「武器を取れ」の声が街頭であがると、瞬く間に約三〇〇人ほどの武装した男たちが広場を埋めた。広場の様子を目撃した代訴士デュピュイは、この群衆のなかで「いつ始めるんだ。金持ちどもから武器を取り上げなけりゃ」という言葉を聞いたと証言している。そして、「この結集が完全に消散したのは、この者たちが服従しているようであったジロー氏〔ブリニョルの秘密結社指導者の一人であった道路建設監督官〕の忠告に従ってやっとのことだった」という。このようにブルジョワ指導者にとって「危うい」状態が運動につきまとうなか、自己の指導力を超えて民衆の暴力行動が噴出する事態を憂慮し、激しい不安と恐怖に襲われたことを、他ならぬ蜂起軍の最高指揮を託されたデュテイユ自らがきわめて率直に表明している。デュテイユの回想録によると、七日彼に率いられた蜂起軍がロルグを通過した際、同市の名望家らが立てこもった市庁舎を襲い、彼らを捕虜とした蜂起軍群衆の一連の行動は、デュテイユの命を待たずして行なわれたものであった。この出来事は、「脱走したいという思いがぐっとこみ上げて来た」ほどまでに強い衝撃を彼に与え、一時彼を無力感のうちに沈み込ませた。彼は次のような「血にまみれたデモクラシー」の幻影を見る。

　わたしは、わたしの軍隊〔傍点は原文イタリック〕を嫌悪していた。粗暴で、無知で、饒舌で、嘆かわしいまでに自信過剰の者たちの指導者、そういうわたしの前には、わたしには防ぎようもない、火付け、略奪、殺害が待ち構えていることを思った。その恐ろしい責任はわたしに降りかかって来るのだ。わたしは、わたしの配下の者にとって、単なる糧食供給長 pourvoyeur-général にすぎず、それ以上のものではなかった。ヴァールの豊かな田園のなかで安楽さに慣れ切っている彼らは、戦時にありながら、いつものように飲み、食い、眠ることを望み、求めていた。
(Duteil, 1852, pp. 40–41)

無知で暴力的、肉体的安楽さへの欲求を制御できない存在として、自分の率いる軍勢を嫌悪したデュテイユはまた、ロルグの市庁舎を奪って歓喜し騒ぐ群衆の様を「銃を空に放ちながら、未開人のように踊る男たち」と綴り、さらにはそれを「死の舞踏 danse Macabre」とも表現している(Duteil, 1852, p. 38)。正統王朝派のジャーナリストであったマカンは、回想と伝聞を交えて書いた蜂起に関する著作のなかで、先に述べたケールの事件で憲兵を死に追いやった農民たちを叙述するにあたり、「オセアニアの食人種のように」死体の周りで「地獄の輪舞」を陽気に踊る群衆という、伝聞に基づいた想像上のイメージで彼らを描いているが[*16](Maquan, 1853, p. 56)、かたや民主的・社会的共和国の実現を願う急進的共和主義者、かたやブルボン王朝の復古を願う君主主義者と、イデオロギー的には対極に位置する両者が、よく似た表現で蜂起群衆を描出している点が注目される。「死体の周りを食人種のように踊る農民たち」という農民騒擾のイメージは、別の地方における一八五一年蜂起や一九世紀の他の農民騒擾に関する同時代エリート層の言説のうちにも事例が見られ(Vigier, 1998, p. 330 ; Corbin, 1990, p. 141)、当時のエリート層の農民騒擾に対する社会的恐怖のステレオタイプ化した形象をなしていたのではないかと思われるが、急進派のデュテイユにとっても保守派のマカンにとってと同様に、農民とは暴力の欲動にたやすく身を委ねてしまう、近代社会の〈内なる未開人〉に他ならなかったのだ[*17]。先頭に立つ者が後に続く者たちを恐れ、嫌悪しながら進む軍勢。蜂起軍の深層の姿はそのようなものだった。すでに述べたように、アギュロンは蜂起のうちに「二つの異なる文化的層位」が露呈していたことを指摘したが、蜂起を指導したブルジョワにあっては、民衆との文化的層位の違いは、「蜂起群衆と自己とを隔てる人類学的距離」(Corbin, 1990, p. 126)による根本的な異質性として表象されていたのである。この時代における都市の共和派ブルジョワが「他者」としての農村民衆との間に覚えた距離の大きさ、溝の深さを再認識する必要があろう。[*18]

ブルジョワ指導者が民衆の社会的敵意の暴力的な噴出を恐れた一方、民衆はブルジョワ指導者の態度の不徹底さに不信を抱く。そうした両者の緊張関係は、蜂起軍の連行した「捕虜」の扱い方をめぐって露呈したとアギュロンは指摘する。デュテイユらブルジョワ指導者は、捕虜の虐待防止に努め、捕虜のうち老人は荷車に乗せ、宿営地では病人を監獄の牢ではなく宿屋に寝かせようとするなどの配慮を示したが、こうした態度は蜂起軍の民衆の不満を買い、ブルジョワの蜂起参加者のなかには、「捕虜のブルジョワ」にあまりに好意的だとして民衆の蜂起民から脅しを受けた者もあったという(Agulhon, nouvelle éd., 1979, p. 394, 399)。

一八五一年蜂起におけるブルジョワと民衆との緊張関係は、このようにこれまでも指摘されてきたことだが、また別の性格の緊張関係も蜂起には内在していなかったか。とくに注意を向けるべきと思われるのは、都市の蜂起民と農村の蜂起民との関係である。この蜂起については、地方小都市と周辺農村との連携が注目されてきたが、この点については、さらに踏み込んだ検討の必要があるように思う。また、こうした連携を可能にし、蜂起のイニシアティヴを取ったとされる秘密結社の組織のうちに、そもそも矛盾や緊張がすでに内包されていなかっただろうか。こうした諸問題を念頭において、次章では秘密結社の組織と蜂起におけるその動向を再検討してみよう。

第四章
山岳派秘密結社と一八五一年蜂起の「組織性」

1　秘密結社の組織構造

第二共和政期の共和主義地下組織の歴史は、複数の組織が錯綜する複雑な様相を呈している。南フランスでは、二月革命以前からすでにカルボナリ結社がアヴィニヨンを中心に存在していたが、これと並行して、四八年秋以降「山岳派協会 Société de Montagnards」が出現し、ヴォークリューズ県を中心に結社組織を広げていった。この結社は、二月革命後に結成された政治クラブに起源を持ち、政府による政治クラブ活動への抑圧の強化に応じて秘密活動を組織したものであった。多くの場合、その指導はカルボナリ党員が担ったが、都市の少数革命家集団のカルボナリより結社員リクルートの間口のはるかに広い、大衆動員を志向する結社で、農村にまで浸透していった(Vigier, 1963, t. 2, pp. 308–309)。二月革命前の伝統的秘密結社とは異なる、農村にまで及んだ広汎な組織化の試みは、のちの「新山岳党」にも共通するところであり、第二共和政期の地下組織運動の特徴を示している。この他、急進的共和派と社会主義者が連合して中央集権的な共和主義政党を創設するために四八年一一月パリで結成された「共和主義連帯 Solidarité Républicaine」が翌年一月内相によって解散を命じられ、パリ本部が閉鎖されたのちも、地方の支部が秘密裏に活動を続けていた（Berenson, 1984, pp. 85–96）。

これらの諸組織は相互に連携を欠いたままそれぞれ独自に行動していたが、普通選挙の実質的廃止を規定した一八五〇年五月三一日法制定の前後から、普選と共和政の擁護を目的として、共和派秘密組織の勢力拡大に拍車がかけられる一方、各地の共和派指導者や秘密組織を広範に統合しようとする動きが出てきた。アヴィニヨン出身の弁護士・元代議士で、カルボナリ入党の経験を持つアルフォンス・ジャンを中心に、「新山岳党 Nouvelle Montagne」の名の下に南仏における共和派諸組織の連合の試みが始められた。この試みは間もなく治安当局の知るところとなり、大規模な蜂起の陰謀計画（いわゆる「リヨンの陰謀」）として断罪された（Dessal, 1951, pp. 83–96 ; Vigier, 1963, t. 2, pp. 279–293）。ジャンらの試みは結局既存の諸組織に新たな結社を加えるだけに終わった所もあったが、「リヨンの陰謀」事件でジャンをはじめ南仏各地の活動家五五人が逮捕されたのちも、山岳派地下運動は、おそらく明確な中央を持たず統一性を欠いたままながら、ルイ＝ナポレオンのクーデタ時に至るまで、ヴァール県を含む地中海沿岸諸県やドーフィネ、アルプス地方の諸県で広がり続けたとされる（Margadant, 1979, p. 131 ; Huard, 1982, pp. 85–91 ; Vigier, 1963, t. 2, pp. 285–291）。

マーガダントによれば、蜂起後の逮捕者の供述から、クーデタ時のヴァール県には、全県の半数近い九〇のコミューンに「山岳派秘密結社」の存在が認められるという（Margadant, 1979, pp. 136–137）。一八五一年蜂起の展開過程から見て、全県の地下活動を統括するような県レベルの中央機関が存在していたとは考え難い。しかし、ほぼ全郡が蜂起状態に陥ったブリニョル郡については、郡レヴェルでの中央が存在したようである。ブリニョル市の結社員たちの供述によると、同市の結社指導部は当初、二月革命直後は副政府委員を務めた「土地所有者」コンスタン、「道路建設監督官」ジロー、さらに職業は不明だが他の結社員が供述において「ブルジョワ」と呼んでいるエローの三人からなる三頭制を採っていたが、同市の結社活動家ベルヌ（石工親方）の証言によると、この三人は「全郡中の多数の結社員が集められた」集会で「投票によって」選出されたのだという。また同市の結社員でキュルティヴァトゥール（後述）のシャベールの証言によれば、コンスタンらは全郡の各コミューンの結社指導者のリストを作成していた。

ブリニョルにおける秘密結社の組織化運動はマルセイユから及んだ可能性が考えられるが[*1]、この点は結社員の供述からは明らかにし得ない。より詳細が分かるのは、マーガダントが「山岳派結社の普及の鍵的段階」（Margadant, 1979, p. 131）と呼ぶ過程、すなわち小都市や町の活動家が周辺の村々へ秘密結社の入会儀礼を伝え、加入者を生み出してゆく、都市から農村への伝播の過程である。ブリニョルの場合も、結社員の供述から、同市の結社指導者や他の活動家らが、ブリニョルの市域内の小集落レ・サンシエや、周辺のカンプス、ラ・セル、ル・ヴァルなどの農村コミューンで、結社加入の勧誘、入会儀礼の挙行、村レベルの結社指導者の指名を行なっていることが分かる。マーガダントは、町から村への山岳派結社のこうした伝播を、局地的な市場センターと近隣の村々とを結ぶ「口頭によるコミュニケーションの日常的なチャネルの自然な結果」（Margadant, 1979, p. 132）と指摘している。ラ・セル村の結社指導者ブラシャは、自分がブリニョルの結社指導者の一人ジローから同村の結社指導者に指名されたのは、パン焼き人として彼の仕事の都合上しばしばブリニョルに出かけていったからに他ならないと供述している。そのことからしても、マーガダントの指摘するように、局地的な市場センターとしての地方小都市や市場町と周辺諸村落とを結ぶ社会的コミュニケーション網を水路として、山岳派結社の組織網が形成されていったことが窺われる。マーガダントはまた、フランス南東部の諸地方では、オリーブ油、ワイン、コルクなどの換金作物を中心に局地的な市場が形成されており、町と村との調和的な相互依存関係が成立していたとし、これを「プロト都市化」と呼んでいるが、山岳派はこの「プロト都市化」の流れにのって組織網を広げるのに成功したという説明を与えている(Margadant, 1979, pp. 61–78)。マーガダントの以上のような説明はまた、当時は局地的な市場圏の範囲が緊密な政治的組織網の規模の限界であったことを示唆するものでもある。

個々のコミューンの結社の規模についていえば、結社員の供述を信用するならば、ブリニョルの結社は同市の人口の約一割にも相当する五〇〇―六〇〇人という規模の大きなもので、周辺農村の結社は三〇―一〇〇人程度である。結社員の社会＝職業構成を正確に把握するのは不可能だが、民衆諸階層に属する者がきわめて多かったことは確実だ。ブリニョルの結社では、予審尋問記録から職業の確認できる結社員一六五人中、土地所有者・自由業従事者は四人だけで、商人・手工業者八五、農民七六となっている。またブリニョル周辺五カ村(いずれもブリニョル小郡に属するカンプス、ラ・セル、トゥルヴ、ル・ヴァル、ヴァンス)の五結社では、結社員総数三〇〇―四〇〇と見積もられるうち、職業が判る一八五人について見れば、土地所有者・自由業従事者六、商人・手工業者七八、農民一〇一となっている。ここにいう農民も、そのほとんどがこの地方では小農民を意味する「キュルティヴァトゥール cultivateur」と尋問記録に記載されている者たちである(他方、中農・富農層はこの地方では「メナジェ ménager」と呼ばれた)。「山岳派秘密結社」とは、少数精鋭の革命家集団ではなく、広汎な民衆の動員を志向する組織であったことが、これらの数字に表れていよう。

表2　ブリニョル周辺5カ村(Camps, La Celle, Tourves, Le Val, Vins)の結社指導者とセクション・リーダーの職業構成

村　名	指導者	セクション・リーダー：人数
カンプス	帽子製造工(労働者)	帽子製造業者：2 帽子製造工：4 メナジェ(富農・中農)：1 キュルティヴァトゥール：2
ラ・セル	パン焼き人	キュルティヴァトゥール：2 不明：1
トゥルヴ	靴屋	皮なめし工：1 炭焼き人：1 キュルティヴァトゥール：1 不明：1
ル・ヴァル	指導者：皮なめし工 副指導者：石工	パン焼き人：1 荷車引き：1 皮なめし工：3 メナジェ：2 キュルティヴァトゥール：7
ヴァンス	土地所有者	土地所有者の子息：1 蒸留酒製造業者：1 キュルティヴァトゥール：4

(Archives départementales du Var, 4M19より作成)

ブリニョルの結社指導部は、先に見たように、全郡の地下組織の頂点に位置していたと思われるが、ブリニョル周辺諸村の結社の指導者やサブ・リーダーたちは、彼らのさらに上位の指導者として、コンスタンやジローの名をあげており、少なくともブリニョル市の結社指導部の下に周辺の農村結社が配されたヒエラルキーは明瞭である。また、各コミューンの結社もカルボナリなどの従来の秘密結社の伝統を継承したものと見られる階層制を有していた。ブリニョル市では、頂点の指導部の下で、またその周辺の諸村では単独もしくは正副二名の指導者の下で、メンバーがほぼ一〇人単位で一つのセクションにまとめられ、セクション毎に一人のリーダーが置かれていた。残存している予審尋問記録からは、数十名

存在したと思われるブリニョルのセクション・リーダーについてはその一部しか人名・職業を特定できないが、周辺農村については各コミューンの結社指導者とともにセクション・リーダーもほぼ全員が特定できる。ブリニョル周辺五カ村の結社指導者とセクション・リーダーの職業構成は、表2のとおりである。結社指導者層においては職業上移動回数が多く識字率も高い手工業者・商人層が最大の割合を占め、セクション・リーダーのようなサブ・リーダー層においては農民層の占める割合が大きくなるという、マーガダントが南東フランスのいくつかの蜂起地域について指摘したのと同様の傾向がブリニョル周辺の農村にも見られる。山岳派地下運動が、広汎な民衆層を政治運動のローカルな指導層へと押し上げたことは疑いない。

ラ・セル村の結社指導者がブリニョルの結社指導者の一人から同村の指導者に指名されたと証言していることはすでに述べたが、組織のうちでの上位者からの指名という方式はセクション・リーダーの選定においても見られ、セクション・リーダーは一般に各コミューンの結社指導者から指名されている。こうして明確な階層制の下に組織が編成され、さらに結社員は、入会儀式の際に指導者への服従を誓約させられた。このような側面から見れば、山岳派地下運動とは、広汎な民衆層を基盤とする共和主義運動に、従来の秘密結社の伝統に則った、いわば軍隊的な階層制的指導の原理を導入するものであったと言えよう。

しかし、組織内にはこうした原理に抗する民主的な動きも見られる。ブリニョル市の結社の場合、結社の頂点に位置したのは、先に見たように三人のブルジョワで構成された「委員会」で、これは山岳派の郡レベルでの集会における選挙という民主的な手続きによって形成されたものであったにしても、結局のところ、組織の階層制的編成は、ブルジョワと民衆との社会的階層関係を転写するかたちとなった。この結社のセクション・リーダーであった石工ベルヌの供述によると、ブルジョワによる結社指導部のこうした独占状態に対して農民の結社員たちがしだいに不満を覚えるようになったようだ。「多くの農民結社員たちは、ブルジョワだけの委員会に少々不信を抱くようになり、彼らのうちの二名が三頭制委員会に加えられることを要求しました。そこで、キュルティヴァトゥールたちに大いに信望のあったウーゼーヴ・レノーという皮なめし工と……一人のキュルティヴァトゥールが委員会に加えられたのです」と彼は述べている。結社内におけるブルジョワ指導者と民衆との緊張関係がここに看取できるが、このように民衆の下からの突き上げも組織内には発現していた。

さらに結社のセクション・リーダーを結社員たちが独自に選出することもあった。ブリニョル結社のセクション・リーダーであった石工のガシエは、他の多くのセクション・リーダーの場合とは異なって、指導部によって指名されたのではなく、自分の所属するセクションのメンバーによって選出されたのであると供述している。「わたしたちは犬のように〔指導者に〕従わねばなりませんでした」と予審尋問で述べているブリニョルのある結社員（キュルティヴァトゥール）の言葉とは裏腹に、山岳派結社の内部では、階層制的指導の貫徹を抑制するヴェクトルが組織の維持や運営に現実にはかなり作用していたと思われる。

こうしたヴェクトルには、右に見たようにブルジョワと民衆との間の階級的緊張が関わっており、また民主的な理念の民衆への浸透がそこに相俟っていた可能性も考えられるが、さらにはこの地下組織が、民衆層のうちで相互の平等性に基づいて成り立っていた既存のソシアビリテの形態と密接に結合することで定着したという、山岳派結社の有する構造的特質も深く関わっていたように思われる。これはまた、組織のうちに内包されていた原理的矛盾とも絡む問題と思われるので、以下やや詳しく見ることにしたい。

一九世紀前半のバス＝プロヴァンス地方では、ブルジョワのサークルを模倣して、そもそもは飲酒や賭け事などの娯楽を目的として形成され、しばしば相互扶助の機能も担うに至った「シャンブレ」と呼ばれる民衆サークルや、シャンブレとの間に社会的機能の面からすれば明確な線を引き難い相互扶助組合など、民衆のアソシアシオン association が盛んに形成されるようになり、さらに一八四八年二月革命以降、これらが政治的なプロパガンダの場や民衆にとっての政治的活動の基盤としての性格を強めていったことはアギュロンが明らかにしたところであるが(Agulhon, nouvelle éd., 1979)、同様の現象はバス＝プロヴァンスに留まらず地中海沿岸の南東フランスに広く見られ、さらに第二共和政下のこれらの地方では、はじめから政治的目的をもって組織されるサークルも登場し始めたことが指摘されている(Margadant, 1979, pp. 155–157 ; Huard, 1982, pp. 79–85)。山岳派結社は、従来の秘密結社の伝統を継承した入会儀礼や軍隊的な階層制的組織編成を採っている点で、シャンブレや相互扶助組合とは異なる特性を示してはいるが、南東フランスの町や村の内部で家族の枠組みを越えた男たちのソシアビリテの中心をなすとともに、すでに彼らの政治的活動の基盤となっていたこうした既存のアソシアシオンの形態と密接な結合を果たすに至る(槇原、二〇〇二年、三九—六七頁)。政治クラブや公的集会に対する政府の抑圧の強化が、表面的には娯楽や相互扶助を目的とした私的な団体への政治結社の潜伏を促したのであり、これらの私的な団体がすでに政治的性格を強めていたことがまた、政治的結社がそれらと結合してゆくことを容易にする背景をなしていた[*2]。

先に存在していたシャンブレや相互扶助組合が秘密結社員のリクルートの母体となったケースと、はじめから政治的な秘密結社としての性格を伴いながら娯楽や相互扶助の機能をも備えた団体が創設されたケースがあったと考えられるが，いずれにしても，秘密結社にとってこれらのアソシアシオンとの結合は，先にも触れたように，治安当局に対するカムフラージュの効果を持ち得た。この点については，ブリニョル郡北部のジナセルヴィス村のある結社員が次のように明言している。「わたしたちはある会合場所に集まりました。そこは表向きには一八人のメンバーを持つシャンブレによって使われていたのですが，実際には秘密結社の本拠となっていました。わたしたちはそこでセクション・リーダーと結社の三頭制委員を選んだのです」(Margadant, 1979, p. 158)。

だが，シャンブレや相互扶助組合と秘密結社との密接な結合は，単に当局に対する偽装を意味したに留まらない。より重要な意味を持つのは，酒場の一室など特定の部屋を借りて仲間が親交を求めて集う，さらにはそこで仲間どうしの相互扶助が組織されるという，シャンブレや相互扶助組合のソシアビリテのパターンを，秘密結社も共有することになったという点である。それは，陰謀や蜂起のイメージと結び付きがちな秘密結社に対する違和感を希薄にして多数の民衆の結社参加を促すと同時に，結社員どうしの連帯が従来の社会的＝文化的伝統に根差すことでより強固なものとなることを可能にもした。とくに病の際の相互扶助は，当時の民衆層において互いに絆を求め合う要因としても最も切実なものであったろうが，シャンブレや相互扶助組合で実践されていたこのような相互扶助の慣習は，秘密結社にも受け継がれており，結社員の連帯を支える重要な要素の一つとなっていたように思われる。ブリニョル郡東部の村カルセのある結社員は，「病気になった結社のメンバーの土地に必要な労働の助けを与えるのに何をしなけりゃならないか相談しようとセクション毎によく集まったものです」と供述している(Margadant, 1979, p. 158)。ブリニョルの結社員であったキュルティヴァトゥールのブランは，予審尋問において，結社入会の理由を尋ねられてこう答えている。「わたしたちを引きずり込んだ者たちは、これは相互扶助組合に他ならないのであって、その目的は病気で救いもないキュルティヴァトゥールを救うことだとわたしに言っていました」。実際、ブリニョルの結社では、相互扶助の名目で毎月二五サンチームをセクション毎にセクション・リーダーが徴収していたと複数の結社員が供述している。ブリニョルのブランのように、相互扶助組合だと言われて結社に入会した、あるいは結社を相互扶助組合だと思っていたと予審で答えている者は数多い[*3]。これらのうちには言い逃れの場合もあったかも知れないが、いずれにしても多くの結社員がまさかの時の扶助を結社に期待していたことは窺えよう。

こうした集団的扶助への期待とともに、シャンブレのような親交集団において山岳派運動への参加が支配的な傾向となると、仲間との親交を維持したいという欲求や仲間と同じ行動をしなければならないという社会的圧力の認識が、秘密結社への加入を促すことになる。山岳派結社員であった者のなかには、サークルの他のメンバーからの仲間外れを避けるために加入したのだという趣旨の供述をしている者がいる。トゥルヴ村の炭焼き人ガラサンとパン焼き人ルーはともに、同村の秘密結社の指導者レキエの求めに応じて結社入会の誓約をしたのは、誓約しなければ、自分たちの参加していた「赤たちのシャンブレ」あるいは「勤労者のサークル」と呼ばれていたシャンブレにもう出入りができなくなるとレキエに言われたからだと述べている。また、ブリニョル近郊の農村では、秘密結社に加入していない者は結社員たちによって「フィオリ fioli」と呼ばれていたことを複数の結社員が証言しており、政治的連帯を共有せぬ者を表現する言葉を結社員たちが持っていたことが分かるが、ル・ヴァル村のキュルティヴァトゥールのブランは、秘密結社への入会の動機を予審で次のように説明している。「わたしはユニオンと呼ばれる会に所属していました。わたしがそこに顔を出すと、非常に冷たく迎えられるのです。誰もがわたしに背を向け、わたしをフィオリと呼ぶのです。わたしがこの表現は何を意味するのかと尋ねると、こう答えが返ってきました。つまりだな、おまえをおれたちの結社に入れにゃならんということさと。だからわたしはそれに同意したのです」。ところで「フィオリ」とは、フレデリック・ミストラルが編んだプロヴァンス語辞典によると、「マルセイユにおいて、修道会あるいは宗教的、教権的、正統王朝派的結社の成員」を指す言葉だという(Mistral, 1979)。マルセイユで本来は教権派・正統王朝派の結社のメンバー(「赤」の敵対者たち)を指す言葉が、山岳派秘密結社に加わらぬ者を指す言葉へと転化してヴァール県に定着したのであろう。

仲間が皆するのだからという意識が自己の行為を正当化することにもなる。ブリニョル近郊のカンプス村の荷車引きアミックは、自分の参加していた「サークル」のメンバー全員が秘密結社に加入していたことを認めているが、そうしたこともおそらく稀ではなかった。そうなると、マーガダントが指摘するように、「入会儀礼を経た結社加入者としての政治的連帯は、友人や飲み仲間としての社会的凝集性と区別し得ないものとなった」(Margadant, 1979, p. 159)のである。

マーガダントによれば、山岳派運動においては、バス＝プロヴァンス地方のシャンブレのような私的なサークルや相互扶助組合のみならず、若者集団や酒場の常連の集まりなど、既存の「多様な連帯集団」に「政治化の過程」が及んでいる。「山岳派は、このようにあらかじめ存在するアソシエイションや友人関係のネットワークと融合するか、あるいはそれらの社会的結合や連帯のパターンを模倣することによって、社会的な紐帯を彼らの政治的運動へと動員することができたのだ」とし、まさにこの点にこそ「山岳派運動の基本的な力と凝集力」があったと彼は見ている(Margadant, 1979, p. 153)。私的なサークルの形成が都市ばかりか農村でも盛んであった南東フランスの地中海沿岸地帯では、とくにこうしたサークルと山岳派結社との密接な結合が顕著に見て取れ、レモン・ユアールはバ＝ラングドック地方をフィールドとした研究のなかで両者の緊密な関係を「共生 symbiose」とも表現している(Huard, 1982, p. 86)。

だが、この「共生」あるいは結合は、そもそも原理的な矛盾を含んではいなかったろうか。シャンブレのような私的サークルや相互扶助組合というソシアビリテの形態は、メンバーが互いを「兄弟」「友人」と見なし合う平等の関係を基本として成り立っていた。一方、秘密結社の伝統に従った組織編成は、蜂起を想定して軍隊的な階層制的指導の原理に基づいている。山岳派地下組織は、既存のソシアビリテの形態と結合することにより、確かに個々の町や村の内部のレベルで強固な凝集力を獲得することができた。だがこの結合は、水平的な人間関係と垂直的な組織編成との間の原理的な矛盾を山岳派運動のうちに内包させることになったのである。先に見たような山岳派結社内部の民主的なヴェクトルは、ブルジョワと民衆との階級的緊張や、可能性として考えられる民主的な理念の民衆への浸透のみならず、以上のような組織内の構造的矛盾にもおそらくは起因しており、階層制的指導の原理に基づく組織編成のイニシアティヴに対する、従来の社会的結合のプラティークに則った抵抗の表現という側面を持っていたのではなかったか。

ブリニョル市とその周辺農村における山岳派地下組織の形成の過程は、地方小都市の一部の急進的ブルジョワのヘゲモニー下に、民衆サークルや相互扶助組合などのアソシアシオンを結節点とした地域民衆の社会的結合が組織化されていった過程と見ることもできる。この過程はまた、対等な関係のうえに成り立っていた民衆の社会的結合の場に、それとは異質の階層制的な指導の原理に基づく組織編成のイニシアティヴが入り込んでゆくことを意味してもいた。民衆は、彼らの既存の社会的結合が、このイニシアティヴによって完全に再編されてしまうことは望まなかったであろう。そもそも組織のより上位者から指名されるリーダーは、すでに民衆の間で人望のある者でなければリーダーたり得なかっただろうから、指名する側も被指名者の政治的熱意のみならず、既存の人間関係をも考慮に入れないわけにはいかなかったことだろう。しかしそれでもなお、従来の社会的結合のプラティークにおいて自然に育まれてきた平等的・民主的傾向が――そこに共和主義運動の展開に伴って民主的理念が浸透すればなおのこと――頭をもたげ、民衆が組織の上層から独立的に仲間のうちからリーダーを選出することもあったのである。山岳派秘密結社は、既存のソシアビリテの諸形態と結合することによって、地域民衆の生活世界のうちに着床することが可能となったが、そのことは同時に、山岳派地下組織内部の階層制的編成を不安定化する要因ともなったのだと言えよう。

2　秘密結社の意識構造

山岳派秘密結社の結社員たちは、結社の目的をどのように認識していただろうか。ここでは、この問題から結社の意識構造にアプローチしてみよう。

予審において、結社の政治的目的を言明している者の多くが触れているのは、共和政と普通選挙の擁護である。たとえば、ル・ヴァル村の結社指導者であった皮なめし工のアミエルは、他村出身の指物工労働者からル・ヴァルの結社指導者となるべきことを求められ受諾したのち、自分の指導者として教えられたブリニョルのコンスタンに会いに行き、「唯一の目的、つまり共和政を維持し、救うという目的でのみ」与えられた地位を受け入れるといったところ、「コンスタン氏は、それは自分の考えでもあるとわたしに言ったのです」と供述している。またブリニョルのパン焼き人ピニェは、予審で結社入会の動機を尋ねられて、「結社は共和政と普通選挙の維持を目的とすると教えられたので」と答えている。だが、政体としての共和政の維持と普通選挙の擁護（あるいは実質的に廃止されてしまった普選の復活）という民主制確立への志向はさらに、社会的平等の実現というラディカルな社会変革の志向へと通じていた。ブリニョルの荷車引きブランは、彼に秘密結社への入会を勧めた者から「われわれは、共和政を維持し、貧しき者が富める者によって虐げられるのを止めさせねばならない、正義に照らして完全この上ない平等が両者の間を支配すべきであり、税の支払いについても同様だ」と言われていたと供述している。また同じくブリニョルの靴屋ポレールは、結社の指導者の一人ジローが「圧政を倒し、平等主義的、社会主義的体制を至るところに打ち立てねばならない」と彼に述べたと語っている。

普通選挙の力を楽観的に信頼し、投票を通じて社会変革を実現しようとする「合法主義」の傾向がそもそも山岳派の指導者には強かったとアギュロンは指摘するが（Agulhon, 1973, p. 103）、さらにまたエドワード・ベレンソンは、フランス中央部や南部のいくつかの地域の秘密結社員たちが、一八五二年の総選挙までに普通投票が復活されなければ銃を手に実力で投票を行なうことになっていたと供述している例をあげ、このことから、山岳派が地下運動の組織化へと乗り出した以後も「民主＝社会主義派（山岳派）の合法主義的・民主主義的原則」が秘密結社のうちに浸透してゆき、地下組織においても普選の革命的な力が信じられ続け、権力掌握の手段としては武装蜂起はあくまで二義的な意味しか持たなかったと見ている（Berenson, 1984, pp. 197–198）。だが、武装蜂起への積極的な期待が山岳派地下運動の中になかったわけではなく、選挙を待たずして蜂起による権力奪取を、それもフランスの枠を越えた国際的な大蜂起を夢想する者さえ存在しており[*4]、蜂起への志向は山岳派地下運動の内部で一様ではなかった。蜂起による権力奪取を積極的に志向するか否かはともかく、山岳派地下組織が武装蜂起を想定して形成が目指されたのであることは間違いあるまい。マーガダントが、中央部、南西部、南東部の三地方から例としてあげている、入会儀礼における誓約の言葉を見ても、いずれも民主的・社会的共和国のために「専制に対して武器を取る」という文言を含んでいる（Margadant, 1979, p. 123）。

とはいえ、秘密結社員たちの供述から見る限り、武器弾薬の調達や軍事的訓練など、武装蜂起の具体的な準備が精力的に進められていたようには決して思われない。[*5] すでに見たように、ヴァール県における蜂起軍の「参謀部」にしても実際の蜂起の過程で即席に形成されたにすぎず、県内各地の地下運動指導者の間で事前に蜂起に向けて協議が成されていたのではなかった。山岳派地下運動では、全体として見れば、ルイ＝ナポレオンのクーデタに至るまで武装蜂起への意欲はあまり大きくはなかったようだ。

そもそも山岳派結社は、結社員ら自身「秘密結社」と称しながらも、その存在や結社員の活動は、少なくともローカルなレベルでは、それほど秘密裏であったようには思われない。結社員たちは、当局の眼に触れない日常的な接触の枠内ででではあれ、地域住民の多くに対してきわめて活発なプロパガンダを展開していたからだ。[*6] ベレンソンは、山岳派秘密結社と新聞とは、同派の「インフォーマルなプロパガンダ・ネットワークを相互に補い合」った「二つのローカルな制度」と捉えているが、彼の言うように、「〔山岳派の〕秘密結社は、蜂起の陰謀のネットワークとしてよりも、むしろイデオロギー普及の一制度として機能した」（Berenson, 1984, p. 201）と見るのが適切であろう。[*7]

このように山岳派秘密結社は、武装蜂起に備えた組織網としてよりもむしろイデオロギー伝達の一制度として機能していたようであることからすれば、おそらく山岳派地下組織網のオーガナイザーたちの大多数は、武装蜂起の準備よりも、山岳派の掲げる「民主的・社会的共和国」の理想を広汎な民衆に広め、一八五二年総選挙において山岳派への投票へと民衆を大量動員するための組織化の方により大きな熱意を持っていたと推測される。

では、このような活発なプロパガンダによって結社にリクルートされた民衆は、結社の目的をどのように認識していたのだろうか。先に見たように、予審において、共和政の維持、普通選挙の回復、社会的平等の実現などの目的をあげている者たちも存在したが、このような多少とも抽象化された目的をあげている者(もしくはそれのみをあげている者)よりも、一ないし二、三の具体的な改革を結社の目的としてあげている者の方が数が多い。結社員たちの供述に現れるそれらの諸改革のうち主要なものとしては、租税改革(酒税の廃止、貧者の税負担の軽減など)、完全雇用あるいは高賃金の保証、国家銀行による低利融資、貧者への教育機会の提供、共同地や森林の用益権の回復あるいは共同地の分配などがあげられる。[*8] 多くの結社員にとって、「秘密結社」とは何よりもまずこれらの具体的な改革を実現するためのものに他ならなかったのである。

結社員たちが結社の目的として認識していた諸改革のうちに、共同地や森林の用益権、つまりは共同体的諸権利の回復が含まれていたことは注目される。山岳派の主導勢力を成した「レフォルム派」の社会経済政策を、その綱領、法案等から検討した小田中直樹によると、同派には「共同体的諸権利の(農村民衆にとっての)重要性の認識が欠けていた」という(小田中、一九九五年、三二一―三二三頁)。農村民衆が共同地や森林の用益権になお大きく依存し強く執着していた諸地方にあっては、ローカルな活動家たちが農村民衆の共同体的諸権利へのこの根強い執着を山岳派運動へと結合させたのであろう。共同体的諸権利の回復が山岳派運動の主要な目的の一つとして農村の結社員に認識されていたということは、弾圧によってパリを追われた山岳派運動が、地方農村へと潜入してゆくにつれて、より農村民衆の願望に根差した運動へと変質を遂げていったことを示していよう。

こうして、都市に源流を発した山岳派運動は、農村世界の共同体的な価値観や願望とも結び付くに至った。このことはまた、農村民衆の心性のうちに古くからある、国家権力からの農村共同体の解放の夢を山岳派運動が内部に含み込むという結果を生むことにもなった。ヴァール県の事例ではないが、同県に近いガール県のあるキュルティヴァトゥールは、「われわれの支払う税は少なくなり、われわれの自由は増すだろう。一台の小さな荷車に二頭の家畜を繋いでも罰金を科せられず、自分のワインを税金をかけられずに売ることができ、どこへでも望むままに釣りや狩りに行けるようになる」との期待を運動に抱いていたことを供述している。ガール県に隣接するアルデシュ県のあるキュルティヴァトゥールの場合も、「われわれにはもう森林監視員も、漁業監視員も、聖職者もいなくなる。われわれは、税を引き下げ、共同地を分け合うだろう」と聞かされていたと証言している(Margadant, 1979, p. 141)。過重な税負担からも国家権力のエージェントによる束縛からも解放された「われわれ(＝共同体)」という農村民衆の「自由」観、「国家権力から一夜にして解放される自由な農村共同体というアナーキスト的理想」(Margadant, 1979, p. 141)がこれらの言に窺われる。山岳派による国家権力の掌握のために広汎な組織化を進めた山岳派地下運動は、都市から農村へと及んで農村世界に深く根差すに至って、国家権力そのものからの農村共同体の解放の夢を抱く人びとを組織のうちに抱え込んでしまうという矛盾を孕むことになったのである。

すでに触れたように、マーガダントは、一八五一年蜂起を、山岳派地下組織による組織的運動と共同体の連帯に支えられた民衆運動との結合として理解し、共同体を行動基盤とし共同体的な諸権利や慣習の侵害に防衛的に反応する「反作用的」集合行動から、自発的結社を行動基盤とし国家権力の奪取を志向する「作用的」集合行動への移行の過渡的現象として位置付けている。だが、マーガダントが蜂起行動に指摘したこのような複合性に近似した性格は、そもそも山岳派の地下組織それ自体のうちにも見られるのだが、彼はこの点については言及していない。マーガダントが「作用的」集合行動の基盤として位置付ける「自発的結社」である山岳派秘密結社のうちに、共同体的な集団意識や共同体的諸権利の防衛への指向性が内包されていたことは、彼自身が示している史料からも明らかである。結社の意識構造という点から見れば、山岳派秘密結社は、「作用的」要素と「反作用的」要素とが矛盾を伴いつつ交錯した複合的構造を持っていたのであり、そのことが蜂起の際の結社員たちの行動に反映することになるのである。

3　蜂起における秘密結社の動き

ここでは、ブリニョル市およびその周辺農村の山岳派秘密結社が、蜂起に際してどのように動いたかを具体的に見てみよう［参考図］。

ブリニョルの街頭にクーデタを告げる内相名の報が公示されたのは、三日午前中のことである。驚きと不安とが街頭の人びとの間を走り、「公示は大きな動揺を招いた」と市長ガルニエは証言している。山岳派秘密結社員であったポレール（靴屋）の証言によれば、この公示以来「界隈の誰もが蜂起が起きるにちがいないと言っていた」という。だが、同市の秘密結社はただちに蜂起へと動き出したのではない。秘密結社のリーダーを含めて同市の共和派指導者たちが最初に計画したのは、合法的組織である国民衛兵を彼らの主導下に編成し、憲法を侵害した大統領に対して市民の抵抗を表明すること

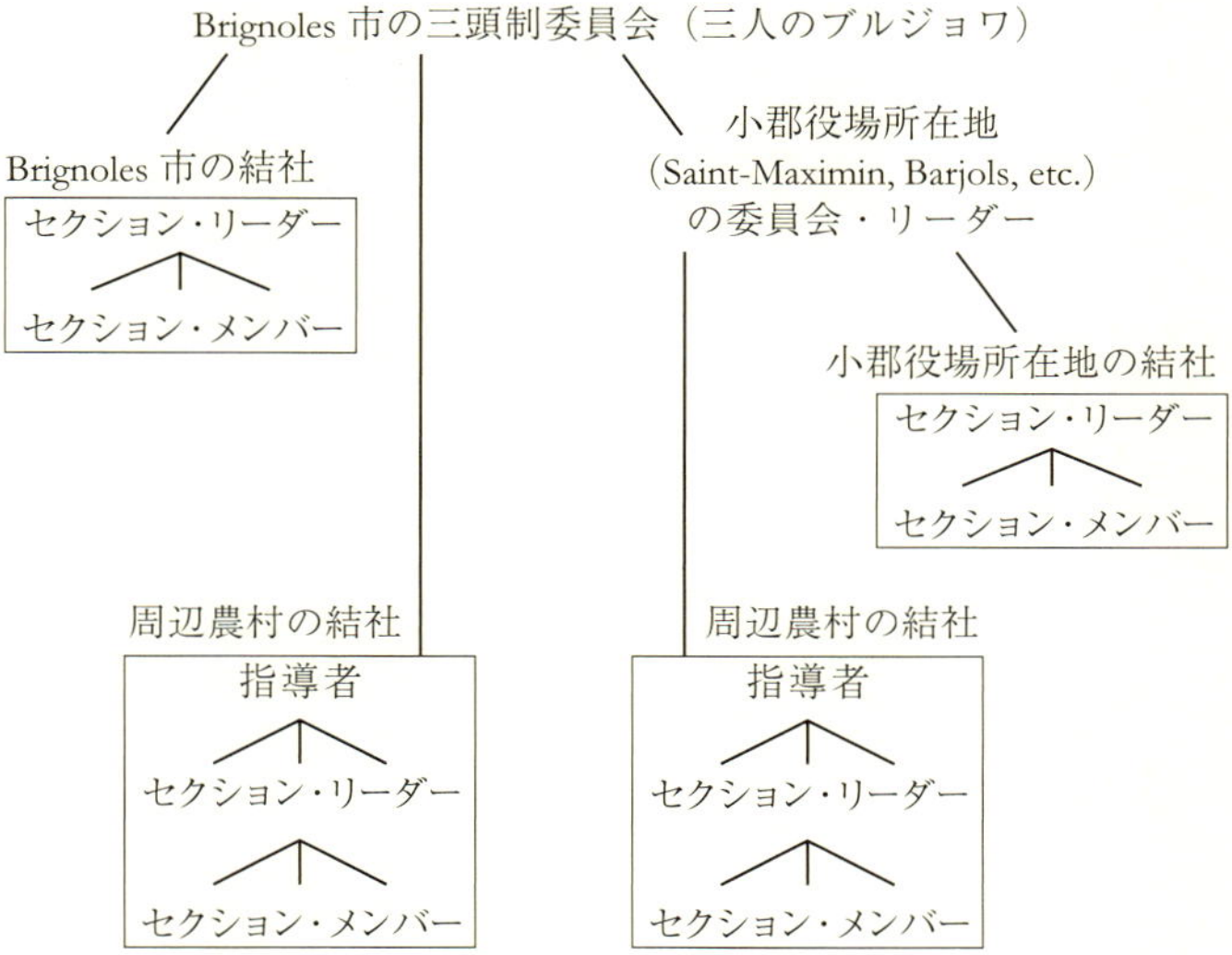

［参考図　ブリニョル郡の山岳派秘密結社組織の階層制］
著者の講義資料「図 6」をもとに工藤拓弥作成.

であった。秘密結社のリーダーであったコンスタンやジローの他、かつて普選で市長に選出されながら政治的理由で知事によって解任された医師バルバルーらが、三日夜、国民衛兵の士官の一部を引き連れて、市長ガルニエを訪ねる。ガルニエの証言によると、コンスタンは、「市民と憲法の危機時には、その双方の護衛兵である国民衛兵が招集されねばならない」ことを説き、市庁舎の衛兵詰め所を彼らの自由に使用させるよう要求したが、市長はこれを拒絶した。

国民衛兵という合法的組織による抵抗運動の計画がこうして頓挫すると、コンスタンやジローらの秘密結社のリーダーたちは、自らの地下運動の組織力を頼み、民衆の武装デモの圧力によって、大統領に服従し続ける市当局の排除へと動き出す。翌四日には、カミーユ・デュテイユがマルセイユでの逮捕を逃れてブリニョルに到着するが、ブリニョルの山岳派結社の指導者らは、同結社の集会所の一つであったカフェ・ブランに市内の主だった結社員たちを招集し、デュテイユも交えて討議を開く。複数の結社員の証言によると、この場で、翌朝市庁舎への武装デモを行うことが決定された。*9

デモが決定されると、同晩のうちにコンスタンらは、周辺農村の山岳派結社の指導者たちに、翌朝武器を持って同市に結集することを指示した。周辺農村の結社指導者は自村の結社員を招集し、翌五日の朝、ル・ヴァル、ヴァンス、カンプス、ラ・セルの諸村と、ブリニョル市域内の小集落レ・サンシエの住民たちが、ブリニョル市内の「大通り」に結集した。ブリニョルと周辺農村の住民から成る武装群衆は、コンスタン、ジローらを先頭に、太鼓を打ち鳴らし、三色旗を掲げて、市庁舎まで行進した。市庁舎では、コンスタンが「人民の名において」市庁舎の占有を市長ガルニエに言い渡すと、市庁舎前広場の群衆から、「共和国万歳！」「主権者たる人民 le peuple souverain 万歳！」の声があがる。市庁舎を占拠した蜂起指導者たちは、「市臨時委員会」を組織し、かつて普選で市長に選出された経歴を持つ医師バルバルーを臨時市長とすることを決定した。

市庁舎前広場の群衆にはパンと樽酒(ワイン)が振舞われたのち、周辺農村の住民たちはそれぞれの村へ引き上げたが、各村の秘密結社の指導者たちは、ブリニョルでコンスタンやジローから郡役場所在地の例に倣うよう指示を受けており、村に戻るや武器を手にした村民を率いて既存の村庁を廃し、彼ら自身を村長や助役とする「蜂起委員会」などの名称の新村庁を設けている。同じ指示が、ブリニョル市庁舎の占拠後、ブリニョルから郡内各地に発せられたようだ。ブリニョル市庁舎の書記ドノーの証言によると、彼は市庁舎の主となったコンスタンらに手紙の写しを一八通作成させられたが、その手紙では「農村コミューンにブリニョルでの蜂起の成功が伝えられており、これらのコミューンにも郡役場所在地の例に倣うようにと促してあった」と述べており、もう一人の書記ブラキエもほぼ同様の証言をしている。おそらく郡内各地の秘密結社指導者らに向けられたものであろうこれらの手紙が、実際に彼らの許に届いたかどうかは未確認だが、ブリニョル市庁舎の占拠後から翌六日にかけて郡内に「市町村庁革命」が広がっている。

このように、ブリニョル郡の場合、蜂起の展開に山岳派秘密結社の地域的なネットワークが重要な役割を果たしたことは疑い得ない。蜂起はこのネットワークを通じて地域の中核的小都市から農村へと波及している。だが、小都市と周辺農村とを結んだこの組織的連携には、両者の住民間の微妙な関係が影を落としている。ブリニョルの指導部からの結集の「命令」に対する周辺農村結社の反応を検討してみよう。

ブリニョルの北約四キロに位置するル・ヴァル村の結社指導者アミエル(皮なめし工)は、予審においてこう供述している。「[四日の晩]コンスタン氏が一通の手紙を持った二人の男をわたしの所に寄越しました。……その手紙には、ブリニョルの委員会は翌朝〔ブリニョルの〕大通りに結集することを決定したから、わたしたちが絶対に進軍しなければならないとあったので、わたしはどうしてもコンスタン氏に会いにブリニョルに行かねばならなくなり、自分に与えられた命令とはまったく意見を異にすると彼に言いに出かけました」。アミエルは、カフェ・ブランでコンスタンとジローに会い、自分の意見を述べ始めるや二人の怒りを買ったため、「譲歩せねばならないと理解し、従った」のだという。自分の消極性を強調することは、罪の軽減をもくろんでの場合も多かろうが、アミエルの場合、武装行動に躊躇の色を滲ませていたことは、他者の証言からも窺える。自村に戻ったアミエルは、セクション・リーダーたちに結社のメンバーをとある倉庫に集合させ、そこで翌朝ブリニョルで行なわれるデモに自分たちも銃を持って参加するのであることを伝えたが、銃の携帯については、「もしかしたら必要ないかも知れないが」と彼が付言したことをある結社員（キュルティヴァトゥール）は証言している。翌日一五〇人近い隊列を率いてブリニョルへやってきたアミエルは、ブリニョル市庁舎の占拠後、コンスタンから新しい村議会を設立するよう指示されるが、アミエル自身の言では、「わたしは選挙を待つべきだと彼らに指摘したのですが、コンスタン氏は選挙の必要はないとわたしに答えたのです」とのことで、ブリニョルの指導部の実力行使の方針に対して、自分は「合法主義」の立場に立っていたのであることを法廷で主張している。また、ル・ヴァル村のある結社員（皮なめし工）は、間もなく、アミエルは、市庁舎を奪取したのちに郡役場と火薬庫も奪う計画であることをジローから聞かされると、こう言ったという。「それでは、あんたはわたしの考えていたのよりももっと先まで行ってしまう。そんなことをするのだと知っていたら、わたしは来なかった。わたしは、わたしが率いてきた人たちと一緒にル・ヴァルへ帰る」。これに対して、ジローは「ピストルを握って」言い返す。「おまえは臆病者だ。帰りたきゃ帰るがいい。だが、ブリニョルの市庁舎を奪ったら、われわれはル・ヴァルへ行き、痛い目に会わせてやるぞ」と。ル・ヴァルの結社は、結局はブリニョルの指導部の「命令」どおりに行動はしたが、小都市と周辺農村との一見組織的な連携行動のうちにも実は緊張が内包されていた一例をここに見て取ることができるのではなかろうか。

ブリニョルから北東約七キロに位置するヴァンス村の結社の場合は、ブリニョルからの「命令」に従うか否かをめぐって、結社員の間に対立が生じている。同村の結社員ヴァントル(粉挽き)の供述によれば、四日の晩、「何をしなければならないのかを問い合わせにブリニョルへ出かけていたフィレモン・ギエム(同村の結社指導者オノレ・ギエムの息子)が、全秘密結社員を翌朝進軍させよとの、指導者コンスタンとジローの命令をもってヴァンスに帰ってきた」のち、同村の結社員たちが結社の集会所カフェ・カリクストに招集された。ここでブリニョルからの「命令」が伝えられたが、「その命令に従うべきではないと考えていた者たちもいた」ために「激しい議論が交わされ」決着がつかず、ともかくもさらなる情報を得るために、ヴァントルも含めて四人の使者がブリニョルに派遣されることになった。ブリニョルのカフェ・ブランのホールに通された四人に対して、「ジローが、ヴァンスからわざわざ来る必要はない。命令が出されたらそれに従えばよいのだと言い」、また「コンスタンもピストルを手にテーブルの上に立ち上がり、明朝来ない奴は、そいつの家まで探しに行ってやるぞと言った」という。キュルティヴァトゥールのベルヌの供述によると、四人がヴァンスの集会所へ戻ってコンスタンらの意向を伝えると、なおも村に留まるべきことを主張する者に対して、「行軍せぬ者には災いがあるぞ」と激しく憤った結社指導者ギエムのイニシアティヴで翌日の結集参加が決定され、五日朝には一〇〇人近い村民がブリニョルへと向かったのだった。

クーデタへの対応をめぐっては、共和主義者全体のみならず、山岳派地下組織の内部でも、即座の実力行動と選挙を待つべきとする「合法主義」との間で軋轢があった。また、小都市の結社指導部から「命令」された武装結集に対して、村の結社指導者が慎重な態度を示したり、村内での激しい議論を経てようやく結集参加が決定されたりした事例を見ると、小都市の結社指導部の周辺農村の結社員に対するヘゲモニーは、決して強固なものではなく、緊張関係を内包した不安定なものであったことが窺われよう。農村結社員の間に、小都市の指導部に対して自立的な行動決定への志向が存在していたことをこれらの事例は物語っているように思われる。

周辺農村の結社員の武装動員に際して、ブリニョルの結社指導者たちが脅迫的言辞を用いて動員を強要したという証言は他にもある。ラ・セル村の結社員でキュルティヴァトゥールのブシャールによれば、ブリニョルの指導者の一人エローが四日夜同村にやって来て結集への参加を求め、「もしわれわれが〔ブリニョルに〕行かなければ、村を焼き払いに二〇〇人の者をラ・セルに寄越すとわれわれにはっきりと言った」と証言している。また、ブリニョルでも周辺各村でも、結社の指導者や他の結社員たちによる強制によって蜂起に引きずり込まれたのだと供述している者は数多い。動員強制は民衆運動にしばしば見られる行動様式であり、こうした供述も罪の軽減を意図した言い逃ればかりとは限らないが、個々のケースで真偽の判断をつけるのはほとんどの場合不可能である。だが、動員強制による消極的な参加の供述がある一方で、自己を積極的な結集参加へと駆り立てた動機を洩らしている結社員の例も見出される。そうした供述で注目されるのは、ブリニョルへの結集に積極的に参加した農村結社員の場合でも、その動機は自己の村の枠を必ずしも越えていなかったということだ。

ヴァンスの結社員フランドラン〔キュルティヴァトゥール〕は、既存の村庁を排除したのちに設けられた「蜂起委員会」に加わった理由をまず尋ねられて、「わたしらをあまりに悲しませていた村長イスナール氏に復讐するため」と答えたのち、今度はブリニョルへの結集に参加した意図を尋ねられると、「ブリニョル人たちがわたしらの村長を替えてくれるだろうと教えられていた」との答えを返しており、村政の変革への期待こそが郡役場所在地への結集に加わることへと彼を駆り立てた動機であったことを示している。同じ村の結社員ファーブル〔キュルティヴァトゥール〕も、ブリニョルに武器を持って何をしに行ったのかと尋ねられると、「わたしらの村長を替え、村有地にこの上もなく大きな自由を与えてくれると約束したコンスタン氏とジロー氏の命令で」出かけたのだという返答をしており、このような返答のうちにも、「命令」に応じることで村長の交替と共同地用益権の獲得という自己の村における変革が実現するだろうという期待の存在を見て取ることができよう。郡役場所在地への武装結集に積極的に参加した農村結社員たちの場合でも、彼らの期待の地平は必ずしも自分の〈村〉というミクロ・コスモスを越え出ていたわけではなかった。換言すれば、この〈村〉が、それを超えた〈政治組織〉よりも強力な準拠集団として、農村結社員の態度を規定していた事例がここに見出されよう。

農村結社員にとっての準拠集団としての〈村〉の強力さは、八日夜から九日未明にかけて、またもブリニョルの結社指導部のイニシアティヴで、県北部で進軍中の蜂起軍に合流するために農村結社員の動員が行なわれた際に、今度はブリニョルへの結集時よりも消極的な反応のうちに示されることになる。ヴァンス村の結社員で蒸留酒製造業者のブフによれば、この夜同村には「数人のブリニョル人がやって来て、わたしらにドラギニャンへ出発しろとの命令を出し、〔同村の結社指導者の〕オノレ・ギエムと一緒に、彼らは早鐘を鳴らさせ、非常呼集の太鼓を打ち鳴らさせて」村民を集めた。しかし、集まった村民に向けて結社指導者の息子フィレモンが村役場の窓から参加を煽り立てても、武器を手に村を出発したのは、三〇人にも満たなかった。またル・ヴァル村では、同村の結社指導者アミエルによると、この夜ブリニョルを出発した蜂起団がル・ヴァルを通過した際に、コンスタン、ジロー、エローらブリニョルの結社指導者たちがアミエルに、同村から援軍を出すか、少なくともアミエル自身が一緒に来ることを強要したが、自分は出発に応じず、四〇人ほどの男たちを招集して送り出したという。他の村民たちの供述によれば、この時出発したのは五〇人から二〇〇人までと人数に開きがあるが、いずれにしても、村を立った蜂起隊の士気は高くなかったようだ。キュルティヴァトゥールのルヴェルトゥガや同じくキュルティヴァトゥールのグラドゥレの供述によると、同村の隊からは、進軍の過程でデュテイユら蜂起軍の指導者たちが実際の戦闘も覚悟しているのを知ると、逃げ出す者も現れ出した。さらにアミエルが一旦は村から送り出した蜂起隊を呼び戻すために使者を送って寄越すと、押し留めようとするジローの制止を振り切って、ル・ヴァル村の蜂起軍参加者のほとんどが村へ帰ってしまったのである。あるいはまた、ラ・セル村の結社指導者ブラシャ(パン焼き人)によれば、彼の許にはブリニョルの結社指導者の一人エローが援軍の派遣を求めてきたが、ブラシャを始め村の誰もこの要請には応じなかったという。

すでに蜂起民が村庁を奪い、村レベルで山岳派の権力奪取が実現していたこの局面では、さらなる武装行動が村レベルでの変革の期待を農村結社員のうちに再び高揚させる可能性は小さかった。ブリニョルよりもはるかに遠方の県都まで赴く不安や予想される軍隊との衝突への恐怖が、変革への期待を凌駕した。先に見たル・ヴァルの結社指導者アミエルの「合法主義」の立場にしても、おそらくそれは政治的信念以上に、村民を危険に巻き込みたくないという心情に基づくものではなかったか。

〈政治組織〉と〈村〉の狭間で揺れ動いた彼は、最後には同じ村の仲間の安全を優先させ、一旦は蜂起軍へと送り出した村民を呼び戻す。ブリニョル周辺の多くの農村結社員たちも、〈政治組織〉の人間として蜂起軍の隊列に加わることよりも、村に留まることや仲間と共に自分の村に引き返すことを、つまりは〈村〉の人間として行動することを選択したのである。供述において、農村結社員たちが、先にあげたヴァンス村のブフのように、行軍を要請したブリニョルの結社員を「ブリニョルの同志」とか「ブリニョルの山岳派」などとは呼ばずに「ブリニョル人 Brignolais」とのみ称しているのも、〈組織〉の人間としてよりも〈村〉の人間としての意識の表れのように思われる。〈村〉の内と外という二分法の世界観に基づく他者認識が結社員の間になお抜き難く存在していたということではなかろうか。

すでに見たように、ブリニョル地域では、中核的小都市と周辺農村とを結ぶ秘密結社の組織網が形成され、小都市の結社指導部が蜂起運動のイニシアティヴを取り、この組織の地域的ネットワークをルートとして小都市から農村へと蜂起が拡大波及してゆく様相が顕著に見て取れる。それは、一見マーガダントが提示した一八五一年蜂起の展開モデルを典型的に示しているかに見える。マーガダントは、地方小都市と周辺諸村落とを結ぶこうした組織網の形成を、彼が「プロト都市化」と呼ぶ現象──換金作物を中心にした局地的市場の形成による、地方小都市と周辺諸村落との調和的な相互依存関係の成立──から説明していることはすでに述べたが、この「プロト都市化」における都市と村との調和的関係をあたかもそのまま投影するかのように、彼は都市の結社と農村の結社との関係をあまりに統一的・整合的に描いてしまっている。都市の結社指導部と周辺農村の結社とは組織編成上は階層的な関係に位置付けられたものの、いざ行動を起こす段となると、農村の結社員たちは、都市の指導部の「命令」どおりには必ずしも動いていないことをマーガダントは考慮していない。ブリニョル地域の農村結社員たちは、ブリニョルの住民と連携した〈政治組織〉と自己の〈村〉との間で揺れ動くが、多くの農村結社員においては、〈村〉がなお準拠集団として彼らの思考と行動を強く規定している。ブリニョルの結社指導部のヘゲモニーは、この〈村〉の論理に取って代わるほどに強力ではなかった。多くの農村結社員は、この論理に基づいてブリニョルからの「命令」の効果や危険性を独自に判断し、場合によっては、「命令」に応じないこともあったのである。

マーガダントはまた、すでに触れたように、政治組織と共同体的連帯との結合としてこの蜂起を捉えているが、この解釈は蜂起におけるローカルな集合行動の段階区分をしたうえで打ち出されている。蜂起の最初の段階は武装動員の予備段階だが、この段階で山岳派の秘密結社が決定的な役割を果たしたのであり、山岳派のローカルな指導者が、都市から農村へのメッセージの伝達、武装動員に向けての活動家の指揮、行動のイデオロギー的正当化を担った。だが、山岳派の活動家たちは、多くの人員を蜂起に動員するため、早鐘や非常呼集の太鼓を打ち鳴らすという伝統的な民衆騒擾の回路を利用し、村や町の広場・街頭には「伝染的ムード」が生み出される。結社員以外の者も、村・隣人・若者集団などのローカルな社会的結合関係の伝染的影響力により、また共同体の誰もが蜂起の危険を共有せねばならないとの集合的な要求に基づく動員強制により、蜂起に引きずり込まれた。こうして、第二の群衆形成段階に至ると、集合行動は、政治組織よりも共同体的連帯を基盤とするようになる。そしてこの段階で、都市から村へ伝えられたスローガンや政治的アピールが農民の伝統的な心情や期待と融合すると共に、群衆の行動も、旧領主の館へ赴いてのパンとワインの要求など、農民一揆の伝統的なパターンを示す。次には県庁などへ出発する各コミューンの蜂起隊の編成段階が来るが、この蜂起隊の指揮は、多くの場合山岳派のローカルな指導者が取ったとはいえ、結社のサブ・リーダーたち（セクション・リーダー等)は、小隊を指揮することもなくコミューン部隊の「兵卒」のうちに没してしまうのがしばしばであった。国民衛兵隊長や旧軍人に指揮が委ねられることもあり、総じてこの段階では、山岳派の組織よりも国民衛兵の編成という自治体の伝統や村民の軍隊経験が群衆の行動を支えていた。以上の説明から、マーガダントは、山岳派地下組織も、伝統的・共同体的な連帯も、それぞれ蜂起の異なる段階において蜂起のダイナミズムを支えたとして、この蜂起における両者の共存を主張し、さらには先に見たように「反作用的」集合行動から「作用的」集合行動への過渡的現象としてこの蜂起を捉えたのである(Margadant, 1979, pp. 231–232)。

だが、マーガダントの以上のような解釈は、すでに指摘したように、山岳派地下組織それ自体が、すでに「作用的」要素と「反作用的」要素とが矛盾を伴いつつ交錯した複合構造を持っていたのであり、共同体的価値観や〈村〉意識を内包していたことを考慮に入れていない。蜂起の過程でそうした価値観や意識が表面化するとともに、組織外の民衆の運動参加によってそれがさらに増幅したと見るのがより適切であろう。

ただし、農村の山岳派秘密結社員において、しばしば〈政治組織〉への帰属意識よりも〈村〉への帰属意識の方が勝ったとしても、それは直ちに彼らの意識が「非政治的」であることを意味するものではあるまい。むしろそこには、「地域性」に立脚した「共和主義的精神」の存在が見て取れるのではないか。その点で、トゥルヴ村の結社員ブラシエ(キュルティヴァトゥール)の供述が興味を引く。彼は、共和国が攻撃された場合にはこれを守るという誓約を唱えて結社に加入したが、同村の結社指導者に対して、「共和国が攻撃された場合にこれを守ることをわたしが約束するのは、わたしの村の中においてだけだ。わたしは余所へは闘いに行かない」と誓約の際に言明したと述べている。われわれは、すでにして蜂起の行動主体の意識という問題領域に足を踏み入れている。章を改めてこの問題に取り組むことにしよう。

第五章
一八五一年蜂起の意識形態

1　蜂起の論理と心理

一八五一年蜂起においては、大統領のクーデタに対する抵抗の論拠として、次のように規定された第二共和政憲法第六八条と第一一〇条が用いられたことは、夙《つと》に指摘されてきた(たとえば、Agulhon, 1973, p. 179)。

六八条　共和国大統領が国民議会を解散したり、休会したり、または国民議会の権限の行使を妨害したりするために講じるいかなる措置も、大統領の特別背任罪 crime de haute trahison を構成する。以上の行為を行えば、それだけで大統領はその役職を失う。市民は大統領に対する服従を拒絶する義務を負う。行政権は当然のこととして国民議会に移行する。

一一〇条　国民議会は、当憲法と当憲法の認める諸法の寄託を、全フランス人の監督と愛国心に委ねる。

(Godechot, éd., 1995, p. 271, 277)

ブリニョル地域でもそうであり、ヴァンス村の秘密結社指導者の息子フィレモン・ギエムは、同村の村民と共にブリニョルの市庁舎奪取に加わったのち、ブリニョルのジローから「憲法の第六八条と第一一〇条が書かれた」文書を渡され、「ここと同じことをするようにと言われた」と証言している。また市庁舎の書記ブラキエの証言によると、ブリニョル市庁舎で結成された「市臨時委員会」は、これらの条項に基づき、「ナポレオンが憲法を侵害したので、人民は直ちに彼に対して服従を拒絶しなければならない」と市民に訴える宣言を発している。

だが、この右記の憲法の条項は、大統領の職権喪失について規定しているだけで、地方当局の改変については触れていない。しかし、地方の山岳派指導者たちは、大統領に服従し続ける地方当局も同罪であって、大統領と共に失墜するのであり、地方当局の座は、共和政を擁護し、普通選挙の判断に従うことを表明する市民に明け渡さねばならないという論理を憲法から導き出した(Agulhon, nouvelle éd., 1979, p. 437)。したがって、この抵抗の論理はまた、「人民の権利(主権)の回復」を掲げることになる。ブリニョルの市長ガルニエの証言によると、コンスタンは、市庁舎を奪った際に彼にこう言い渡したという。「憲法が侵害されたので、人民が自らの権利を行使し、人民が選ぶ市庁を設立する。人民の名において、市庁舎を占有する」。この時市長の傍らにいた助役ムテは、市長と異なる表現でコンスタンの言を証言しているが、ほぼ同様のコンスタンの論理を伝えている。ムテによれば、コンスタンの言はこうであった。「あなたの権限は消滅した。共和国大統領が憲法を侵害したのだ。あなたが彼から得ている権威は、もはや存在しない。主権者たる人民が自己の権利を回復する」。先にも触れたように、市庁舎がコンスタンらに委ねられることになると、市庁舎前の広場の群衆の間からも、「共和国万歳」の声と共に「主権者たる人民万歳」の声があがっている。そしてコンスタンらブリニョルの蜂起指導者たちは、普通選挙で選出されながら政治的理由で市長を解任されたバルバルー医師を再び市長の座に据えたのであった。

こうした論理がブリニョル周辺の農村の山岳派指導者たちにも伝えられ、村役場占拠の正当性の根拠とされている。ジローから村庁の奪取を指示されてヴァンス村へ帰ったギエムは、武装した村民を率いて村役場へ赴く。彼は村長イスナールに対して、「侵害された憲法の名において、あなたの権限は消滅した」と言い渡し、さらに「人民の主権があなたを排除する」とも述べたと村長の作成した調書は伝える。また、トゥルヴ村の結社員ブラシエ（キュルティヴァトゥール）は、同村の結社指導者レキエ（靴屋）が、六日ブリニョルに出かけ、「帰ってくるといきり立っており、アラマン氏（村長）から村役場を奪いたがっていました」と証言しているが、村長アラマン（公証人）によれば、同日夜、レキエは、一〇〇人ほどの村民を率いて役場を占拠し、村長に対して、「憲法が侵害されたので、人民が自己の権利を回復する。人民の名において、あなたが職務を辞めなければならないことを通告する」と言ったという。以上のように、共和政憲法に基づいた抵抗の論理を示している点は、この蜂起の重要な特徴の一つであり、この特徴ゆえに、この蜂起を「デモクラシーの歴史の中でも特筆すべき事件」（西川、一九八四年、四一五頁）と評価することは、決して不当なことではない。

だが、地方の中核的小都市から周辺農村へと伝えられた、憲法に基づく抵抗の論理は、必ずしもそのままのかたちで農村住民に受容されたのではなかったように思われる。ブリニョルから南東七キロの所に位置するフォルカルキエ村の場合を見てみよう。同村では、キュルティヴァトゥールのギオ兄弟に率いられた一団が、村役場を占拠して新村長と委員会を置いた。この時退けられた村長の報告によると、ギオらは、「われわれは人民だ。今選挙をやってきたところだ。あんたはもう必要ない」と村長に言った。村の有権者は一二〇人もいるのに、おまえたちはわずか二〇人ではないかと村長が食い下がると、彼らは「われわれは主権者たる人民だ」と言い張るばかりだったという(Margadant, 1979, p. 246)。ここで留意されるのは、この農民たちの蜂起の論理には憲法についての言及がなく、もっぱら人民主権ばかりが正当性の根拠として持ち出されている点である。憲法に従う、あるいは憲法を擁護するという論理は、この農民たちにとって蜂起の本質的意味をなすものではなかったように思える。

農村の山岳派の指導者や活動家の一部は確かに蜂起において憲法擁護に言及しており(Margadant, 1979, p. 245)、これは農村における新たな政治状況の現出を示すものと言えよう。だが、憲法を守るという論理の農村への広がりを過大視すべきではない。マーガダントによると、農村の蜂起指導者の大多数は、憲法擁護のスローガンを持ち出していないという(Margadant, 1979, p. 245)。そもそも農民の大多数が憲法をまったく知らなかったであろうという、アルプス地方についてのヴィジエの推測(Vigier, 1963, t. 2, p. 330)は、ヴァール県も含め他の蜂起地域についても当てはまるだろう。

多くの民衆にとって、蜂起が憲法擁護のための闘いという意味を持つものでなかったとしたら、ルイ＝ナポレオンのクーデタに対する抵抗という意味も希薄となる。その点で、以下のような供述が注目に値する。ラ・ガルド＝フレネ村のコルク栓製造工バラスは、尋問にこう答えている。「村の指導者たちによると、ナポレオンが人民を主権者にしたということなので、村役場が打倒され、〔政治的理由で解散させられた〕旧村会が復活した時に、わたしも他の者たちと同様に加わったのです」。同村のやはりコルク栓製造工コルも、次のように答えている。「〔同村の蜂起指導者の一人であるコルク栓製造工の〕

アマルリックがわたしらに言ったのです。ナポレオンが人民に訴えた、彼は議会を解散した、すべての当局を変えねばならない、と」(Agulhon, nouvelle éd., 1979, p. 438)。また、カンプス村の石工ヴェルラクは、いかなる動機で五日朝ブリニョルへ行ったのかと尋問されると、「共和国大統領から、すべての市町村会を、少なくとも人民にふさわしくない市町村会を変えろとの命令が来たと教えられましたので」と答えている。

これらの供述に明らかなように、民衆は大統領の暴挙に対して抵抗するという意識で蜂起に参加したわけでは必ずしもなく、蜂起の正当性の根拠を「ナポレオンから人民への訴えかけ」に置いた者たちも存在している。彼らは、憲法からではなく、普通投票の復活を告げ、「共和政の運命を決定する権利を誠実に国民に委ねる」としたルイ＝ナポレオンのメッセージから、人民主権の行動論理を導き出した。一二月二日のルイ＝ナポレオンのメッセージを「人民主権の回復」のアピールとする受けとめ方は、ナポレオン伝説が力を持っていた地域では、「民衆的ボナパルティズム」の潮流を強化することになろう。だが、一八四八年一二月の大統領選挙の際にも、一八五一年夏の大統領の任期延長のために憲法改正を求めた請願運動の展開の際にも、ルイ＝ナポレオン支持の動きが高まりを見せなかったヴァール県にあっては、[*1]ルイ＝ナポレオンへの積極的支持が蜂起に参加した民衆に広く共有されていたとは考え難い。憲法擁護が多くの(とくに農村の)蜂起民衆にとって意味を持たなかったと考えられる一方、ヴァール県の場合は、ルイ＝ナポレオンへの支持や期待が民衆を突き動かす大きな原動力となったとも思われないのである。この地方において蜂起行動に出た民衆の多くを突き動かしたのは、おそらく「人民が主権者となった」「人民が権利を回復した」とのスローガンであって、そのスローガンがそもそも依って立った根拠(憲法あるいはルイ＝ナポレオンのアピール)自体が多くの民衆に情動的反応を惹起する契機となったわけではなかったのではなかろうか。つまり、ルイ＝ナポレオンのクーデタそのものが彼らの感情を高揚させたのではなく、「人民が権利を回復した」というクーデタのもたらした結果こそが、彼らを蜂起行動へと駆り立てたのだと考えられる。

民衆が「主権者たる人民」という新たなアイデンティティで自己を認識するに至ったということは、民衆意識の重要な変化の側面を示す事象として注目されよう。もっとも、「人民主権」なる概念が、フランス人民全体の意志ではなくて、自分の村の住民集団の意志を表現するものとして農民に用いられていた事例をマーガダントは指摘しており(Margadant, 1979, p. 249)、農村民衆の間では、このように伝統的な〈村〉意識に引き寄せた「人民主権」概念の受けとめ方は、おそらく稀ではなかったろう。しかし、〈村〉という準拠集団になお強く規定されていたにしても、村庁の改変という政治的事柄の決定を担うべき政治主体としての「人民」という自己認識を持つに至ったことは、農村民衆における新たな政治意識の形成を認めるに足る事象なのではないだろうか。

「人民が主権者となった」「人民が権利を回復した」と伝える蜂起指導者たちの言は、今や自分たちがイニシアティヴを取る時が来たと感じる高揚感を民衆にもたらした。その高ぶりのなかで、民衆の行動は祝祭性を呈することになるだろう。四日、ル・リュック市域内の集落レ・マイヨンでは、女たちがファランドールの踊りの輪を作った。「人民が主権者なのだと教えられた時、わたしたち集落の女たちや娘たちは、集まってファランドールを踊りました」と「職人の家の娘」ソランジュ・ロンジヨンは供述している(Agulhon, nouvelle éd., 1979, p. 461)。ヴァール県の事例ではないが、南西部ドルドーニュ県のある農民にとって、蜂起は巨大なカーニヴァルに他ならなかった。彼は蜂起のさなか、こう叫んだという。「今日は俺たちが最強なのだ。なんとめでたいことか。究極のカーニヴァル、俺たちの農民の共和国がついにやって来た。なんと大きな祭りを俺たちは祝うのだろう」(Berenson, 1984, pp. 214-215)。レ・マイヨンの女たちの踊りの輪も、「人民が主権者となった」のであるからには、自分たちの求める「共和国」がついに到来したのだという歓喜の表現に他なるまい。こうした高揚感はまた、願望を即座に実現させようとする実力行動へ民衆を走らせもした。すでに触れたように、ケールという町では、収税事務所が襲撃されたが〔第三章４節参照〕、この行動を起こした群衆は、収税事務所へと向かうまでは、町の広場で、警察署長から奪った三色綬と町役場から奪った三色旗で飾った「自由」像を囲んでファランドールを踊っていたのである(Agulhon, nouvelle éd., 1979, p. 433)。歓喜の輪舞に引き続いて行なわれた収税台帳の焼き捨てという行動も、まさしく「旧体制の終焉を祝い火で迎えた」(Agulhon, nouvelle éd., 1979, p. 467)、祝祭としての蜂起行動であった。民衆は、精神的高揚のさなかに、新たな「共和国」の到来を夢想したのである。

２　「農民の共和国」とその宗教性

農村民衆が来るべき新たな「共和国」についてどのような具体的イメージを抱いていたかを理解するには、彼らが山岳派秘密結社の目的をどのように認識していたかを想起すれば十分であろう。租税改革(酒税の廃止、貧者への税負担の軽減など)、完全雇用あるいは高賃金の保証、国家銀行による低利融資、貧者への教育機会の提供、共同地や森林の用益権の回復あるいは共同地の分配などの改革が期待され、また農村民衆の心性のうちに古くからある、国家権力からの農村共同体の解放の夢が来るべき「共和国」に託されてもいた。ヴァール県北西部の村ボーディナールの指物師ジョゼフ・ポンスの認識では、多数の村の住民たちの県都ドラギニャンへの進軍は、「すべてのコミューンの住民たちが、自分のコミューンに存在している不正の改革を要求しに行った」行動であった(Agulhon, nouvelle éd., 1979, p. 365)。農村民衆が蜂起のさなかに到来を夢想した「共和国」とは、自分の村において彼らが「不正」とみなす行為や制度や関係がどの村からも一挙に払拭されると彼らに期待を抱かせた解放幻想であったと言えよう。

この解放幻想の特徴として、それが宗教性を色濃く帯びていたことに注目しなければならない。ヴァール県の例ではないが、ドローム県の蜂起軍において、「捕虜」とされたグラーヌ村の司祭の証言によると、進軍する蜂起民の間からこのような声があがったという。「なんてよい天気だ！　神はわれわれの革命をどんなにお喜びのことか！」。蜂起民が「蜂起の成功は神の恩寵の証し」と捉えていたことが、この証言から窺える(Vigier, 1963, t. 2, p. 333)。

そもそも山岳派運動においては、キリストが重要なシンボルとなっていた。たとえば、トゥルヴ村の皮なめし工オーギュスタン・キヴァルの供述によると、この村の山岳派秘密結社の入会儀礼は、儀式の主宰者(この村の結社指導者)と新入会員との問答形式で行われ、問答が終わると、主宰者はこう述べて儀式を締め括ったという。「山岳党のキリスト Christ de la Montagne の名において、私はあなたを兄弟として結社に迎える」。また、ヴァール県で当局によって押収された山岳派の歌のなかに、「団結――食卓の歌」と題されたプロヴァンス語の歌があるのだが、この歌の最後の一節は次のような歌詞になっている。

共和主義者よ、もう悲しみはおしまいだ
悲しみはみんなワインの中に沈めてしまおう

イエス・キリストがこう予言したじゃないか
今日来なくとも、明日はやって来る
農民の共和国が

(Bellenfant, éd., 1978, pp. 25–26)

目指すべき政治＝社会体制を語る秘密結社内の会話のなかにも、キリストは登場する。ブリニョルのある秘密結社員の証言によると、結社の目的は「圧政を終わらせ、いたるところに平等主義的で社会主義的な体制を確立する」ことであったが、「これらの目的を論じるときに、われわれはいつもキリストや福音の話をしていました」という(Berenson, 1984, p. 196)。ここには、新たな共和主義体制の確立を目指す政治的企図とキリスト教の宗教的倫理との結合が垣間見られる。

山岳派運動の宗教性については、エドワード・ベレンソンの優れた研究がある。以下、ベレンソンの研究に即しながら、山岳派運動の宗教性についていま少し述べてみたい。

ベレンソンによると、山岳派のイデオロギーは、「カトリシズムの非正統的で本質的にポピュリスト的な解釈」を基盤にして形成されたものであった。彼のいう「ポピュリスト的」とは、民衆の苦難を除き、彼らの幸福の追求を第一義とするといった意味であろう。このポピュリスト的キリスト教においては、とくに平等と友愛の道徳原理が重視されたが、山岳派のイデオローグたちは、これらのキリスト教的道徳原理に基づき、現実の社会＝経済を抑制なき競争、利己主義、人間による人間の搾取が横行する不道徳の場裡として批判し、新しい社会モデルを提示していった。彼らはまた、教会によってねじまげられていないキリストの原初のメッセージにこそ、彼らの目指す「民主的・社会的共和国」の基礎となる完全なる道徳規範が含まれていると説き、キリストを「最初の共和主義者」あるいは「社会主義の創始者」と位置付けた。そして、真に民主的な社会に不可欠の道徳的価値の普及を使命とした山岳派は、「キリストの使徒」になぞらえられた（Berenson, 1984, p. x, pp. 97–126）。

ベレンソンによれば、山岳派イデオロギーのこうした宗教性が、農村民衆の宗教心と共鳴したのであり、中産階級の山岳派イデオローグと農村民衆という、社会的・文化的に相異なる集団に架橋したのは、宗教であったという。では、農村民衆のどのような宗教心が山岳派イデオロギーと共鳴したのだろうか。

フランス革命後、教会の勢力は後退したが、それによって農村民衆が宗教的実践と信仰の放棄へと向かうことはなかった。彼らが向かったのは、「異教的形態とキリスト教形態の非正統的な混合」という信仰のあり方であった。そのことを最も顕著に示すのが、「七月王政の初期までに、中世以来未曾有の隆盛に至った」守護聖人崇拝である。守護聖人崇拝においては、豊作、人間や家畜の病気平癒、旱魃や冷害などの天災の終焉・回避などが祈願され、日常の不安の現世における解決への切望が表明された。そこには呪術的要素が含まれ、聖的・超自然的な力が現実的な利益をもたらすものと信じられた。また、守護聖人に捧げられた祭りにおいては、ミサや宗教行列のような宗教的儀式ばかりでなく、ダンス会、競技会、宴会などの陽気な行事も祭りを構成する重要な要素であった。宗教行列にはにぎやかな楽隊による演奏が伴うことも少なくなく、踊りながら聖人像を担ぎ歩く場合もあった。農村民衆は聖と俗とを区別せず、宗教的祝祭を厳粛であると同時に陽気なもの、霊的であると同時に現世的なものとみなしていた。こうした守護聖人崇拝に代表される農村の民衆宗教については、一九世紀前半を通じて、多くの司祭がこれに不満を表す文書を残している。司祭たちは、農村民衆が、現世利益、日常的な必要のために神を求めることを嘆く。それは、オルレアン司教区のある司祭が一八五〇年に記したところによれば、「彼ら〔村の住民〕は、自分たち自身のために作り出した神を信仰している」ということに他ならないことであった。守護聖人祭についても、司祭たちは、「異教的伝統」（たとえば司祭による家畜の祝福）を取り除き、聖と俗の分離をはっきりさせ、この祭礼は聖職者によって統御された規律ある厳粛なものであるべきだと考えたが、司祭が守護聖人祭から「異教的伝統」や俗なるものを排除しようとする行動に出れば、教区住民の反発を招いた。つまるところ、聖職者たちの嘆きは、農村の民衆が宗教の意味やその実践方法を聖職者の手を離れて自ら決定しようとするところにあった。聖職者たちの嘆きから浮かび上がってくるのは、一九世紀前半における農村民衆の信仰の「ポピュリスト的で原初的に民主的な性格」なのである（Berenson, 1984, p. 37, pp. 54–67）。

こうした農村民衆の宗教にあっては、キリストは彼らと同じつましき民衆の息子と捉えられ、民衆にとってカトリシズムは、彼らによく似た一人の男の苦難と功徳に基づく信仰として「貧者の宗教」となった。農村民衆は、教会から自立的に観念した「ポピュリスト的キリスト」をすでに信仰していたのである。山岳派のプロパガンディストたちが、農村民衆のこうしたイエス信仰を共和主義的なイメージで覆ってゆくことになろう。さらにまた、すでに述べたように、農村民衆は、宗教が現世において現実的利益をもたらし、この世における生活の向上の可能性を約束するものだと信じていた。こうした信仰心が、民主的・社会的共和国による現世救済の理想と共鳴する。山岳派のプロパガンディストたちは、民主的・社会的共和国は、民主的諸制度の導入を通じて、キリスト教の約束の多くを現世に実現できると説いたのである。ベレンソンによれば、初期カトリシズムの教義を基礎としたイデオロギーを通じて、山岳派のプロパガンディストたちは、農村民衆のポピュリスト的宗教心を民主的社会主義への傾倒へと変容させたのだという（Berenson, 1984, pp. 71–73）。だが、このことは、民衆の側から見れば、彼らが自らの宗教心のうちに民主的社会主義のイデオロギーを取り込んだということにもなろう。農村民衆が自らの宗教心のうちに山岳派のイデオロギーを取り込んだのであればこそ、第二共和政下に彼らは守護聖人祭やキリスト聖体節などの宗教的祭礼を好んで彼らの政治的情念の表現の場とした。彼らは、宗教行列において「白(保守派)を倒せ、赤万歳」と叫んだり、「山岳派イエス」と書かれた肖像画を掲げたりし、ダンス会の会場には従来の聖人に替わって山岳派の政治家たちの肖像画を飾ったりしたのである(Berenson, 1984, pp. 207–208, 213)。

第二共和政期の共和主義は、ベレンソンの詳細な研究が明らかにしているように、その宗教性に特徴がある。では、山岳派運動の宗教性は、農村民衆の心性にどのような変化をもたらしたであろうか。二点のことが考えられる。

一つに、これはベレンソンも指摘していることだが、政治活動による危険に進んで身をさらそうとする者が数多く出現し、そこには大義への高度に宗教的な献身という心的態度の形成が見て取れるということである。「神の名において、神の御旨と一致して行動しているという信念」こそが、「かくも多くの共和主義者に、屈せず革命的熱情を燃やし続ける勇気を与えたもの」であったとベレンソンはいう(Berenson, 1984, p. 104)。だが、こうした心的態度の形成は、「ミリタン militant」と呼び得るような活発な活動家たちには当てはまろうが、より広汎な民衆の場合はどうだろうか。ミリタンが農村社会に多数出現したこと自体、第二共和政期の重要な変化だが、政治活動による危険に進んで身をさらす献身という心的態度の広がりを過大に考えることはできないであろう。

広汎な民衆への広がりという点でより重要と思われるのは、「神の名において、神の御旨と一致して行動しているという信念」が、自分は誇るに足る存在なのだという矜持の念を民衆の心のうちに生んだのではないかということだ。この宗教的矜持の念が、名望家への服従から脱却して自立的に意思決定する民衆を生み出すのに寄与したであろう。だから、蜂起の過程で表出した「主権者たる人民」という意思決定する民衆としての自己認識も、根底においては宗教的矜持に支えられたアイデンティティであったと考えられる。

第二共和政下において宗教的矜持が自立的に意思決定する民衆を生むのに寄与したと考えるとき、非常に興味深い文章がある。それは、アギュロンの研究を検討するに当たり、近代日本史研究者の大門正克が提示した「人格承認要求」という観点を導入している小田中直樹の文章だ。以下に引用しよう。

そもそもアギュロンが着目したのは、人格的で温情的な支配と服従の関係であるパトロネジにもとづく社会関係であるパターナリズムに覆いつくされた農村部の只中から、それに抗して意思決定する民衆が出現したことだった。そこにはなんらかの断絶があったはずだと彼は考え、それを政治化と称した。……フランスに即していえば、パターナリズムがもたらす利益がどれほどのものであっても、それが人格承認要求に反する場合には、合理性に反してでも批判しなければならないのだ。そして、第二共和制期に普通選挙制度が導入されたことにともなって人格承認要求が噴出するという事態こそ、アギュロンが見出し、政治化と呼んだものだったのではないか、と私は考えている。

（小田中、二〇〇二年、一五四―一五五頁）

「人格承認要求」とは「われもまた一人の人間として認めよ」との要求であるが、人間としての自尊心の表明でもある。山岳派運動に加わるなかで、農村民衆は、「神の名において、神の御旨と一致して行動している」者としての誇りを抱くようになり、自らの自尊心を強めた。大衆民主主義の時代が到来した第二共和政下、選挙への大衆動員を志向した山岳派運動のなかで、広汎な農村民衆が抱くようになった宗教的矜持は、彼らの人格承認への希求を強めたであろう。こうして強化された人格承認への希求が、名望家への服従に抗して意思決定する民衆を大量に生み出したのである。

このように、小田中による「人格承認要求」という観点の導入は、宗教的色彩の濃い山岳派運動が農村民衆にどのような変化をもたらしたかという問題を考えるうえで、示唆に富む。だが、第二共和政期に人格承認要求が噴出した事態を指して、果たして「政治化」と呼ぶことは適切であろうか。

パトロネジ（パトロナージュ）に基づくパターナリズムは、確かに名望家と民衆との間の支配と服従の関係であるが、両者の互酬関係に基づくローカルな政治システムでもある。このシステムにおいては、民衆は受動的存在ではなく、名望家から庇護、援助、温情的措置をできる限り引き出すために戦略を行使する。この戦略の行使が民衆における「政治」であった。だが、パターナリズムが農村社会において支配的であった王政復古期・七月王政期においても、共同体的諸権利をめぐっての名望家との対立というかたちで、散発的ながら農村民衆の人格承認要求は姿を現した。また同時期において、ブルジョワのサークルとは別個に、農村民衆がシャンブレなどの独自のアソシアシオンを結成していったことは、人格承認要求の原初的な行動と捉え得る。第二共和政期になると、山岳派運動が生み出した宗教的矜持に支えられて、人格承認要求は広汎に高揚する。農村民衆にとって、パターナリズムに抗して意思決定を行い、人格承認を求めることが新たに「政治」となった。そして、一八五一年蜂起は、農村民衆にとって、「主権者たる人民」という自己認識に基づいた巨大な人格承認要求の行動であったといえよう。要するに、なお多くの場合〈村〉という準拠集団が農村民衆の思考と行動の枠組みであり続けながらも、彼らにおける「政治」の意味が変化したのである。第二共和政期における人格承認要求の噴出という事態は、「政治化」というよりも、政治文化の変容の問題として考える方が適切であろう。[*2] 第二共和政は短命に終わったが、少なくとも一八五一年蜂起が生じた諸地方における農村民衆の政治文化の変容という点から見れば、一つの画期をなす時代であったと言ってよい。

第Ⅲ部　祝祭と「国民化」

第六章

第二帝政下の「国民祭」

——シャンパーニュ地方の事例から

1　「国民祭」としての皇帝祭

フランス第二帝政は、ナポレオン伝説を糧として高揚した「民衆的ボナパルティズム」を投票へと導くことによって成立した体制である。ルイ＝ナポレオン・ボナパルトは、第二共和政の反動化の過程で一八五〇年五月に事実上廃棄された普通選挙制を一八五一年一二月のクーデタの際に復活させ、これを帝政権力の根底に据えたが、体制の正当性の根拠を普選による大衆的支持表明に置いただけに、第二帝政は、積極的な政治的大衆動員に取り組まざるを得ない体制として現出した。

第二帝政については、その抑圧的な警察国家としての側面に注目が傾きがちであったが、この体制下では「普通選挙という人民の自発性」を促すための「イデオロギー操作に特別な関心が払われていた」(西川、一九八四年、一一三頁)ことにもっと眼が向けられてしかるべきであろう。皇帝ナポレオン三世の「栄光」や「権威」を高めるための大衆への働きかけが、帝政権力によって意欲的に取り組まれたことを見落としてはならない。

「民衆的ボナパルティズム」について優れた研究書を著したベルナール・メナジェは、帝政権力を基底で支える「民衆的ボナパルティズム」を維持あるいは強化するためのプロパガンダ手段として第二帝政が用いたものを次の三つのカテゴリーに整理している(Ménager, 1988, pp. 134–157)。すなわち、第一に多様な印刷物(新聞などの定期刊行物、演説テクストを掲載したビラやパンフレットのほか、民衆層への働きかけにおいてより効果的なメディアであった、民衆本、暦、歌謡、刷絵など)、第二に皇帝ナポレオン三世がその治世を通じて精力的に行った国内巡幸、そして第三に本章で見る祝祭である[*1]。「民衆は祭りを好み、民衆に与えられる祭りはその対象となっているものへの共感を掻き立てます」。一八五二年一二月の帝政復活に関する報告書でニームの検事長はこう述べているが(Ménager, 1988, p. 151)、この言葉には、祭りは民衆を引き寄せ、彼らの感性を捉えて「皇帝への共感」へと誘導する力を持つとする、第二帝政の公権力の認識が端的に表現されている。実際、第二帝政は、実に様々な機会に大きな祝賀行事を組織しており、「恒常的な祝祭のイメージを残した」体制とも指摘される(Ménager, 1988, p. 151)。一八五二年の帝政復活の宣言を始め、一八五三年の皇帝の結婚や一八五六年の皇太子の誕生といった皇帝家の慶事、当時飛躍的に発展した鉄道の開通、クリミア戦争やイタリアでの対オーストリア戦争からの軍隊の凱旋などを祝う祭典が帝政権力によって組織されたほか、先に触れた度々の皇帝巡幸の際には彼の訪れる都市ごとに歓迎式典が催された。さらにまた、一八五五年と一八六七年にパリで開催された万国博も公権力によって演出された祝祭空間と見なし得る。ナポレオン三世の治世は、これら多数の祝祭による、公権力の一大演出時代とでも呼び得る観を呈していたのである。

このように第二帝政によって組織・演出された数多くの祝祭のうち、ここでは「唯一の国民祭 fête nationale」として制定された八月一五日祭、すなわち「聖ナポレオン祭」とも呼ばれ、皇帝崇拝のために設けられた毎年の祝祭に注目してみたい。これは、ナポレオン一世の生誕日を記念した祭りである。大ナポレオンの「神話」[*2]に依拠して制定された祝祭であったが、その後継者としての現皇帝ナポレオン三世の権威を維持する祭りとして機能した。第二帝政下の他の公式諸祭典が、ある特定の慶事に応じた一度限りの催しであったり、あるいは、ある特定の都市のみに限定された式典であったのとは異なって、この八月一五日祭は、第二帝政期を通じて毎年、全国の市町村単位で繰り返された祭りであり、ナポレオン三世への支持を国民的規模でかつ持続的に維持したい第二帝政政府にとって、その意図にもっとも適した条件を備えた公式祭典であった。「国民祭」と銘打たれ、フランスのナショナリズムと深く結び付いたナポレオン神話を媒介にして、国民統合の手段として構想されたこの祝祭は、国家による国民的政治文化の形成の一つの試みとして、きわめて興味深い研究対象といえよう。

しかし、この祭典は、ごく最近に至るまで、歴史家には忘れられた祭りであった。一九七〇年代以降、祭りは歴史学の対象として積極的に取り上げられるようになり、フランス革命期の革命祭典や、あるいは第三共和政期に共和政フランスの建国記念日として制度化された七月一四日祭に関する研究の進展によって、近代の政治文化における祭りの意義が深く考察されるに至った[*3]。だが、フランス近代史の場合、研究の比重は長らく共和主義的祭典に傾きがちで、その他の政治的祝祭の研究は等閑に付されてきた。アラン・コルバンは、フランス近代史研究においては、「一九世紀の歴史を共和政に向かって進む目的論的な理解で捉える傾向が強かった」と指摘するが（コルバン／二宮／福井／工藤、一九九三年、九五頁）、そうした傾向のなかで、ブルボン復古王政、オルレアン七月王政、ボナパルト帝政によって組織された祭典も長らく歴史家にほとんど顧みられぬままに打ち捨てられてきた。しかし、近年になってようやく、一九世紀における王政や帝政の祭典あるいは儀礼についても検討が進んできている。*4

第二帝政の八月一五日祭については、ベルナール・メナジェとアラン・コルバンの考察が先駆的位置を占める。両者はどちらも八月一五日祭についての本格的な研究を行ったわけではなく、他のテーマを扱った著書の中でそれについて短く論じただけではあったが、彼らの考察はいまなお示唆的である。この二人の歴史家は、それぞれ異なる関心から八月一五日祭に着目した。メナジェの場合は、先述したように、「民衆的ボナパルティズム」の歴史を追究するうえで、「民衆的ボナパルティズム」の維持・強化を図って第二帝政が取ったプロパガンダ政策の重要な一環をなしたものとして、八月一五日祭に注目した。そして彼は、同じく国家によって制定され、その統制下に組織された君主崇拝のための祝祭である、王政復古下の聖ルイ祭や聖シャルル祭、七月王政下の聖フィリップ祭（いずれも国王の霊名にちなむ守護聖人の日に設定された祝祭）を遥かに上回る「成功」をこの八月一五日祭（聖ナポレオン祭）は収めたのであり、第三共和政下に制度化される七月一四日祭に先立って、「真に民衆的な国民祭の最初に成功した試み」と捉え、「大衆のうちにあるボナパルト家への忠実な態度を強化するのに寄与した」として、その「教育的な pédagogique な効果」を強調している（Ménager, 1988, pp. 153–157）。また、コルバンの場合は、祝祭と暴力との関係を探るという観点からこの祭りに眼を向けている。すなわち、彼は、一八七〇年八月一六日にフランス南西部のペリゴール地方ドルドーニュ県のある村で、数百人の農民たちが一人の貴族に暴行をふるったうえで彼を焼殺した事件を取り上げ、一見「残虐」に見えるこの行動のうちに働いていた集団的論理と農民世界独自の政治的表象体系の分析を試みることにより、暴力についての歴史研究が向かうべき新たな方向を提示しようとした研究において、事件の前日にこの村で祝われたはずの「国民祭」の歓喜が、「皇帝万歳」を叫びながら集団的殺人を犯した農民たちの行動への一つの精神的バネとなっていたと見なし、この祭りの考察にも及んだのであった。コルバンがドルドーニュ県の村々における八月一五日祭に見出したのは、村民たちにとって「濃密に享受された intensément vécue」祭りであった。そして、祭りは彼らの「政治的アイデンティティの意識を深める」のに寄与したと彼は見たのである(コルバン、一九九七年a、八七―九二頁)。

一九九〇年代半ば以降は、八月一五日祭に関する本格的な研究が次々と登場する。まず登場したのが、ロズモンド・サンソンの論文である。サンソンは、八月一五日祭が民衆の歓喜と自発的な「皇帝万歳」の叫びを伴っていたことを認めつつも、この祭りは本質的には個人崇拝のために「押し付けられた祭り」であり、「「公民精神」の統制手段」であって、「国民祭」の名にはふさわしくないことを強調した。サンソンによれば、「国民祭」とは、「国民が自ら自己を聖化する」祭り、「国民主権に基づく体制下で国民が自己を祝賀する祭り」を意味する。それが実現されるのは第三共和政においてである。サンソンは、こうして第二帝政下の八月一五日の皇帝祭と第三共和政下の七月一四日の「国民祭」との断絶を主張した[*5](Sanson, 1994)。

次いで、マチュー・トゥルーズデルの研究書は、第二共和政と第二帝政において、「男子普通選挙に、そして人民の意見の価値をはるかに信頼するようになった社会に基盤を置く政治システムを扱うための強力な道具として、ルイ＝ナポレオンが公的スペクタクルの利用をいかに発展させ、洗練させたか」をテーマとした。八月一五日祭を含めてルイ＝ナポレオンが展開した様々な公的スペクタクルを「皇帝祝祭 fête impériale」として一括し、その構想、象徴戦略、体制を支えるうえでの機能的有効性を分析している。その結果、トゥルーズデルは、「ルイ＝ナポレオンの統治の時代は、近代の政治儀礼史上、枢軸的な時代に当たる」と捉え、ルイ＝ナポレオンは「国民的意思の体現者として一人の人物を描き出すために大衆宣伝の近代的形式を利用する公的スペクタクル政策」を初めて追求した国家指導者だったとの結論を導いている（Truesdell, 1997）。

さらにレミ・ダリソンは、王政復古、七月王政、第二共和政、第二帝政と続く諸体制の公的祝祭の変遷をたどる中で第二帝政の八月一五日祭も扱ったが、彼の研究のキーワードは「自由主義的祝祭 fêtes libérales」である。「自由主義的祝祭」とは、「自由主義が、共和主義的形態を取る場合も含めて、国に根を張ってゆく複合時代の記念＝顕彰行為と祝賀行為」と定義されている。「複合時代」とは、諸体制がそれぞれ掲げるニュアンスの異なる複数の「自由主義」が複合交錯した時代という意味であろう。彼によれば、王政復古から第二帝政までの公的祝祭の歴史は、「自由主義的祝祭」の発展史として捉えられる。「自由主義的祝祭」は、七月王政下に原型がかたち作られ、短命に終わった第二共和政の共和主義祭典という形態を経て、第二帝政下で確立を見た。第二帝政期の八月一五日祭は、権威主義的な構想の下に国家によって制定されたものではあったが、祭りの現場では、政府の圧力とは無縁の「経験に基づく祝祭上の自由主義」が発揮された。この祭りの場は、自由な表現空間として地域住民に占有されたのだとダリソンは見る。八月一五日祭について、彼は次のように総括する。「この祝賀行為は、権威主義的で宗教的な基盤の上に立ちながら、先行する諸体制の自由主義的・共和主義的モデルの間で微妙な総合をすることに成功した唯一のものだ」。こうして「自由主義的祝祭」の発展をたどったダリソンは、これらの「自由主義的祝祭」が第三共和政期の七月一四日の「国民祭」を予告するものであるとの見方も示している。彼は明示的には述べてはいないが、彼の考察がサンソンの見解に対して批判的な立場に立つものであることは明白であろう(Dalisson, 2004)。

ダリソンの研究書と同じ年に刊行されたスディール・ハザリーシンの著作は、現在までのところ、八月一五日祭に関するもっとも詳細な研究書である。ハザリーシンは、著書のなかではっきりとサンソンを批判しており、八月一五日祭が、多くの点で、第三共和政期の祝祭にとって地盤を準備したことを明らかにしようとした。ハザリーシンがこの祭りのうちにとくに追求したのは、「ナショナルな政治文化とローカルな政治文化との絡み合い」という現象である。それは、「近代の集合的なフランス・アイデンティティの構築の最も基本的な局面の一つ」であったとされる。「近代フランス市民の政治教育」は、受動的な周辺部に対する「中央集権化されたジャコバン的な一方的命令」の押し付けによってではなく、「ローカルなモチーフとナショナルで一般的なテーマとの融合」によって成し遂げられたのであった。八月一五日祭は、この融合による「二重の精神」を見事に捕らえたのであり、またここにこそ、第三共和政期の共和主義的祝祭が継承することになる要点がある。八月一五日祭は、ナポレオン的国家の制度や価値の地域住民による受け入れにとってと同時に、コミューンというローカルな圏域の自発的で創造的な祝賀行為にとってもフォーラムを提供したのだとハザリーシンは主張するのである(Hazareesingh, 2004)。

以上のように、八月一五日祭については、いまや研究者の視点も見解も多様となっている。だが、祭りが実施されたローカルな場に眼を向けた研究者たちは、祭りへの歓喜に満ちた民衆の参加を指摘し、八月一五日祭が民衆の親皇帝感情の強化に実際的な効力があったと見ている点では皆一致している。共和主義の祝祭以外にも、民衆が強く引き付けられた政治的祝祭が存在した事実が、近年になってようやく直視されるようになったといえよう。

こういう研究状況の中で、では本章ではどのように視座を定めるか。問題設定をするうえで、私がいま一度立ち返る必要があると考えるのは、八月一五日祭を「真に民衆的な国民祭の最初に成功した試み」と捉えたメナジェの考察である。メナジェが八月一五日祭を「成功した国民祭」と捉えるのは、この祭りがナポレオン三世の治世全体を通じて毎年全国にわたって行われ続けたという事実以上に、各地で民衆がこの祭りを積極的に祝い、「八月一五日のうちに民衆は皇帝の祭りと同時に自分たち自身の祭りを見出していた」という認識、あるいは「公式祝祭の民衆文化への統合」が行われたのだという認識に基づいている(Ménager, 1988, pp. 156–157)。こうした認識そのものがなお検証を要するが、メナジェの示唆の重要な点は、この祭りにおいて歓喜する民衆を帝政権力のプロパガンダに踊らされた受動的存在として断罪するのではなく、民衆がこの祭りに込めた主体的意味をこそ問わねばならないという問題意識へと導いてくれることであろう。もっともメナジェ自身はこの問題に深く立ち入ってはいない。「公式祝祭」が「民衆文化のうちに統合された」とするのなら、民衆はこの「祝祭」にいかなる意味を込めてそれを自分たちの祭りとして「享受」したのか、この点が明らかにされねばならない。こうした問題には、そもそもこの祭りにおいて祝われる対象であった皇帝が、民衆の世界においてはどのように表象されていたかという問題が密接に関わってくる。この祭りにおける民衆の歓喜の意味を問うことはまた、西川長夫が敢えて挑発的な表現で、民衆にとってのボナパルティズム体制の「魅力」と称した大きな問題(西川、一九八四年、二四―三〇頁)にも連なることになろう。以上のような問題関心は、メナジェ以降の研究者においても、深められたとは言い難い。なお、こうした問題にアプローチするには、史料面でも視野を広げなければならない。本章で利用する主な史料については後述するが、祭りの様子を報告する行政関係の史料だけではなく、農村民衆の表象や想像界を探るために、噂に関する史料をはじめ、多様な史料への目配りが必要となる。

祝祭の「成功」という見解に絡んで、さらに考えねばならない問題がある。祭りが、地域の当局者や一部の名士に限らず、広く地域住民の積極的な参加を見たとしても、そのことは、祝祭についての国家の企図が、実際に祭りの行われたローカルな場において十全に実現したことを直ちに意味するものではなかろう。地域社会における祭りの祝われ方には、国家の企図とは食い違う側面が見て取れないだろうか。祝祭を「成功」と評価し、そのプロパガンダ効果を強調するメナジェの考察には、こうした問題関心が希薄である。地域社会に固有のソシアビリテに根差した「ローカルな政治文化」の構造が、はたして国家の構想に沿うかたちで「八月一五日」に作動したのかどうか、この点の考察が必要であろう。こうした視点からの考察もまた、従来の研究では見過ごされがちであった。

本書が対象とするのは農村社会なので、右に掲げた諸問題をここで括り直せば、国民統合の手段として第二帝政によって構想された「国民祭」への農村住民(とくに民衆)の参加のあり方と、彼らにとってのこの祭りの意味を問うということになる。あるいは、国民的政治文化の形成の一つの試みであったこの「国民祭」が、農村世界の政治文化のうちにいかに受容されたかという問題といってもよい。ボナパルティズムに関しては、その基盤が主に農村にあったことが夙に指摘されるが(とくに次を参照。Vigier, 1977)、本章では、農村ボナパルティズムの重要性に特徴付けられる一地方として、シャンパーニュ地方の事例を取り上げ、同地方の農村における八月一五日祭の様相を具体的に明らかにしつつ、先に掲げた諸問題の検討を試みることにしたい。

第二章で述べたように、シャンパーニュ地方の農村ボナパルティズムが最初に明瞭なかたちで現出したのは、一八一五年のいわゆるナポレオンの「百日天下」期であり、当時ナポレオンを強く支持する地域が全国的にはかなり限定されていた情勢下にあって、この地方の農村はボナパルティズムのいわば「堡塁」の一つともいうべきゾーンであった。これもまたすでに見たように、王政復古期になってもその初期には、この地方の農村住民の間では、ナポレオンのフランスへの帰還が度々噂されたり、叫びや歌などでナポレオンへの崇敬の念を表明する者が後を絶たなかった。また、一八一四年に対仏連合軍のフランス進攻に対して、ナポレオンはこの地方を転戦しており、この事実が後にシャンパーニュの農村各地にナポレオン伝説が定着するのに寄与することになる。一八四八年一二月の第二共和政大統領選挙において、シャンパーニュの諸県は、有効投票のほぼ八割から九割以上というきわめて高い得票率をルイ＝ナポレオンにもたらすが（ルイ＝ナポレオンの全国での得票率は七四・二％）、このような投票結果にナポレオン伝説の力が大きく働いていたことは史家の間で通説となっていると言ってよい。第二帝政期のシャンパーニュ地方の農村ボナパルティズムは、以上のような伝統をその背景に持つ。

第二帝政期のこの地方における農村ボナパルティズムの政治的潮流としての重要性は、何よりも、帝政権力が自らのよって立つ前提として位置付けた制度である人民投票 plébiscite の結果の数字に如実に表れている。周知のように、一八五一年一二月のルイ＝ナポレオンのクーデタから一八七〇年九月の第二帝政の崩壊までの間に、一八五一年一二月（クーデタの可否を問う）、一八五二年一一月（帝政復活の可否を問う）、一八七〇年五月（帝政権力による「一八六〇年以後の自由主義的改革」の可否

表3　シャンパーニュ地方における人民投票の結果(賛成票数の対有権者数比(%))

県　名	オーブ県			マルヌ県			オート=マルヌ県		
投票年	1851	1852	1870	1851	1852	1870	1851	1852	1870
投票率(%)	93.6	88.1	90.2	90.6	87.9	87.8	88.3	85.7	87.8
有権者数＜500のコミューン (コミューン数)	93.1 (429)	89.5 (429)	79.0 (428)	92.5 (656)	89.5 (653)	85.6 (645)	85.8 (540)	85.6 (538)	71.5 (539)
500≦有権者数＜1000のコミューン (コミューン数)	82.9 (13)	78.5 (14)	70.6 (12)	86.7 (11)	80.3 (11)	73.4 (13)	77.4 (8)	73.7 (8)	60.1 (6)
有権者数≧1000のコミューン (コミューン数)	72.3 (6)	63.0 (5)	45.9 (6)	60.9 (6)	61.9 (6)	46.8 (6)	64.6 (4)	64.4 (4)	57.6 (5)
全　県 (コミューン数)	88.6 (448)	84.4 (448)	71.7 (446)	85.4 (673)	83.4 (670)	75.0 (664)	83.3 (552)	82.7 (550)	69.4 (550)
全国順位(86県中)	2位	10位	41位	9位	15位	26位	12位	20位	49位

	1851	1852	1870
全国平均	75.2	76.0	68.0

史料）Archives nationales: BII 1054, BII 1095, BII 1096, BII 1143 A, BII 1184 A, BII 1185, BII 1233 A, BII 1274 A, BII 1275.
全国順位と全国平均は，Ménager, 1988, pp. 433–434 参照.

を問う)と三度の人民投票が行われている。表3は、シャンパーニュ地方を構成する三県(オーブ、マルヌ、オート=マルヌ)での人民投票の結果において、賛成票数の対有権者数比を示し、ここから、政治的潮流としてのボナパルティズムの規模の大きさを、都市と農村とで比較してみようと試みたものである。有権者五〇〇人(人口にして二〇〇〇人前後)未満のコミューンをここでは「村」と見做し、そして人口二〇〇〇人程度のコミューンからはたして「都市」と呼べるかは疑問なので、さらに有権者一〇〇〇人(人口四〇〇〇—五〇〇〇)以上というラインをもう一つ設定した。シャンパーニュ地方は、一八五一年のクーデタ時、きわめて強力なボナパルティズムが現出した地方で、その勢力は体制の末年には衰えを見せているが、それでも、一八七〇年に都市の賛成票数が有権者の五割前後まで落ち込んでいるのに対し、農村ではなお有権者の七―八割が賛成票を投じている。こうした数字から、一八五一―七〇年のシャンパーニュ地方は、農村ボナパルティズムの重要性に特徴付けられる地方と見てよかろう。

史料について述べておけば、本章では、主としてオーブ県古文書館(以下A.D.A.と略)所蔵の、八月一五日祭および第二帝政期の他の公式諸祭典に関する史料群を利用する。これらは、主に、祭典に関する内務大臣や県知事の通達類と、市町村長から県知事への祭典についての報告書で構成されている。[*6] まず、通達類を通じて、国家が設定しようとした祭典の形式や意図をある程度捉えることができる。むろん、祭典についての国家の構想をより深く知るには、政策過程に関する中央の史料などを検討する必要があるが、こうした通達類からも、国家が全国の市町村に浸透させようとした祭典の企図の基本線は押さえられる。また、村レベルでの祭りの様相を具体的に知るには、村長から県知事に送られた報告書が基本史料となる。その利用に当たっては、国家の意図どおりに祭りを実現させるべきことを課せられた現地責任者が、県当局へ向けての思惑がらみで作成したものである点を常に考慮に入れねばならないが、祭り当日の農村住民の言動について多様な具体的情報をもたらすローカルな史料群として、その価値は大きい。[*7] このほか、これもみな行政サイドの史料であるが、県知事、郡長、治安判事、憲兵などの手による多様な関連報告書も利用する。これらの大半は国立古文書館(以下A.N.と略)に所蔵されているが、オーブ県古文書館に所蔵されているものもある(噂の探究など農村民衆の表象や想像界へのアプローチはこうした報告書類に依拠するところが大きい)。用いる史料の性格からして、祭りに参加した農村民衆の意識を探る試みは制約されざるを得ないが、その限界を弁えつつ可能な限りでの考察を試みることにしよう。

2 「国民祭」の組織化

「八月一五日」とは、先述のように、ナポレオン一世の生誕日(一七六九年誕生)であり、すでに第一帝政下に祝祭日として制定されたことがあった。だが、正確にいうと、第一帝政下の「八月一五日」の祭日は、ナポレオンの生誕日に合わせた守護聖人の祭日として制定されたものである。ローマ教皇と政教和約を結んだナポレオンは、カトリック層の自分への忠誠を促進し、また自己の統治を祝賀するために、教会暦において定期的な祝賀の対象となる新たな聖人をヴァチカンに求めた。彼は、聖ナポレオンと名付けられる聖人の存在を立証するよう強く要請した。このための調査に当たったジャン＝バティスト・カプララ枢機卿は、聖ヒエロニムスの殉教者列伝のなかに、古代ローマ帝国において皇帝への忠誠を誓うことを拒絶して殉教した戦士ネオポリス(あるいはエオポリス)を発見した。この情報を受けたナポレオンは、ネオポリスを「戦士の守護者」聖ナポレオンとして列聖することを教会に促した。こうして新たな聖人が誕生した。その祝日はナポレオンの生誕日に合わせて、八月一五日と定められた。一八〇六年から一八一三年まで、第一帝政は八月一五日の聖ナポレオン祭を国民的祭りとして祝っている(Day-Hickman, 1999, p. 93 ; Hazareesingh, 2004, pp. 3-4)。

ルイ＝ナポレオンは、一八五二年二月一六日の政令で「八月一五日」の聖ナポレオンの祭日を復活させる一方、他のすべての「政治的記念日」を「市民間の不和の記憶」を想起させるものとして一切禁止した。その政令では、「八月一五日」とは、「その聖化 consécration が、国民的栄光という共通の感情のうちに、全人心を統合する傾向をもっとも強く有する」記念日であり、「国民祭として唯一認められ祝われる」べき祝祭日と規定されている[*8](Truesdell, 1989, p. 2150 ; Sanson, 1994, p. 117)。

「国民的栄光」の原理からその体現者としてナポレオン一世を「聖化」することにより、ルイ＝ナポレオンの統治の権威付けが図られる。ルイは偉大な〈名〉の力によって権力の座についたのである以上、その権力の権威付けはナポレオンの「神話」を媒介とせざるを得ない。ナポレオンの時代を直接知る世代が消滅してゆくにつれ、体制の支えとしてのナポレオン伝説の意義は低下し、ナポレオン三世は彼固有のアイデンティティを明確にするメッセージを国民に向けて発するようになっていったにしても、彼が大ナポレオンの後継者であることを想起させるこの祭りが、第二帝政期を通じて、「唯一の国民祭」としての地位を奪われることはなかった。第二帝政が国民的アイデンティティの拠り所とした〈ナポレオン的伝統〉は、「歴史を国民国家の課題にあわせてひきよせて作られたひとつの構築物」（安丸、一九九二年、二七八頁）であるにしても、この〈創出された伝統〉の背後には、ナポレオン一世崇拝の〈民衆の伝統〉が存在していたことが重要であろう。ルイの政府がなすべきことは、この〈民衆の伝統〉を国民国家の統合のために〈創出された伝統〉へと吸収しつつ、この〈創出された伝統〉を国民のうちに深く定着させることであった。八月一五日祭は、まさにそのための装置として構想され、全国の全市町村で毎年繰り返される「年中行事」であることによって、〈ナポレオン的伝統〉を国民の〈民俗〉のうちに根付かせようとするものであったと考えられよう。

こうして国家によって制定された「国民祭」は、政府の指導下に全国の市町村で組織されてゆく。第二帝政は、各県に皇帝による任命制の県知事、県庁所在地・郡役場所在地・小郡役場所在地および人口三〇〇〇人以上のコミューンには皇帝による任命制の市長、その他のコミューンには県知事による任命制の町村長を配置するという、きわめて中央集権的な統治機構を確立したが[*9]、祭典の全国にわたる組織化は、この集権化された統治機構の回路を通じて行われた。毎年八月一五日の一ないし二週間ほど前に、内務大臣から県知事へ、さらに県知事から市町村長へ、祭りの実施を指示する通達が送られる。その通達によって、この祭りに「あらゆる望ましき盛大さを与えるのにもっとも適切と思われる措置」(内相通達、一八五二年八月八日、A.D.A. M962)を取るべく関係当局と協議するよう求められたが、そのほか具体的には、次の三点の事柄が指示された。

第一に、この祭日には、毎年全市町村で各教区の司祭によりテ・デウム(神への感謝式)が執り行われるよう政府によって決定されたのだが、これには、すべての司法・行政機関関係者、軍隊、国民衛兵ないし消防団の参加が命じられた[*10]。この第一の点に関しては、祭りへの動員の問題もさることながら、聖職者の主宰する宗教的儀式が祭りの欠くべからざる要素として設定されていたことが注目される。この点は、第二帝政の対教会政策が転換したとされる「自由帝政」期においても変更を見ていない[*11]。

祝祭には当局関係者や消防団のみを動員すればよいわけではない。それが真に〈祭り〉たるには、民衆を引き寄せねばならない。一八六八年の内相通達にはこうある。「八月一五日を貧しき者たちの祭りにすることは、陛下の御意に従うことであり、国民的盛儀にそれが持つべき民衆的性格を与えることである」(内相通達、一八六八年八月三日、A.D.A. M1779)。そのためにはどうすべきか。一八六七年の県知事通達はこう述べる。「公的な娯楽行事を組織したり許可したりするだけでは十分ではなかろう。陛下のいとも尊きご要望に従って、すべての恵まれぬ者も慈善によってこの祭りを享受することへと導かれねばならない」(県知事通達、一八六七年八月七日、A.D.A. M1779)。祭日における貧者への施与というのは伝統的行為だが、いまやそれは〈貧しき者への皇帝の配慮〉を示す行為としての性格を付与されるよう、毎年通達によって各市町村の財政状態に応じて貧者への分配が行われるよう、毎年通達によって各市町村に指示されることになる。

最後に、毎年八月一五日祭の後にはその実施の様子を文書で報告するよう各県知事・市町村長に義務付けられたことがあげられる。各市町村長がまず県知事に報告書を送り、県当局はそれらの報告書に基づいて総括的な報告書を作成して内相に送るという、先述の統治機構のルートを通達と逆にたどる。

八月一五日祭は、「制限選挙王政期の国王祭典から想を得ている」とコルバンは指摘する（コルバン、一九九七年a、九〇頁）。右に見たような、ルイの政府が設定した祭典の形式は、確かに王政復古や七月王政下の国王祭典（国王の霊名にちなむ守護聖人の祝日の祭典）の形式を踏襲したものではあるが、八月一五日祭が置かれていた政治風土は、制限選挙王政期のそれとは大きく異なることに注目しなければならない。すでに触れたように、一八四八年の普選の導入以降、有権者は二五万人から一挙に九〇〇万人以上に膨れ上がっている。「ナショナルな政治生活」が名望家層のうちに閉塞していた時代は終わりを告げ、膨大な有権者大衆へのプロパガンダが展開される大衆的政治風土が出現した。一八四八年一二月の大統領選挙で圧勝し、さらに人民投票によって皇帝の座についたルイ＝ナポレオンは、こうした新たな政治風土の最初の受益者であったといえる。同じく君主崇拝のための祭典でも、その祝われる対象たる君主が、第二帝政の祭典の場合、国民の投票による圧倒的支持を得て権力の座に登り、さらに普通投票という大衆デモクラシーの制度によって体制の維持を図った人物であるところに、制限選挙王政期の国王祭典とは大きな相違がある。第二帝政期の公式祭典は、「国民的意思の体現者」たることを掲げて、普通投票による体制への圧倒的多数の信任――人民投票のみならず、政府公認候補者が立てられた議会議員選挙も体制への信任投票の性格を持つ――を追求した人民投票的皇帝の大衆的人気の維持を目的とした大衆的プロパガンダ装置の一環をなすものと位置付けられよう。

3　村の皇帝祭

以下、シャンパーニュの農村における八月一五日祭の様相を具体的に見てゆこう。

祭りには「あらゆる望ましき盛大さを与えるのにもっとも適切な措置」を講じるよう県当局から村当局へ指示されたわけだが、上級当局からの具体的指示内容は、先述のように、テ・デウムの挙行とそれへの村当局関係者や消防団の参加、貧者への施与、祭り実施後の報告の三点に限られており、そのほか具体的にどのようにして「望ましき盛大さ」を実現させるかは、各コミューン自身の決定に委ねられた。それゆえ、ハザリーシンが指摘するように、祭りは、「国民的行事としてばかりでなく、ローカルな圏域の祝賀行事としても扱われた」のであり、コミューンというローカルな圏域の自発的・創造的祝賀行為は、住民が帰属するコミューンへの誇りの意識を育む機会を提供することにもなった（Hazareesingh, 2004, p. 41）。

祭りのごく一般的な様相は次のようなものだ。まず、早朝に鐘が打ち鳴らされ、祭日の始まりが村民に告げられる。その後、太鼓が村内を巡り、宗教式典に出席すべき者たちを招集する。教会では、ミサに続いてテ・デウムが執り行われる。そして、村長・楽隊・司祭などを先頭に、村会議員団、田園監視員などの村役人、旧軍人、消防団などが続き、その後に一般住民の連なった行列が村内を巡る。ここまでが多くの場合、午前中の行事で、午後には多くの村で宴会が催され、また一八五六年のエスティサックという町では「宝の棒競技 mât de cocagne」（油を塗った棒の上に吊り下げられた景品を取る競技）、一八六二年のバルビュイーズ村では「射撃競技、袋レース、普通徒競走」が行われたように(Estissac町町長報告書、一八五六年八月一六日；Barbuise村村長報告書、一八六三年八月一六日。ともにA.D.A. M963)、さまざまな競技会が開かれるところもある。夜には、村長主催の無料ダンス会が開催される村が多い。このほか、上級当局の指示どおりに、パン・ワイン・肉などの貧者への分配が村当局によって行われた。祭りを構成した右のような諸要素(ミサ、行列、宴会、競技会、ダンス会、施与)は、アンシアン・レジーム以来の伝統的な村祭り(守護聖人祭など)のスタイルにも共通して見られるものである。村レベルでの八月一五日祭は、伝統的な村祭りの方式に則りながら、そこに「ボナパルティスト的要素」を盛り込んでいったものと見なし得る。

村祭りの伝統が重きをなしたとはいえ、時代とともに新しい要素も加わる。一八五七年八月一二日の政令の結果、八月一五日祭の中で特別な地位を占めることになる人びとが新たに登場した。この政令は、フランス革命期・第一帝政期の戦争でフランスの旗の下に従軍したすべての者に「セント・ヘレナ勲章」を授与するというものであった。一八五七年の勲章授与式当日の様子をオーブ県アルシ＝シュル＝オーブ郡の郡長は、内相に宛てて次のように報告している。「セント・ヘレナ勲章の授与は、政府の計らいがいかに高く評価されているかを、また皇帝ナポレオン一世の記憶、われらの偉大なる軍事的時代の記憶がいかに万民の心の内に手付かずのまま保持されているかを見て取るよい機会となりました。四〇〇人の元兵士が郡のあらゆる所から(郡役場所在地で行われた)この授与式にやって来ました。授与式では、現在兵役中の息子が障碍を持つ父親の手を取り、古き戦友たちが彼らの若き日々と勝利を思い起こすために再会したのです。そして、誰もが、異国の地で果てようとも自らが率いた元兵士たちを忘れることはなかった人物の記憶を称えました。多くのコミューンでは、勲章受領者の帰還に合わせてささやかな祝宴が準備され、そこには町村当局、消防団員、休暇中の軍人が列席しました」(Arcis-sur-Aube 郡郡長による定期報告書、一八五八年一月四日、A.N. F[1] CIII Aube 4)。以後、勲章受領者は、八月一五日祭で、際立った扱いを受けることになる。村を巡る行列では、多くの場合、村長・村会議員団に続く順番が彼らに与えられた。また、村長や消防団が、勲章受領者を主賓として宴会に招くこともあった。ナポレオン戦争の従軍者は、そもそもナポレオン伝説の重要な担い手であったが、第二帝政下、彼らは村の英雄として扱われるようになると同時に「村と栄光ある過去とを結ぶ生きた環」として立ち現れるのである(Hazareesingh, 2004, p. 79)。

さらに第二帝政下、祭りにおいてしだいにその存在が目立ってくるのが、学童と教師である。第二帝政下に小学校の数は全国で三割強増加した。就学児童は一〇〇万人以上増え、帝政末期には全国で五歳から一四歳の子どもの七割近くが就学している。一八六六年の時点で、公立小学校を持たないコミューンの数は、全国のコミューン数三万四〇〇〇に対してわずか六五〇であり(すなわち全国の市町村の九八%に公立小学校が存在)、この数は一八五〇年と比べて四分の一になった。そして、一八六三年にヴィクトル・デュリィが公教育大臣に就任して以後進められた教育改革によって、教育における教会の比重は明らかに低下する——たとえば、世俗の小学校教師を修道会士によって代用することは禁止された——(Dalisson, 2004, pp. 245–246)。こうした変化につれて、祭りにおいても学校の存在が重みを帯び始める。八月一五日には、一八六五年のマルシィイ＝ル＝エという町のように、公立学校の優等生に対する表彰式が行われるようになる(Marcilly-le-Hayer 町町長報告書、一八六五年八月一七日、A.D.A. M963)。行列に学童を参加させるようになった所もあった。またいくつかの村では、小学校教師が村役場の飾り付けや楽隊の指揮などに積極的な役割を果たしたと村長の報告書は伝えている。さらに学校は、イルミネーションが施される場としては村役場と並ぶ重要な地位を占めるようになった。

八月一五日祭は、教育上の変化を反映してもいたのである。

祭りの装飾の面に眼を向けると、村役場や村の広場などを飾るのは三色旗である。村内を巡る行列においても、宗教行列で用いられる幟《のぼり》に替わって、三色旗が掲げられた。行列で三色旗を掲げる名誉を担うのは、セント・ヘレナ勲章受領者である場合もあった。第二帝政にとって、それはもはや革命的シンボルではなく、「むしろ軍隊、国民的栄光、偉大なる国民のシンボル」(Truesdell, 1989, p. 2150)であった。そして、夜には蠟燭によるイルミネーションが、村役場などの公共の建物に限らず、多くの一般の家々にも点された。ただし、三色旗の掲揚とイルミネーションは、一般の村民の場合は自発的行為でも、公職者の場合はやや意味を異にする。それは、皇帝に対する彼らの忠誠心を証すための義務という意味合いを多分に帯びていた。公職者が自分の家に三色旗を掲揚しなかったり、あるいはイルミネーションを行わなかったり、それが粗末なものであったりすることは、上級当局への報告の対象とされている[*12]。

コミューンの自発的・創造的祝賀行為の場ともなったこの祭りは、政府によって宗教儀式を不可欠の要素として設定されてはいたが、全体としては、司祭よりも村長および村会のイニシアティヴが目立つ。村長は、祭りに関する県知事の通達を村会の席で伝え、村会議員に宗教式典への参加を要請する。村会では、祭りに関する予算が決定される。貧者への分配を主導したのも村会であった。祭りの当日、村長はしばしば消防団のいわば「閲兵式」を行い、また居並ぶ消防団員や村会議員、広場に集まった住民たちを前に、皇帝やその政策を称える演説をぶつこともあった[*13]。宴会や競技会を主催したのも村長である。そして、三色旗とイルミネーションによる装飾がもっとも目立ったのは、村役場であった。コルバンによれば、この祭りは、聖職者も重要な一員として関わっているものの、「村自治の意識 conscience municipale を掻き立てる機会を提供」し、「教会よりも村役場に有利に作用し」た祭りであり、その意味で、第三共和政の七月一四日祭の先駆的形態として位置付け得るものである（コルバン、一九九七年 a、八九頁）。

さて、政府は八月一五日祭を「国民祭」と規定したが、ほとんどの村長は、その報告書の中で、「国民祭」という呼称は使っていない。「聖ナポレオン祭」とか「ナポレオン一世生誕祭」とも呼んでおらず、「皇帝陛下の祭り」もしくは「皇帝ナポレオン三世陛下の祭り」という言い方が一般的である。祭りを末端の村レベルで組織してゆく立場の人間にとって、この祭りは、何よりもまず「皇帝（現皇帝）の祭り」として意識されていたといえよう。

実際、この日、教会では皇帝・皇帝家のために神に祈りが捧げられ、宴会では皇帝・皇帝家のための乾杯が行われ、またさまざまな場面で「皇帝万歳、皇后万歳、皇太子万歳」が叫ばれた。さらに、この祭りの多くの局面に、皇帝の胸像や全身像が登場する。一八五三年ル・メリオ村の村長は、「ミサの後テ・デウムが歌われ、それが済むと皆が列を作って進み、儀式の間ずっと教会に置かれていた皇帝の胸像の前に来ると、誰もが恭しく身を屈めました」と報告している（Le Mériot 村村長報告書、一八五三年八月一七日、A.D.A. M962）。一八六二年フェルー村の場合は、「村役場の再建工事以来、皇帝陛下の胸像は城館（旧領主の館か）の広間の一つにずっと置かれておりましたが、村役場の新しいホールに安置するのに、この日（八月一五日）が選ばれたのであります。楽隊を先頭にした消防団員たちが胸像を取りに行き、住民たちの喝采と皇帝万歳！　の歓声の中、彼らはそれを以後その安置場所となる所へ意気揚々と運んだのであります」と伝えられている（Ferreux 村村長報告書、一八六二年八月一六日、A.D.A. M963）。同じく一八六二年ペイヌ村の村長の報告によると、「正午、ロワイヤル通りに面した村役場の主要正面部にそのために取り付けられた装飾卓の上に、皇帝の胸像が皇帝の絵姿を伴った小枝とともに陳列」され、「午後四時、ペイヌ街で消防団分隊を先頭にした厳かな行列と皇帝の全身像の前で皇帝のための祈禱とともに〈主よ、守りたまえ Domine Salvum〉〔の斉唱〕」が行われたという(Payns 村村長報告書、一八六二年八月一七日、A.D.A. M963)。また一八六四年リニィ＝ラ＝ノヌーズ村では、「普段は実に殺風景な村役場と学校の正面が眩いばかりの幾多の燈火に輝き、その燈火のなかで、皇帝の胸像の上に数本の三色旗が風に軽く揺れる」という装飾の下、「村役場の前でこの日開かれたダンスは、夜かなり遅くまで続き、最後に誰もが皇帝万歳！ 皇帝家万歳！ の数度繰り返された叫びに和したのです」という(Rigny-la-Nonneuse 村村長報告書、一八六四年八月一六日、A.D.A. M963)。「理念ではなく、人物のうちに本質的に具現される帝政は、共和政とは異なって、象徴的表現に訴えることは難しい」がゆえに、第二帝政はほとんどシンボルを用いなかった体制と指摘されるが(Lagoueyte, 1989, pp. 62–63)、八月一五日祭は、帝政固有のシンボルではない三色旗とごく稀に登場する皇帝家の紋章である鷲を別にすれば、ある意味では〈皇帝〉をこそほとんど唯一の「シンボル」とした祭りであると言えよう*14。

このような「皇帝の祭り」に参加した人びとは、テ・デウムへの出席を上級当局から指示された司法・行政機関関係者や消防団の成員に限られていたわけではない。一八六三年のバルビュイーズ村の報告書によると、村長、村会議員団、消防団のほか、「全住民もこの式典〔ミサとテ・デウム〕に晴れ着を着て出席した」という(Barbuise 村村長報告書、一八六三年八月一六日、A.D.A. M963)。他の多くの村でも同様に、一般住民が多数宗教式典に参加していたことが伝えられている。これがまったくの自発的・積極的な参加であったのか、ここに村長主導の何らかの圧力が働いてはいなかったか、あるいは式典への参加が皇帝への忠誠を示す〈踏絵〉としての意味合いを住民の間で持っていなかったかは、村長の報告書からは窺い知ることはできない。日記、回想録、書簡など性格の異なる史料から検討すべき問題ではあるが、少なくとも行政史料のうちには、村長による圧力があったことを読み取れるものはない。いずれにしても、一般住民は、宗教式典だけではなく、村内を巡る行列にも加わり、さらに競技会やダンス会や宴会にも参加している。少なくとも、娯楽行事が住民動員のための何らかの圧力を持っていたとは考え難い。自発的な「皇帝万歳」の声を伴った民衆の歓喜は八月一五日祭の疑い得ない一面である。

4　マリアの祭りと皇帝の祭り

オーブ県シャヴァンジュ小郡の警察署長が、「皇帝に対する住民の忠誠の真なる証し」と見たのは、「この小郡の一般的にはほとんど敬虔とはいえない住民が、この日ばかりは教会に群れをなしている」という事実であった(Chavanges 警察署長報告書、一八六五年八月一八日、A.D.A. M963)。シャンパーニュ地方の住民に対して教会の及ぼしていた影響力が比較的小さかったことを指摘する当時の行政当局者は数多いのだが、「八月一五日」という日に広汎な住民を祭りへと誘引するのに関与したのではないかと思われる一つの宗教的要因がある。それは、当時のマリア信仰の高まりという現象である。フランス宗教史の上では、一九世紀中葉はマリア信仰の発展を見た時代として知られるが(Cholvy / Hilaire, 1985, pp. 176–185)、八月一五日は「聖母被昇天祭 Assomption」の日でもあるのだ。シャンパーニュ地方の農村において広く、第二帝政以前からすでに聖母被昇天祭が盛んに祝われていたかどうかはなお確認できていないが、ヴァン・ジュネップによれば、一九世紀のオーブ県の農村には、聖母被昇天祭の日に聖母像の手に白リボンとともに白ブドウの房をつるす習慣があったとのことであり(Van

Gennep, 1999, t. 2, p. 1932)、この地の農民たちにとって、聖母被昇天祭は農事信仰と結び付いたマリア信仰における特別な日であったことが窺える。そして、一九世紀中葉のシャンパーニュ地方におけるマリア信仰の高まりは、聖母被昇天祭の日に、マルヌ県のレピーヌという地にある「奇跡のマリア像」へ巡礼を行う習慣が、一八四〇年代から盛んになったことに端的に表れている。[*15] 第二帝政下の「八月一五日」においては、「皇帝の祭り」と「マリアの祭り」がともに祝われているのをいくつかの村で確認することができる。例として、一八六二年のシャスネ村の祭りの様子を村長の報告によって見てみよう。

すでに前日の正午と夕刻に、そして八月一五日の朝に、鐘の音が盛儀を予告しました。太鼓が消防団員を招集しました。午後三時には、武装した消防団員諸氏に、文民当局、シャスネの全住民、そして近隣の他の多くの人びとが加わり、晩課 Vêpres に出席するために、シャスネの外勤司祭であるベルティニョルの司祭様の到着を待ちました。晩課は四時に行われました。晩課の後、行列が村の街路を巡りました。行列では、聖処女の全身像が若い娘たちによって担がれ、消防団員諸氏がこれを護衛し、その後に聖職者と参加者群衆が続きました。行列から戻ると、聖体の顕示とテ・デウム、次いで皇帝のための祈りと祝別式が行われました。

その後は、シャスネの村を見下ろす城館の中庭で、消防団員たちがマスケット銃による数発の一斉祝砲を放った後、城館の所有者であったアルチュール・ベルトランが皇帝の健康に乾杯を捧げ、消防団員たちが「皇帝万歳！　皇后万歳！　皇太子万歳！」の叫びでこれに答えた。夜には、消防団員たちに「文民当局」を加えた宴会が開かれたほか、「この素晴らしき日を自分たちも歓びを享受せずに過ごすことはできなかった若者たち garçons」も別に宴会を開き、「どちらの宴会でも、皇帝の健康に数多くの乾杯が捧げられ、また皇帝万歳！の声が相次ぎ、夜更けまで繰り返されました」という（Chassenay 村村長報告書、一八六二年八月二四日、A.D.A. M963）。

このように八月一五日祭においては、「皇帝の祭り」と「マリアの祭り」とがともに祝われた。そもそもマリアに「フランスの守護聖女」というナショナルな性格を与えて、ナポレオン崇拝とマリア崇拝とを結び付けることは、政府の意図するところであった。一八五七年に内務大臣が全国の県知事へ宛てた書簡には、こう記されている。「フランスの守護聖女に捧げられたこの日（八月一五日）こそ、信仰の復活の記憶と祭壇を建て直した人物の名を信徒たちの認識に想起させる日だとナポレオン一世が定めたとき、世紀初めに皇帝の祭日となった。この崇高なる希求の後継者たるナポレオン三世は、宗教的盛儀、数世紀来の伝統、そしてわが国にとって最大の恩人である第一頭領の記憶によって人びとの心のうちで不滅となったこの記念日のほかには祭日を望まなかったのだ」（Dalisson, 2004, p. 227）。ローカルな場においても、皇帝崇拝とマリア崇拝が相俟って、多くの地域住民を祭りに惹きつけた。*16ダリソンの表現によれば、八月一五日祭は、「政治的、宗教的、民俗的な三重の支えを得ていた」（Dalisson, 2004, p. 227）のである。

第二帝政期のマリアの政治性についてさらに一言付け加えれば、共和政との相違を打ち出さねばならない第二帝政にとっては、「聖母がマリアンヌ（共和国を象徴する女性像）の地位を奪った」（Dalisson, 2004, p. 217）ということができるかもしれない。しかし、ローカルなレベルで人びとがマリアをアンチ・マリアンヌとして見ていたかどうかは、なお不明とせざるを得ない。

5　農村民衆にとっての皇帝

「マリアの祭り」と交わりつつも、メナジェが指摘するように、「八月一五日の祭りは、民衆的ボナパルティズムへの誘導であると同時に、その潮流の表明の機会」(Ménager, 1988, p. 156)であった。皇帝に親愛感を抱き、彼を支持し、あるいは崇拝する民衆[*17]にとっては、この祭りは、自己の政治的感情を自由に流露させ、カタルシスを味わう格好の場であった。彼らは、消防団が担ぎ運ぶ皇帝像を歓呼の声で迎え、あるいは皇帝の胸像が飾られた広場のダンス会で「皇帝万歳」を叫び、あるいは、後に見るように、厳粛たるべき教会のなかで、司祭の意向などおかまいなしに「皇帝万歳」の声を張り上げた。こうした民衆の歓喜の意味をいま少し掘り下げて考察してみよう。シャンパーニュ地方の農村の場合、そこには次の四つの側面を指摘できるように思われる。

第一に、「秩序」のもたらし手としての皇帝への称賛である。民衆の歓喜におけるこの側面を理解するには、第二帝政に先立つ第二共和政下の政治的・社会的動揺がシャンパーニュ農村住民のうちに生み出した深い恐怖感を捉えておく必要がある。一八四八年、シャンパーニュの農村では、一七八九年の「大恐怖」に類似したパニック現象が起こっている。たとえば、一八四八年四月のオーブ県では、県庁所在地のトロワにおいて、国民衛兵指揮官の選挙をきっかけに、市立作業場の労働者を中心とする群衆と国民衛兵とが衝突する騒動が勃発したとき、県内の多数の村々から村民が、銃、股鍬、鎌、斧、棒など、思い思いの武器を手に、村ごとに隊をなしてトロワに駆けつけ、秩序回復のためにトロワの国民衛兵に合流するという事態が起こった。さらに同年六月、パリで労働者の蜂起が発生したときにもシャンパーニュ各地の国民衛兵の諸部隊が、首都の秩序回復のためにパリまで上っている。注目すべきは、どちらの事件の場合も、トロワやパリなど都市から逃れた労働者や脱獄囚・浮浪者らが群れをなし、村々を荒らし回っているとの噂が農村を駆け巡っていたという事実である（Beury, 1984, t. 2, pp. 73-96）。シャンパーニュ地方では、第一章で述べたように、「財産分割主義者」が農民から土地や穀物を奪いに来るだろうとそれまで不安をもって語られていたことを想起しよう。フランス革命期の「大恐怖」と同様に、これらの農村住民の行動は、想像上の外敵（「財産分割主義者」）の襲来に対する恐怖を解消しようとしたものであった。政治的・社会的動揺から生じた不安を克服しようとするシャンパーニュ農村民衆の態度には、ルイ＝ナポレオンこそが「革命の時代」に終焉をもたらし、「財産分割主義者」の陰謀を打ち砕き、安定と繁栄を導いたのだとする政府や名望家の言説を受け入れやすい側面が確かにある。だが、それを農村民衆の単なる反動的保守性として片付けることはできない。パリの六月蜂起直後、労働者や脱獄囚の群れが村々を荒らし回っているとの噂がオーブ県の農村を駆け巡ったとき、同県アルシ＝シュル＝オーブ郡のいくつかの村々では、「司祭と領主たちがあちこちで金をばらまいて騒動を煽っている」という噂も同時に駆け巡っていた（Ramrupt 小郡治安判事報告書、一八四八年七月一四日、A.D.A. M646）。つまり「アリストクラートの陰謀」への恐れも見て取れるのだ。この点でも「大恐怖」に類似しているが、ここには、ジョルジュ・ルフェーヴルが「大恐怖」の農民行動に看取した「革命的心性」（G. Lefebvre, 1988；ルフェーヴル『革命的群衆』一九八二年）に近い側面も見出せるのである。何にしても重要なことは、民衆独自の「秩序」観を押さえておくことであろう。名望家も民衆もともに秩序のもたらし手としてナポレオン三世を称えるとしても、革命の脅威を恐れる名望家に対して、民衆は、革命による混乱を恐れるとともに、「アリストクラートの陰謀」、あるいは政治集団という観点からすれば「正統王朝派の陰謀」の存在を信じ、それによる混乱をも恐れるという秩序意識を持っていた。一八五三年末の冬、穀物価格が高騰したときに、オーブ県スーレーヌの警察署長は、スーレーヌ小郡の「労働者階級」が穀物価格の高騰を次のように「解釈している」と伝えている。「彼ら（労働者階級）は、正統王朝派が政府を覆そうとの目的で、穀物の価格を引き上げるために、商人たちに金を払って働きかけていると言っています」（Soulaines 警察署長から検事への書簡、一八五三年一二月三〇日、A.D.A. 7U323）。民衆にとって、ナポレオン三世とは、「革命の時代」に終焉をもたらした人物であると同時に、「アリストクラートの陰謀」によるアンシアン・レジームの復活を阻む防壁だったのである。

第二に、大衆的繁栄の保証者として皇帝が称えられたという側面である。一八五二年一二月五日、サント＝サヴィーヌ村の村長は、同村での帝政復活の祝祭において村会議員団と消防団を前にした演説を行い、そのなかで「苦しみに耐える勤労階級の状況が陛下の絶えざるご配慮の対象となった」と述べ、「国民に繁栄をもたらしている」と新皇帝を称えた（Sainte-Savine 村村長報告書、一八五二年一二月六日、A.D.A. M1777）。ここに描き出されているような、大衆に繁栄をもたらす救済者としての皇帝というイメージは、シャンパーニュ地方を超えて広く農村に浸透したものと思われる。一八五一年のクーデタを境に農業は不況期から好況期へと転じ、以後第二帝政は金融変革を中軸とした農業振興策を推進して、この時代は「一九世紀最高の農業繁栄期」（中木、一九七五年、一五八頁）となった。それゆえ、第二帝政期を通じて、農村では皇帝は大衆的繁栄の保証者というイメージを保ち得たと考えられる。

第三に、祭りにおける民衆の歓喜は、彼らのナショナリズムの発現としても捉えられる。シャンパーニュ地方の県知事や郡長は、一八一四年と一八一五年に同地方が反ナポレオンの外国軍によって侵略を受けた経験が、この地方の住民に強い愛国的な傾向を生み出し、それが親皇帝感情に結び付いているとの観察をしばしば提示している。[*18] 一八六〇年代後半に見られる、この地方における反プロイセン感情のうちにも、「シャンパーニュの古き愛国心の蠢き」が指摘される（オーブ県知事定期報告書、一八六七年四月一五日、A.N. F^{1} CIII Aube 4）。一八五九年のイタリアでの対オーストリア戦争の際には、「シャンパーニュの農民は、われらが兵士たちの勝利を熱狂的に喝采し」たとオーブ県アルシ＝シュル＝オーブ郡の郡長はいう。当時の同郡の農村の様子を彼は次のように報告している。「連日、新たな勝利を告げるであろう至急報がじりじりとして待たれております。行政当局が直ちに伝える公式発表は、常に皇帝万歳の全員一致した叫び声で迎えられております。マジェンタおよびソルフェリーノの戦いは、それよりも規模の小さな戦闘同様、自然発生的な感情表明の対象となりました。かくも多くの家々が旗で飾られ、かくもイルミネーションが眩く輝き、かくも興奮が大きかったことはかつてありませんでした」（Arcis-sur-Aube 郡郡長報告書、一八五九年七月一日、A.N. F^{1} CIII Aube 4）。少々大仰な表現を含むが、ここに窺われる農民たちの姿は、八月一五日祭における彼らの姿と重なり合う。

最後に、祭りにおける「皇帝万歳」の声は、民衆のデモクラティックな欲求の発露という側面を持っていたと考えられる。一八五二年の人民投票の直後に、オーブ県バル＝シュル＝セーヌ郡の郡長は、農村住民の強い皇帝支持の感情を分析して、それは「一種の自尊心」に駆り立てられたものであり、「彼らは皇帝のうちに自分たちの業の所産を認めているのです」と記している（Bar-sur-Seine 郡郡長定期報告書、一八五二年一一月二九日、A.N. F^{1} CIII Aube 4）。ヴァイイー村の村長もまた、一八五二年の帝政復活の祝祭における村民の歓喜を伝える報告書のなかで、「皆が誇らしげでありました。なぜなら、それは彼らの皇帝、彼らの選んだ皇帝だからであります」と述べている（Vailly 村村長報告書、一八五二年一二月八日、A.D.A. M1777）。コルバンは、一九世紀のリムーザン地方を扱った国家博士論文のなかで、

「農村ボナパルティズムは、フランスの政治生活において主導的な役割を果たそうという、農民層が覚えた欲求の最初の表明」と述べているが（Corbin, 1975, t. 2, p. 843）、これはリムーザンのみならず、他の地方にもまた当てはまることであろう。農民層のこうしたデモクラティックな欲求が「民主的独裁césarisme démocratique」という政治形態に結び付かざるを得なかったところに、フランス近代農民史の重い問題がある。

八月一五日祭は、国家の指導の下、村長・村会の主導で組織された祭りではあったが、そこには民衆も、少なくとも右に見てきたような意味を〈皇帝〉というシンボルに自ら込めて、主体的に参加していた。その意味で、「皇帝の祭り」はまた「民衆の祭り」でもあったのだ。

6　制度化以前のボナパルト崇拝の祝祭的表現

そもそも「国民祭」が国家によって組織される以前から、農村のボナパルティズムは祝祭的に表現されていた。一八四八年一二月一〇日の大統領選や一八五一年の人民投票では、ボナパルトへの投票という行為は、村によってはまさしく一つの祭りにほかならなかった。マルヌ県のオジェ村における一八四八年の大統領選の様子を当時の地元新聞『ジュルナル・ド・ラ・マルヌ』は次のように伝えている。

オジェでは……鐘が打ち鳴らされ、ラッパが吹き鳴らされて、有権者を集合させた。二〇〇人が集まった。ルイ＝ナポレオン万歳の声が沸き上がる。国民衛兵の一士官がルイ＝ナポレオン・ボナパルトの声明文を読み上げた。そして、国民衛兵指揮官によって率いられ、村長、助役、司祭を先頭に立てた隊列が、アヴィーズ（投票所の設けられた町）へと向かい、投票を行った。次いで皆がオジェに戻ってくると、グラスを配して食卓の準備が整えられた。フランスと未来の共和国大統領ルイ＝ナポレオン・ボナパルトのために数度の乾杯が行われた。ほとんど疲れを知らぬ一行は、午後には、ナポレオンとその甥の二つの胸像を先頭に立て、メニル＝シュル＝オジェへと出発し、晩課までには戻ってきた。

（F. Lefebvre, 1981, p. 603）

一八五一年一二月の人民投票については、クーデタ直後にフランス中・南部を中心に発生した蜂起が壊滅して「民主＝社会主義派」（山岳派）への大量弾圧が展開されるという抑圧的状況のなかでそれが行われたことがしばしば強調されるが、一部の都市を除けばクーデタへの抵抗運動の起こらなかったシャンパーニュ地方では、この投票が祝祭の様相を帯びた地域もあった。オーブ県ノジャン＝シュル＝セーヌ郡初審裁判所の検事の報告に基づいて、パリの検事長は、同郡の農村における投票の様子を次のように伝えている。

投票の集計結果を音楽と太鼓で祝うコミューンもあれば、皇帝の胸像を担いで練り歩くコミューンもありました。投票壺にたった一票だけ〝否〟の票が見つかったコミューンでは、村庁当局は、誰の筆跡か確かめようとした群衆からその投票者を救うために、急いでその投票用紙を破り捨てねばなりませんでした。

（Price, 1972, p. 322）

ルイ＝ナポレオン支持に当たっての村民の全体一致志向も関心を引くが、ここでは農村ボナパルティズムの祝祭的表現に的を絞ろう。すでに述べたように、一八五二年に八月一五日祭が制度化されるわけだが、この制度化の前から、自発的にナポレオン一世の生誕日を祝う者も存在していた。そのなかでも、オーブ県のブリエンヌという町に居住していたポワトリモルという名の木挽き scieur de long の例は興味深い（以下、この人物に関して用いた史料は、すべて A.D.A. M964 に収められている）。彼の存在が県当局に知られたのは、彼がナポレオン一世の生誕日を祝う祭りを自費で行っていることを記した彼自身の手紙（一八五一年七月三〇日付け）に、ブリエンヌ町長や近隣数カ村の村長らの署名が連なる、彼のその行為の証明書を添えて、大統領ルイ＝ナポレオンその人へ送りつけたことによってであった。大統領へのこうしたアピールの動機は、大統領から金銭的援助を引き出そうとするところにあろうとブリエンヌが属するバル＝シュル＝オーブ郡の郡長は推測している。県当局からこの人物の調査を命じられた同郡長の報告書（一八五一年九月二日付け）には、「ポワトリモルなる者は、すでに（一八四八年）一二月一〇日の選挙以前から、彼の住む家の扉に、ルイ＝ナポレオン万歳と文字の入った立て札を立てており、選挙以来毎年、八月一五日を祝っております」とある。件の人物は、「財産は何もなく、その仕事は子だくさんの家族をどうにか養い得る程度」と同報告書は伝えるが、こうした境遇にもかかわらず、彼は、彼自身の言によれば、「祭りを続けようとできる限りの節約をし」たのだという。地域の名士たちの署名を伴った彼の行為証明書にはこう記されている。

ポワトリモル氏は、大統領閣下がその任に就かれて以来、八月一五日には、われわれの許可を得て、閣下のために華やかな祭りを催すことを欠かしませんでした。彼は、祭りの数日前になると、ブリエンヌのみならず近隣のコミューンにも祭りを告げる張り紙を出させました。彼の家の前では、費用は彼もちでダンス会が開かれ、そこには、イルミネーションと数え切れない紙提灯とによって夢幻的な光景を呈する凱旋門を建てました。

熱狂的ナポレオン崇拝者であっても、けっして豊かとはいえない人物が一人でここまで奮闘するとは、尋常ではない。これはかなり特異な、奇人ともいえる人物であったと見るべきであろうが、行為証明書の署名に窺われるように、彼の行為が地域の名士たちに好意的に受け止められていたようであることは注目してよい。

以上のような、民衆のうちにすでに存在していた、ボナパルト崇拝の自発的な祝祭的表現を国家が制度化したものが八月一五日祭であると捉えることもできよう。しかし、そうした制度化にもかかわらず、皇帝という存在が、先に述べたような意味で、地域民衆の価値や願望のシンボルであり続けたがゆえに、祭りは民衆にとってかたちだけの空疎なものにはならなかった。こうして見る限りでは、八月一五日祭は、国家と「地域性」とのきわめて密接な文化的接合が実現し得た一つの場であったといえよう。

だが、なお残る問題は、この接合がはたして国家の企図どおりに実現したのかということである。次節ではこの問題へのアプローチを試みることにしよう。

7　祭りの不協和音と「国民化」

八月一五日の「国民祭」を定めた一八五二年二月一六日の政令に読み取れるところでは、この祭りの眼目は、「国民的栄光」の感情の下に、「市民間の不和」を解消し、「全人心を統合する」ことにあった。そして、「国民的栄光」を掲げる皇帝へと大衆の政治的感情を帰一せしめる装置としての祭典において、帝政権力は、神に感謝を捧げる宗教儀式をその核たるべきものとして設定した。中央政府や県当局からの通達の指示にあるように、司祭の主宰するこの儀式には、地域住民が——規定の上では「地域住民の全代表が」ということになるが——一体となって集わねばならない。「革命の時代」「党派の時代」が終焉したいまは、「国民的和合」の姿が、全国の市町村単位で実現されねばならなかったのである。

結論からいえば、国家のこうした意図は、必ずしも十全に実現されたのではなかった。地域社会のソシアビリテのありように根差した「ローカルな政治文化」の構造が、帝政権力の企図に沿ったかたちで祭典を実現させる方向には必ずしも作動していないのである。

農村において国家の企図に歪みを生じさせたのは、地域社会の関係網のうちに包含されていた軋轢であった。シャンパーニュ地方に関する史料から確認できるそうした軋轢としては、第一に、村庁権力をめぐるローカルな派閥抗争を指摘できる。たとえば、一八五三年トルヴィリエ村では、村長ブレーズに敵対的で「常にコミューンのうちに不和の種を蒔いてきた」村会議員の全部と消防団のほとんどが、村長の招集したテ・デウムに参加しなかったことを、村長が消防団員中の欠席者一七名のリストを添えて、県当局に報告している(Torvillier 村村長報告書、一八五三年八月一八日、A.D.A. M962)。一八六五年のサン＝ブノワ＝シュル＝ヴァンヌ村では、村会が二つに分裂しており、反村長派の村会議員たちは、祭りには参加しつつも、村長に対して距離を置いた行動を取っている。祭りに先立つこと五日前の村会で、村長ベルナールは、「八月一五日、皇帝のための儀式には、午後三時に村会が一体となって役場に集合し、そこから教会に向かう」よう要請した。しかし、村会一体を演出しようとの村長の願いも空しく、当日その時刻にやって来た村会議員はわずか二名で、他の村会議員は皆、役場の隣にある彼らの一人の家に集合し、そこから村長たちよりも先にうち揃って教会に出かけたという。さらに夜には、村長の「友人の名士たちによって組織された」宴会とは別に、反村長派の村会議員八名を集めた「第二の宴会」が開かれたことを村長は伝えている（Saint-Benoit-sur-Vannes 村村長報告書、一八六五年八月一八日、A.D.A. M963）。また、一八六七年のヴォシャシ村では、全村会議員が、テ・デウムには出席したものの、村長コレと助役が先頭に立った行列に加わることは拒絶し、村長主催の宴会にも出席しなかった。宴会後、この村長は、村長派の消防団員を引き連れ、太鼓を打ち鳴らして、村長自身の言によれば、「住民が村長・助役万歳を叫ぶ」中を練り歩いたという（Vauchassis 村村長報告書、一八六七年八月一六日、A.D.A. M963）。

第二帝政下には村長は県知事による任命制であることはすでに述べたが、シャンパーニュ地方の県当局は、第二帝政期を通じて、村長の候補者選びに苦労していることをしばしば中央に報告している。この地方は小さなコミューンの数が多く、そうしたコミューンでは村長の職務にふさわしい卓越した人物を見出すことが難しいと県知事の報告書は訴えている。[*19] オーブ県アルシ＝シュル＝オーブ郡の郡長の一八五九年における指摘によれば、この地方の大半のコミューンでは、「村会議員の誰もが、村長に対して、少なくとも同等との意識を持っており」、彼らは、「皆が平等に権利を有すると信じている地位」が国家によって彼らの仲間のうちの一人に与えられることに不満を持っているという（Arcis-sur-Aube 郡郡長定期報告書、一八五九年七月一日、A.N. F[1] CIII Aube 4）。シャンパーニュ農村の社会構造と帝政の行政制度が相俟って、シャンパーニュの農村では、コミューン内部に村庁権力をめぐっての派閥抗争を生み出しやすい傾向が生じていた。村会が一体となって参加すべきことが求められた八月一五日祭のうちに、そうした派閥抗争が村長主導の式典・行列・宴会などへの不参加や非協力的態度というかたちとなって現れた例は少なくないのである。八月一五日祭は、国家権力を背景にした権威を村民に誇示できる格好の場であっただけに、同等意識を持つ者どうしの派閥抗争が表面化するにもうってつけの機会だった。

もう一つシャンパーニュ地方の史料のなかから明確に聞き取れる不協和音は、司祭と村民との間に奏でられたそれである。他の地方同様、シャンパーニュでも、この時期、学校建設問題や教区聖堂の修復問題などをめぐって、また村民の日常生活や民衆宗教への司祭の厳格な干渉によって、多くの村で村民と司祭との間に対立が生じ、村民のうちに反教権主義的な傾向が醸成されていたことを示す史料は数多く存在する。*20 一八六一年のブリニィ村では、こうした対立関係が八月一五日祭に顕現した。オーブ県バル＝シュル＝オーブ郡初審裁判所検事の報告書によると、「村長および村民の大半と長らく不和であった」この村の司祭は、八月一五日に先立つ日曜日と当日の朝に、「聖務中は、〔皇帝万歳を叫ぶ〕騒々しい感情表現を慎むよう住民に促し」たという。こうした司祭の態度は、例年の祭りでは、住民たちが司祭の意向など頓着せずにミサやテ・デウムの最中に「皇帝万歳」の声を張り上げていたことを窺わせるものである。祭りの当日、教会に集まった村民たちのうち幾人かが、テ・デウムが終わるやいなや、教会のなかで「皇帝万歳」を繰り返した。検事によれば、この司祭は、「皇帝政府に対して何ら敵対的な意見を持っていない」人物ではあったが、村民たちのこうした態度に対して、「奴らは奴らの皇帝に御執心だわい Ils courent donc après leur Empereur」との言を吐き、彼の面前でしつこく「皇帝万歳」を叫んだ一人の村人を罵り、はては、この騒ぎとは何の関係もなかった村長と助役をも罵って、村人による憲兵への通報から、公職者侮辱罪の疑いで、この司祭に検事当局の捜査が及んだのであった(Bar-sur-Aube 郡初審裁判所検事報告書の写し、一八六一年八月二二日。この事件については、Outre-Aube 憲兵班長報告書、一八六一年八月一八日も参照。ともにA.D.A. 7U323)。

村長・村民との日常的な対立が背景にあって、「皇帝政府に対して何ら敵対的な意見を持っていない」司祭が起こした「事件」だが、司祭が祭りのありように不満を抱いていたことは十分に窺える。司祭が吐いた言葉は、所有形容詞ではなく定冠詞の付いた「皇帝」あるいは「われらが皇帝」ではなく、皇帝を突き放したかのような「奴らの皇帝」という表現を使ってはいるが、反皇帝の感情を思わず吐露したというようなものではなく、自らが司る聖務の厳粛さを熱い政治的感情を逆らせることによってぶちこわしにする民衆への苛立ちのこもった皮肉と見るべきものであろう。メナジェは、八月一五日祭は、マリア信仰の祝日と重なりはするものの、むしろ「世俗的な着想による」祭りという性格が優越していたと指摘する(Ménager, 1988, p. 157)。一方ハザリーシンは、八月一五日祭のうちに正統な宗教とは別個の一つの「市民宗教」の現出を見て取っており、多くのローカルな聖職者がこの「市民宗教」に脅威を見出していたという(Hazareesingh, 2004, p. 175)。「市民宗教」という表現が適切かどうかは議論の余地があるが、いずれにせよ民衆の皇帝崇拝の感情が聖職者の統制に必ずしも収まりきるものではなく、そのことがまた司祭と村民との軋轢を深めていたことは右のような事件に明瞭に看取できよう。

ブリニィ村の司祭の場合は、親皇帝感情を抱く村民とは不和であったにしても、皇帝に対して敵意を表する者というわけではなかったが、第二帝政前半期の教会と帝政のいわゆる「蜜月体制」には、フランスのイタリア政策をめぐる教皇庁およびオーストリアとフランスとの軋轢によって亀裂がもたらされることになり、これ以後は村の司祭のうちに、はっきりと帝政政府のイタリア政策を批判する者が現れるようになった。一八五九年七月、オート＝マルヌ県ラングル郡の郡長は、次のように県当局へ報告している。

小教区司祭 desservants のなかには、フランスのイタリア政策への非難を表明した者たちがいたようです。彼らは、オーストリア皇帝こそ教皇庁の主権の真の擁護者であるとし、その力を称えてフランスの力をおとしめ、〔オーストリアとの〕戦争は冒瀆的企てだというように近いことをいい、正当なる報いとして戦争には敗北するであろうと告げているとのことであります。

(Langres 郡郡長定期報告書、一八五九年七月一日、A.N. F[1] CIII Haute-Marne 5)

こうした司祭たちの態度に呼応するかのように、一八五九年五月(オーストリアとの戦争の最中)には、「聖職者たちがオーストリア人たちのために募金を行ったとの噂」がオーブ県エソワ小郡に広まっている(オーブ県知事報告書、一八五九年五月二八日、A.N. F[1] CIII Aube 9)。オーストリアとの戦争は、聖職者は皇帝の敵であるというイメージを農村民衆の心性のうちに鮮明に立ち上がらせたのであった。

しかし、農村に流布した噂をさらに探ってみると、教会と帝政の「蜜月体制」が崩れる以前から、農村では聖職者について不穏な噂が流れていたことが分かる。一八五三年六月二三日、マルヌ県バイユ村のゲランなる人物のもとにパリにいる衛生兵の息子から届いた一通の手紙を発端にして、パリ大司教を首謀者とする「皇帝の命を狙った陰謀」が発覚し、パリ大司教を始め、多数の逮捕者を出したという噂が、その日のうちにバイユ村のみならず近隣の村々にも広まるという出来事が起こっている(Paris 検事長報告書、一八五三年八月二七日、A.N.BB[30] 435)。フランソワ・プルーによれば、パリ大司教シブールを中心とした「聖職者による皇帝暗殺の陰謀」を語る噂は、一八五三年の後半には、マルヌ県に留まらず全国規模で流布したという[*21](Ploux, 2003, p. 201)。こうした噂が広範に広まったのも、「皇帝に対する聖職者の陰謀」を現実にあり得るものと見なす精神的な土壌が広く形成されていたからであろう。その土壌とは、すでに触れた、聖職者が貴族層と結託して帝政を打倒しアンシアン・レジームの復活を企てているという「アリストクラートの陰謀」なる観念である。この観念は、第二帝政期においては、執拗に民衆の心性にとり憑き続けたように思われる。たとえば、バル＝シュル＝オーブ郡憲兵隊指揮官補佐の報告によると、オーストリアとの戦争から三年後の一八六二年に、オーブ県のブリエンヌ＝ナポレオンという町の二軒の旅籠で、一人の生地行商人が次のような言葉を公然と人びとの前で言い放ったという。「間もなくオーストリアと〔また〕戦争になるだろう。聖職者と貴族が皇帝を倒そうとしており、〔オーストリア側に〕必要な金を提供するだろう[*22]」(Bar-sur-Aube 郡憲兵隊指揮官補佐の報告の写し、一八六二年二月二一日、A.N. F⁷ CIII Aube 9)。プルーによれば、第二帝政期に農民の間に流布した噂からは、「皇帝の存在が敵対者の敵意によって常に脅かされているようだという観念は、農民のうちにあって、ほとんど強迫的な性格を呈するものであった」(Ploux, 2003, p. 196)ということが読み取れ、とりわけ「聖職者は、単独犯であれ共犯であれ、皇帝の主要な敵対者と見なされた」(Ploux, 2003, p. 200)という。第二帝政下の農村民衆の想像界においては、聖職者が常に皇帝に対すると同時に自分たちにも陰謀をめぐらす主要な〈敵対者〉と見なされていたと考えられる(穀物価格の高騰を引き起こすことで体制の転覆が図られていると信じる「アリストクラートの陰謀」もしくは「正統王朝派の陰謀」の観念を想起されたい)。プルーは「ナポレオン三世の治世下では、アリストクラートの陰謀の神話の目を見張る再来が見て取れる。飢饉に見舞われた諸県のほとんどでは、貴族の代理人やさらに徹底しては聖職者の成員が、小麦を買い占めたり、収穫物を〔川や海へと〕廃棄したりしたとして非難された」と指摘する[*23](Ploux, 2003, p. 218)。八月一五日祭のうちに顕現した、村民と司祭の軋轢には、このように聖職者を皇帝と自分たちに対してひそかに陰謀をめぐらす〈敵対者〉と見なす村民の想像力の働きもおそらくは介在している。祭りでは親皇帝感情に基づく村民の政治的アイデンティティは、皮肉なことに「国民的和合」のための宗教儀式を担う司祭に対する敵対的感情によって強められることもあったのだと言えよう。

こうして、地域住民の皇帝支持の感情が、祭りを通じて集団的に確認され、あるいは強化されるにしても、それが帝政国家の構想とは異なるかたちで実現してしまう場合もあったことに注目しておきたい。

以上見てきたように、八月一五日祭は、民衆のうちにあるナポレオン崇拝の伝統を、国民国家の統合のために、「国民的栄光」の原理に基づいた〈ナポレオン的伝統〉へと吸収しつつ、国家によって創出されたこの〈ナポレオン的伝統〉を国民の〈民俗〉のうちに根付かせようとした、国民的政治文化の形成の一つの試みであった。同時にこの祭りは、メナジェが指摘するように、ルイ＝ナポレオンの大衆的人気の維持・強化を図るべく組織された、帝政権力のプロパガンダ装置の一環を成すものであった。

こうした構想の下に制定された「国民祭」は、任命制の県知事・市町村長を配置した、きわめて集権化された統治機構の回路を通じて、全国にわたって組織化されていった。そして、村レベルでは、国家の構想と地域社会とをつなぐ「文化的媒介者」たる村長の主導の下に祭りが組織され、地域社会のうちにすでに存在したボナパルト崇拝の自発的な祝祭的表現が制度化されていくことになる。しかし、皇帝は、農村民衆の価値や願望のシンボルとして彼らの世界に根付いていたがゆえに、八月一五日祭は、民衆にとって空疎な祭りとはならなかった。こうして、八月一五日祭は、国家と「地域性」とのきわめて緊密な文化的接合を実現させる場と成り得たという点で、フランスの政治儀礼史上、画期的な意義を持つ。さらに、この祭りでは、国家によるいくつかの指示はあったものの、多くの側面が地域住民の主体的実践に委ねられていた。地域住民は、コミューンの祝祭的伝統に則りつつも、そこにボナパルト的・国民的要素(皇帝像、三色旗、セント・ヘレナ勲章受領者への敬意表明など)を組み込んでいった。ハザリーシンの指摘するように、八月一五日祭は、ナポレオン的国家の制度や価値の地域住民による受け入れにとってと同時に、コミューンというローカルな圏域の自発的で創造的な祝賀行為にとってもフォーラムを提供したのであり、その意味で「ナショナルな政治文化とローカルな政治文化との絡み合い」という現象を出来せしめたのであった。

しかし、さらに踏み込んで、その「絡み合い」という現象がいかなるあり方をしていたかを問う必要がある。国家的レベルで形成される「ナショナルな政治文化」と「地域性」の習俗として生きられ地域社会において日常的に繰り返し確認される「ローカルな政治文化」との「絡み合い」は、必ずしも整合的・調和的ではなく、むしろ矛盾内包的なものであった。八月一五日祭は、地域社会のソシアビリテと密接に連関する「ローカルな政治文化」に沿いつつ執り行われたのであり、その結果必ずしも国家の企図に合致するかたちで実践されることにはならなかった。地域社会の関係網のうちに包含されていた、村庁権力をめぐる派閥抗争や地域住民と司祭との軋轢が、地域社会での祭りの実践と国家の企図との間にズレを生じさせたのだ。帝政国家による国民的政治文化の形成の働きかけは、「ローカルな世界で賭けられているもの」(ヘゲモニー、権威、名誉、社会的地位・序列など)に合わせて再解釈されたのである。このことはまた、国家による国民的政治文化の形成の働きかけが全国の全市町村に及んで行われる中、八月一五日祭を「国民的栄光」を継承・体現する皇帝を称賛する祭りと意味づけるといったような「ナショナルな政治」の定型要素（言説・象徴・制度など）が、地域社会の関係網のうちに包含されていた対抗関係を生きる当事者たちによって、この対抗関係のための戦略的な〈道具〉として用いられたことを意味するものでもある。[*24]

だが同じことを異なる角度から見れば、国家による国民的政治文化の形成の働きかけが「ローカルな世界で賭けられているもの」に適合するように再解釈が成されたからこそ、言い換えれば「ナショナルな政治」の定型要素が地域社会の関係網のうちに包含されていた対抗関係を生きる当事者たちによって〈道具〉として用いられたからこそ、この「ナショナルな政治」の定型要素が「ローカルな政治文化」を習俗とする人びとの織り成す関係網のうちに深く組み込まれることが可能になったのだとも言える。「ナショナルな政治」は、「ローカルな世界で賭けられているもの」に適合するように再解釈され、ローカルな対抗関係を生きる当事者たちによって「道具化」されることで屈折する。こうした屈折を伴いながらも、と言うよりはむしろ屈折を伴っていたからこそ、「ナショナルな政治」の定型要素は強い情動喚起力を帯びつつ「ローカルな世界」に深く根付いたのだ。ここに、地域社会構成員の「国民化」の一局面が窺える。第二帝政期の「国民祭」のうちに垣間見えるのは、国家の企図と「ローカルな世界」における現実との間に齟齬を来たしながら、「ローカルな世界」の深部で進行する「国民化」のプロセスの一局面であると言うこともできるのである。

第七章　一九世紀末第三共和政下の共和主義的祝祭

1　第三共和政の儀礼戦略

一八八〇年代から二〇世紀初頭にかけてのフランスにおいては、民主的・世俗的共和国の下での共和主義的「国民」の形成という課題の実現に向けた営為が意識的に進められた。そうした営為の中でも、この時期の公教育の改革には、歴史研究者の大きな関心が寄せられてきたが、同時期に創出され挙行された数々の公式祝祭もまた、この課題の実現の期待を託された諸制度の重要な一環として注目しなければならない。

一八七〇年代における王政復古の可能性の脅威を乗り切ったフランス第三共和政は、一八八〇年前後を境に確立期を迎える。選挙によって勝利を収めた共和派は、このとき以降、共和政フランスの起源としてフランス革命の記憶を人びとに喚起し、この記憶の下に国民統合を図ることに努めていった。それは、「ラ・マルセイエーズ」の国歌採用(一八七九年)、三色旗の軍隊への授与式や「国民祭日」における公共施設への掲揚など、フランス革命に起源を持つシンボルの配置や操作を通じて、また学校における歴史教育を通じて行われたほか、大革命の諸事件を記念したり、あるいはそれらの記憶に準拠した諸々の祭典を挙行するという儀礼戦略のかたちでも展開したのである。

バスティーユ襲撃の記念日七月一四日を、毎年の「国民祭」の祝日と定める法が公布されたのは、一八八〇年七月六日のことだが、その経緯については、のちに少しく触れることにしよう。フランス革命一〇〇周年に当たる一八八九年には、七月一四日祭に留まらず、五月五日、六月二〇日、八月四日、九月二一日に、それぞれ全国三部会の開催、球戯場の誓い、封建的諸特権の廃止、ヴァルミーの戦勝および第一共和政の宣言といった革命期の諸事件を記念する祝典が、万国博開催下のパリやヴェルサイユを舞台として催され、地方でも様々な行事が繰り広げられた。とくに五月五日に際しては、革命一〇〇周年の祝賀が県知事を介して全国の市町村に求められた(Ory, 1984)。また一八九二年には、議会の決定により、第一共和政宣言一〇〇周年祭が、「国民祭」の名称の下に祝われている(Ihl, 1996, pp. 128–130)。さらに、フランス全国の市町村長をパリに招く大宴会が、一八八九年と一九〇〇年に催された。前者は、フランス革命一〇〇周年を祝うために、一七九二年のパリ民衆蜂起の記念日に当たる八月一〇日に開催するべく(実際は八月一八日に延期されるが)、パリ市の主催で企画された宴会であり、後者は、開催中のパリ万国博の成功を祝うとの名目で、第一共和政宣言記念日の九月二二日に共和国大統領の主催で開かれたものであったが、全国約三万六〇〇〇人の市町村長のうち、それぞれおよそ一万一〇〇〇人と二万一〇〇〇人の参加を見た。これらのいわゆる「市町村長の宴会」を企画した共和主義者たちは、一七九〇年の連盟祭に準拠を求め、フランス全土から首都へと結集する人びとがいまや国民衛兵から普通選挙を基に選出された市町村自治体の首長へと替わり、「食卓が祖国の祭壇に取って代わった」(Sanson, 1976, p. 45)とはいえ、国民統合のための新たなる連盟の儀礼としてこの宴会を性格付けていた[*1](George, 1994, pp. 159–167 ; Ihl, 1996, pp. 208–220)。

こうして一九世紀最後の約二〇年間にフランスにおいては、現体制を大革命の正統な後継者として位置付ける系譜性を打ち出すとともに、共和政フランスの起源たる大革命について国民共通の記憶の編成を図るという狙いの下に、大革命の記憶を選択的に喚起しようとする諸々の祝祭が組織された。このような祝祭のほかに、パリで開催された万国博や、一八九八年に政府が全国の市町村に実施を呼びかけたミシュレ生誕一〇〇周年の祝賀、さらに一八八五年のヴィクトル・ユゴーの国葬なども含めて検討するとき、一九世紀末にフランス共和国という国民国家が推進した儀礼戦略の全体像が浮かび上がってこよう。だが、本章の目的は、こうした全体像を捉えることにあるのではない。本章において注目したいのは、共和政国家によって制度化された公式祝祭のうちに、地方の共和主義者たちによる共和主義的「国民化」に向けたローカルで多元的なイニシアティヴが交錯している点である。「国民化」というプロセスには、国家次元で構想され、国家によって推進される局面のみならず、社会の多様なレベルから自発的に現出し展開する局面もあるが、一九世紀末のフランスにおける公式祝祭には、これら双方の動きの交錯が見て取れる。本章においては、七月一四日の「国民祭」を中心に[*2]、一八八九年五月五日のフランス革命一〇〇周年祭や一八九二年九月二二日の第一共和政一〇〇周年記念の「国民祭」といった、一九世紀末にほぼ全国的な広がりを持ち得た公式祝祭を主な対象として、政権を掌握した共和派による共和主義的「国民」形成を目的とした祝祭政策の展開というヴェクトルと共和主義的「国民化」へ向けてローカルな場から自発的に現出するヴェクトルとの複合の様相を考察することが目的の一つである。

さらにまた本章では、共和主義的「国民」の形成を目的として制度化されたこれらの祝祭が、実際に祭りの行われたローカルな場において持ち得た意味について考察を試みる。これらの祝祭は、ローカルな場に生きる人びとの権力関係やソシアビリテとどのように関わったのだろうか。公式祝祭を通して、共和主義的「国民化」というプロセスが地域社会において意味したところにアプローチしてみよう。本書の目的からして、ここでは主に農村の事例に注目することになるが、確立したばかりの第三共和政にとって、農村は特別な重要性を持っていた。すなわち、この共和政にとって、人口のなお七割を占める農村住民の掌握は、その安定的存立を左右する問題であり、伝統的名望家や聖職者の影響力から彼らを引き離し、農村住民の共和国への帰属意識を強化することは、当時の共和派には最重要の課題として認識されていたのだ。だが、農村住民の「国民化」というプロセスを、「地域的共同体への帰属意識を包括的共同体としての「一体不可分の共和国」フランスへの帰属意識に置き換える」（田中、一九九〇年、一二四頁。傍点は筆者）過程として、あるいは前者の帰属意識から後者の帰属意識への移行の過程として捉えるという前提に立っていては、農村住民の「国民化」について正確な理解は得られまい。むしろ問われねばならないのは、「国民化」のプロセスでは、〈ローカルなもの〉と〈ナショナルなもの〉とがどのように接合するかということである。その点では、本章は、「ナショナルな政治文化」と「ローカルな政治文化」との矛盾を内包した接合の様相を捉えようとした前章と基本的に同一の視座に立つ。

2　「国民的」共和主義祭典の構想

政権を掌握した共和派は、共和国の「国民的」祝祭をどうあるべきものとして構想したのだろうか。

一八八〇年から世紀の変わり目にかけての共和派による祝祭政策の基本的特徴について、まずは考えておきたい。

選挙によって共和派が勝利を獲得して間もない一八八〇年、共和政の体制安定のために、共和派はこの政体の永続性が象徴的に保証されることを強く望んでいた。そのために「国民的」儀礼が追求される。歴史家ロズモンド・サンソンは、「共和派は、市民祭典の魔術的な効力を信じていた」とまで表現する（Sanson, 1976, p. 32）。そうした共和派の心情や信念が、七月一四日の「国民祭日」の法制化を実現させることになる。七月一四日を「国民祭日」とするという法案は、そもそもセーヌ県選出の「極左派」下院議員バンジャマン・ラスパイユが、主に急進共和派を中心とする六四名の下院議員の署名を得て同年五月二一日に議会に提出したもので、議会内の議員提出法案発議第二〇委員会で法案として採用する決議が出されたのち、六月八日下院にこの決議が報告され、緊急審議を経て可決を見た。次いで、上院が承認し、七月六日に法が公布されたのである（Sanson, 1976, pp. 31–32 ; Bois, 1991, pp. 147–155）。下院で法案発議委員会の決議の報告を行ったのは、法案署名者の一人でもあった急進共和派議員アントワーヌ・アシャールだったが、アシャールは、共和国が「国民祭」を持たぬことは、共和国を「一種の臆病な無個性状態」に留めおくことにほかならず、そこからの脱却は「普通投票で選出された者たちの義務」であると説いた。「現代の人びとに彼らの歴史の記録と彼らの父祖の英雄的徳行を想起させる市民祭典の制度を無視することは、民衆の本能と社会の欲求をともに理解しないこと」だと主張して、共和派の占める議場左翼からの喝采と保守派の陣取る右翼からの嘲笑と野次を浴びたアシャールは、こう言葉を続ける。

集団的な感情表現を通じて市民の精神が鍛え直され、引き締められて、そこで人びとの心が友愛的に結び合い、誰もが生きてゆくための辛い闘いを忘れて、愛国的な連帯の抗し難い雰囲気へと溶け込んでゆく。そうした集団的感情表現に共和国の市民を駆り立てる感情こそ、気高く、また抑え難いものではありませんか。[*3]

このような弁明からは、「愛国的」「友愛的」連帯による市民相互の紐帯の強化、父祖の「英雄的徳行」を想起し模範的価値として内面化することによる大衆の公民精神の高まりが、市民祭典の「魔術的効力」として期待されていることが窺えよう。こうした期待は、これ以降も、フランス革命一〇〇周年や第一共和政一〇〇周年の記念祭、あるいは「市町村長の宴会」といった一九世紀末の諸祭典の創出を促す基本的動因となろう。

父祖の行為を記念する「国民祭日」の象徴性は、この期待に相応するように仕立て上げられる。歴史の解釈は、まさしく「権力抗争における象徴的資源」(Ihl, 1996, p. 132)となるのだ。七月一四日祭の制定が議論されていた頃、フランス革命の記憶は大きくは二分化されていた。共和派にとって革命は〈暗黒の旧時代からの解放〉であり、〈自由の母体〉を意味するものであったのに対し、王党派や教権派にとって革命は〈虐殺と恐怖政治〉の同義語に他ならなかった。後者の人びとにとっては、一七八九年七月一四日も、革命の「栄光ある前奏曲」(アシャール)などではなく、少数のバスティーユ守備兵に対する群衆による殺戮の光景が繰り広げられた、恐怖政治の予兆としてイメージされる日であった(Amalvi, 1984, pp. 424–429)。共和派が創出したバスティーユの暗黒伝説とその襲撃の黄金神話に反発し、七月一四日を「国民祭日」化することに反対する保守派に対して、共和派は、七月一四日祭が、バスティーユ襲撃という「自由」のための民衆の闘争を記念するのみならず、もう一つの「七月一四日」、すなわち一七九〇年七月一四日の連盟祭という国民の「友愛的」「愛国的」祭典を記念するものでもあることを強調して、保守派の反発を封じようとした。アシャールは、前述した下院での報告において、バスティーユの襲撃が「古き世界を終わらせ、社会革新の扉を開くことによって新しき世界を創始した」と述べる一方、「人種も出自も様々で、習俗も、言語も、法も異なり、それまで互いに無縁であった諸住民を、共感し合える触れ合いへと導き、平和的な大集会に集わせ、つまりは互いに知り合い、愛し合うことを学ばせることにより、連盟祭は、不滅の基盤の上に祖国の統一を据えた」のだとも述べて、七月一四日祭が、これら双方の出来事を記念する「自由と祖国の祭典」であることを強調した。上院では、歴史家として名高いアンリ・マルタンが、アシャールと同様のテーマを開陳したが、この老共和主義史家は、バスティーユ襲撃の記念と連盟祭の記念という「七月一四日」の二重の象徴性のうち、「一滴たりとも血を流さず、全フランスの統一を確立した」一七九〇年の記憶の方を強調して、七月一四日の「国民祭日」の制定をこう上院議員たちに訴えたのである。

諸君の中には、前者〔一七八九年〕の七月一四日に対してはためらいを覚える者がいるとしても、後者〔一七九〇年七月一四日〕にはよもやそのようなことはありますまい。われわれを分かつ対立が何であれ、それがどんなに深かろうとも、その対立を超越するものがあるのです。それは、われわれ皆が望む国民統一の偉大なるイメージであり、そのためになら、必要とあればいつでも死ぬ覚悟で、われわれは皆立ち上がることでありましょう。

（Bois, 1991, pp. 150–151 ; Sanson, 1976, pp. 33–34）

七月一四日の「国民祭」について連盟祭の記念という意味が強調されることに対して、そもそも法案の提出者たちは、一七八九年七月一四日の記念祭を要求したのだと力説するカミーユ・ペルタンのような急進派の下院議員もいたが、彼にとっても、共和国の祝祭が、「自由の擁護」と同時に「祖国の団結」のための祭典となるべきことに異論はなかった（Bois, 1991, p. 151）。「祖国」は普仏戦争の敗北に傷ついており、国民共同体が自信を回復し、凝集力を発揮せねばならないという思いは、急進派と穏健派の政治路線上の対立を越えて、共和派全体に共有されていた。とはいえ、「七月一四日」について、平和的祭典の記憶の方に力点を置いて、闘争の記憶を希薄化させることは、共和政の下での安定的な秩序の構築を第一義と考えて「国民的和解」を標榜する「オポルテュニスト」たち（穏健共和派）の秩序志向に適うものであった。第三共和政の政権を掌握するに至った「オポルテュニスト」たちは、一七八九年七月一四日の〈自由の到来〉の神話に乗じ、七月一四日祭の制定を実現させることでフランス革命の精神的遺産の正統な相続人として見られることを望む一方、一七八九年の民衆蜂起の記憶を一七九〇年の「友愛」と「統一」の幻影で封じ込め、共和政秩序への広汎な大衆の掌握を図ったのである。サンソンの指摘するように、「まだ躊躇している田舎の人びとや、民主的冒険主義に不安を抱いているすべての人びとを安心させ、共和主義の大義に捉え込むために、一七九〇年が依拠されたのだ」（Sanson, 1976, p. 36）。これ以後は、革命期の民衆蜂起や流血の記憶を喚起する日に国家レベルで祭典が組織されることはない。革命一〇〇周年祭において国家が祝典を行ったのは、すでに述べたように、全国三部会の開催、球戯場の誓い、封建的諸特権の廃止、ヴァルミーの戦勝、そして第一共和政の宣言を記念する日であり、国民どうしの流血の対立を想起させることのない画期的出来事やナショナリズムを掻き立てる戦勝が記念されたのである。また、一八九二年に極左派議員集団が、「王権の崩壊と共和政の実質的確立の記念日」八月一〇日(民衆がテュイルリ宮を襲撃した日)と「フランスにおける最初の共和主義権力」たる国民公会の開設記念日の九月二二日(山岳派の独裁や恐怖政治の記憶に結び付こう)を「国民祭日」にすることを求めた提案は、議会内の数の力の前にあえなく潰え去った(Ihl, 1996, pp. 130–131)。

こうした「愛国的」「友愛的」連帯による国民統合の重視と同時に、「英雄的徳行」を成し遂げた革命期の父祖に感謝を捧げ、その「徳」を模範として継承してゆくことを公民的義務とせねばならないという考えが、この時期の共和主義的祝祭政策の基調をなしている。一八九二年九月二二日、第一共和政宣言一〇〇周年を祝うパンテオンでの記念式典における演説で、首相エミール・ルーベは、「初めて共和政を宣言した人びとの立派な後継者となるために……われわれの思想、恐れ、性急さ、個人的利害を、進んで公益のために犠牲にする」ことの重要性を説いた(Ihl, 1996, p. 127)。オリヴィエ・イールによれば、一八八九年五月五日の革命一〇〇周年祭や一八九二年九月二二日の第一共和政宣言一〇〇周年祭の頃には、革命の「子孫」が偉大な先祖に負っている「恩義 dette」というテーマが、共和主義的な著作やパンフレット、演説や新聞の論説などに繰り返し現われたという。「恩知らず」とならぬためには、父祖の記憶を維持し、彼らの「遺産」を絶やさぬようにせねばならない。一八八九年の革命一〇〇周年に際してトゥールーズで出版されたある民衆向けのパンフレットはいう。「もし君が、ご先祖から受け継いだ公的自由という聖なる預かりものを君の子どもたちに伝えないのなら、君は、公現祭で君が喉を切って殺す獣ほどにも憐れみに値しない見下げ果てたろくでなしだ」(Ihl, 1996, p. 127)。こうした「父祖の恩義」というテーマを、共和国の指導者たちは、ルーベの言葉に窺えるように、「公益のために犠牲を払う義務」というテーマへと導こうとするのである。いずれにしても、父祖の「徳行」を記念する祭典は、その組織者たちからすれば、「絶えず死者が生者を捕える想像界」(Ihl, 1996, p. 133)を創出するための場でもあった。

一八八〇年以降の共和派による祝祭政策の重要な特徴としてはさらに、カトリック教会による宗教儀式を公式祭典から排除したことがあげられる。「国民祭日」に関する従来の規定の慣例とは異なって、七月一四日祭を定めた一八八〇年の法は、聖職者による儀式に関する文言を何ら含んでいなかった。このことは、当初地方の行政当局者を当惑させ、国家的祝賀の際に伝統的に挙行されてきた「テ・デウム」を執り行なうべきかと内務省に問い合わせた県知事もあり、これには行なうべきではないとの閣議判断が伝えられたが、翌一八八一年になって、内務・宗教大臣は、「七月一四日の国民祭は、純粋に非宗教的な性格のものであり、公式の宗教的儀式を含まない」と明確な性格規定を示すことになる。こうして、ナポレオンの政教和約以来初めて、カトリック教会が公的儀式から明確に切り離された。「共和国の最初の世俗的な制度」である七月一四日祭は、第三共和政の政教分離策の端緒として、「国家と教会の関係の新たなページを開いた」ということができる[*4](Ihl, 1996, p. 116)。「国民祭」の儀礼空間からは、神による体制の庇護のための祈願が消滅し、いまやこの空間の支配は、父祖の信念や英雄的行為からの道徳的な作用に委ねられねばならなくなった。

もっとも、共和主義者の中には、「若い世代を迷信の慣行から引き離すことを望むのなら、子どもたちと親たちをあまりに頻繁に宗教的祝祭へと駆り立てる感情を、市民祭典の制度によって満足させることが重要だ」との見解を示したパリの市会議員ロビネのように(Sanson, 1976, p. 47 ; Ihl, 1996, p. 278)、市民祭典が、カトリック教会の儀礼に替わって、人びとの宗教的感情を吸引し得る「市民宗教」の儀礼たるべきだと考える者たちも存在した。王政復古の脅威が去り、「共和派の共和国」の勝利によって、共和主義的「市民宗教」が制度的に確立することを期待した者たちの夢は（それは、カトリック側にとっての悪夢でもあったが）、しかし遂に実現することはない。第三共和政国家は、「共和主義的宗教」の制度化ではなく、政教分離の途へと進んでゆくのである。*5 国家が「市民宗教」を制度化するという考えには、「精神の自由」を国家と社会の基本原理と考える共和主義者たちからの反感が大きかったのだ。そうした立場を代表する人物としては、一八八〇年代に公教育の世俗化政策を主導したことで知られる、「オポルテュニスト」の領袖ジュール・フェリーがあげられる。「人間精神の自由」こそ「永遠の大義、あらゆる大義の中で第一位にしてもっとも栄光ある大義」との信念を表明するフェリーは（Ihl, 1996, p. 80）、またこうも述べている。

ある時代には、国民公会が、カトリックの聖職者をまさしく迫害し、彼らを流刑地や処刑台に送り、最高存在の実在と霊魂の不滅とを認める必要を強く感じたということもあり得たかもしれない。しかし、一八八一年の共和国は、そのようなことはまったく行なわなかったし、この共和国は信教の自由と精神の高貴さを意味し、国の判断に立ち向かうこともできるのである。

（Baubérot, 1997, p. 69）

国家が宗教的宣伝を行なうべきではなく、共和国の祝祭は、あくまで世俗的でなければならない。同時に、諸個人の「精神の自由」が尊重され、所作や身振りが強制的に各人に押しつけられることなく、市民相互の演出なき交歓の中で、個々人が自律的に父祖の模範を内面化してゆく。フェリーらいわば「自由主義的」共和派は、市民祭典については、こうした世俗的かつ「個人主義的」祝祭モデルを掲げた。一方、同じく世俗的な市民祭典の理念を掲げながらも、フェリーらの「個人主義的」祝祭モデルとは対照的な「共同体的」祝祭モデルを志向する共和主義者たちも存在したとイールは指摘する。イールのいう世俗的にして「共同体的」共和主義祭典のモデルとは、人びとの感覚に強く訴えかける愛国的な祭式と象徴の体系を備え、「公民としての国民への帰属に個人の諸権利が従属すること」を明確にする「祖国崇拝」の編成を目指した祭典を指す。このいわば愛国主義の世俗的礼拝の主張を代表する人物としては、八〇年代初頭の教育改革に寄与し、ガンベッタ内閣の公教育大臣を務め、また反教権主義者としても知られたポール・ベールの名があげられる。[*6] 理念的には対立するこれら二つの「神なき祭り」のモデルは、現実の祝祭政策の次元では、妥協的・折衷的に接合してゆくことになろう。

「国民祭」を設定した政府は、祭りの実施に関する様々な通達を発する。[*7] 軍隊には、時刻と回数を定めた祝砲、閲兵式の挙行、軍楽隊の祝賀行事への協力などが求められた。行政当局の役人たちには、閲兵式などの軍事的セレモニーや他の公式行事への参加が指示された。また、すべての公共の建造物には三色旗の掲揚が指示され、のみならずすべての国家公務員には自宅にも国旗を掲揚することが勧告された。教会も公共の建造物に含まれるものとされ、市町村当局には、教区教会の前面に三色旗を掲揚することを司祭に要求する権限が与えられた。さらに、司祭に対しては、公的な祝賀行事に際して慣習的に鳴らされてきた教会の鐘を鳴らすことが義務として求められ、司祭が拒絶した場合には、市町村長に鐘楼を供用する権限が与えられた。教会に関わるこれらの指示は、ローカルなレベルでは重大な争点となるのだが、それについてはのちに見ることにしよう。

「国民祭」の実施に当たっては、県当局を通じて、政府から市町村に扶助金が分配されたし、各市町村は、祭りの予算については県当局の承認を仰がねばならなかった。七月一四日を「嘆かわしい」事件の記念日だとして、祭りのための予算を否決したある村会の議決が、県当局によって無効とされた例もある（Ihl, 1996, p. 141）。国家によって制定された祝祭は、国家による統制と無縁ではあり得ない。だが、一八八〇年の最初の七月一四日祭の折、内務大臣の通達は、祭りについてまだ何の決定も行っていない市町村に督促をするよう各県知事に命じながらも、政府は何ら強制的なプログラムは決定していないことを明記している（Bois, 1991, p. 156）。第三共和政政府は、画一的なプログラムや儀式形態を市町村に強制することはなく、ここに「自由主義的」祝祭理念の反映が窺えよう。右に見たような政府による指示や勧告は別として、祭りの具体的な実施方法は、各市町村に委ねられたのである。それゆえ、市町村単位で実施された「国民祭」は、ローカルな共和政支持者たちにとって、共和主義的「国民化」へ向けたイニシアティヴの自由な発揮の場となるであろう。

共和政国家の設定した公式祝祭において発揮された、共和主義的「国民化」へのローカルなイニシアティヴの中で、大きな広がりを持った現象としては、次の三点があげられると思う。すなわち、共和国像（マリアンヌ像）の普及、「自由の木」の儀式、子どもの祭典参加である。以下、この三つの現象について順に見てゆくことにしよう。

3　共和主義的「国民化」へのローカルなイニシアティヴ（1）——共和国像の普及

一八八〇年代以降、一般に「マリアンヌ」の名で呼ばれる共和国を象徴する女性像がフランスに広く普及していったことは、モーリス・アギュロンの研究によって、よく知られている（Agulhon, 1989）。

市町村役場の建物の前面や議事室、町や村の広場、学校の教室などにマリアンヌ像を建立あるいは設置する動きが大きく広がっていったのだが、この動きに共和政政府は積極的な役割を果たしてはいない。政府は共和国像の設置を市町村に強制も要請もしなかったし、また公教育の世俗化政策を推進して公立校の教壇からキリスト像を撤去したとはいえ(谷川、一九九七年、一九一頁)、それに代わって共和国像の設置を進めることもなかった。もっとも、政府も、一八七九年から一九〇〇年までの間に、「寄贈」の名目で市町村への共和国像の配給を行なってはいる。しかし、その「寄贈」は、市町村からの要求に応じたものか、あるいは一部議員による政府への積極的な働きかけでその議員の選出選挙区のみを対象に実現されたもので、その数は総計四五六に留まる(Ihl, 1996, p. 224)。第三共和政政府は、共和国像の体系的な配給計画に乗り出すことはなかったのである。

イールによれば、政府の共和主義者たちが、国家による共和国像の配給に消極的だったのは、市町村からの「寄贈」の要求の動きを抑制するのによく持ち出された財政上の理由よりも、別の二つの理由に因るところが大きいという(Ihl, 1996, pp. 228–233)。第一に、なお党派的な性格を強く持っていると考えられがちな標章の強制的な押し付けは、たとえばカトリック教会の影響力がなお根強いブルターニュなど、地域によっては、大きな反発を招く可能性があった。国家のイメージから強制的教化を思わせる要素を拭い去ることに配慮し、共和政とは、党派的オピニオンであるよりも全フランス人を結集させるべく定められた体制なのであることを政府は示してゆく必要があったのである。第二に、当時のエリート層の一部(共和派内では、とくに前出の「自由主義的」共和派)に、標章に対する警戒感が強まっていたということがある。標章を好むことは、「当然思考する能力と反比例する」(ジャン・ド・ボワスラン)と考えられ、標章は「非合理な」情念を作動させ、理性の働きを排除してしまうと危惧されたのである。一八七四年に刊行された『一般政治事典』の「標章と記章」の項には、「標章は、教養ある人びとよりも民衆において、北仏の人びとよりも南仏の人びとにおいて、合理的あるいは実験的政治を行なう人びとよりもまだ伝統に支配された人びとにおいて成功を収めているのも驚くことではない」とあるように、「合理的政治」を志向する人びとにとって、標章はもはや周縁的存在に他ならない。同じ事典の「国民祭」の項には、「政治は、儀式的なものから遠ざかるにつれて、科学に近づいて行く」とも記されており、こうした確信を抱く人びとは、標章を用いて営まれる儀式を、科学＝知性の進歩にとって妨げとなるものと見なしていたのである。

いずれにしても、マリアンヌ像の市町村への普及に積極的な役割を果たしたのは共和政政府ではない。この普及にもっとも大きな役割を果たしたのは、共和派の市町村長や市町村会議員、および小学校教師らであり、市町村が自ら購入するにせよ、政府に「寄贈」を求めるにせよ、彼らがマリアンヌ像の市町村への導入に最も積極的に働いた層をなしている。一八八〇年代には、多くの市町村会で共和派が勝利を収めるようになり[*8]、ローカルな権力の座に着いたばかりの共和派は、彼らの威信を高め、彼らの権力の充実ぶりを地域住民にアピールするためにも、共和国像の設置を熱心に追求した。また、一八八一―一八八二年のフェリー法によって安定的な地位を獲得した小学校教師は、聖職者の権威に対抗しつつ、第三共和政が敷いた義務教育制による共和主義的公民の育成を使命として認識し（谷川、一九九〇年、四九―五二頁；谷川、一九九七年、一九〇―二〇二頁）、教室への共和国像の設置に尽力したのである。共和国の安定的定着のためには、市町村の空間において共和国が公然と視覚化されねばならないと考えた彼らにとって、マリアンヌ像は、もはや反乱や民衆蜂起を表象する「闘うマリアンヌ」(Agulhon, 1979)ではあり得ない。学校に設置する四体のマリアンヌ像を購入したカリ＝ル＝ルエ

（ブーシュ＝デュ＝ローヌ県）の村長にとって、購入の理由は、「共和国の胸像によって具現された祖国の姿を子どもたちの眼に触れさせるのはよいこと」であるからだった（一八八一年）。アンフォンヴィル（オート＝マルヌ県）のある村会議員にとっても、共和国像は「祖国の姿」であり、「公民教育の教えを人びとの心に刻み込み、われらが自由にして賢明な政府に対する若い世代の深くまた思慮深い愛着を生むのに大いに貢献するだろう」と期待を抱かせるものであった（一八九一年）。サン＝タマン（パ＝ド＝カレ県）の小学校教師にとって、共和国像は「正義と友愛の象徴」に他ならなかった（一八九二年）。ラ・フロット（ソーヌ＝エ＝ロワール県）では、一八八〇年七月一四日に共和国像の除幕式が行なわれ、その記録は、そこに署名した村民たちが、「われらの父祖がこの日祖国の祭壇で誓った厳粛なる誓約」を再び行なうことを宣言するかたちを取っているが、そこでは、共和国像は「力と平和と団結の象徴であり、真にフランス的なすべての心がその周りに結集しなければならない」と述べられている（マリアンヌ像の象徴性に関する以上の事例は、次のものより引用。Agulhon, 1989, pp. 147–153 ; Ihl, 1996, pp. 233–236）。体制化した共和政の下で、マリアンヌは、いまや「祖国」「友愛」「フランスの団結」のシンボルとして、市町村住民に披露されるのである。

こうして広まった共和国像は、三色旗と並んで「国民祭」の中心的シンボルとなる。七月一四日祭などの共和主義的祝祭は、多くの町や村で、まさしく〈マリアンヌの祭り〉と呼ぶにふさわしい様相を呈している。先にも触れたように、七月一四日には、共和国像の除幕式がよく挙行された。また、祭りの日には、役場のバルコニーや窓辺に三色旗などで飾られた共和国の胸像が据えられることが一般的で、その下でダンス会などが開かれたり、像に向かって脱帽した人びとがラ・マルセイエーズを唄うといった事例もあった。さらにまたよく見られたのが、共和国の胸像を担いだり、山車に乗せて、町や村の中を練り歩く行列である。像を担ぐ、あるいは像の乗せられた山車を取り巻いて歩く栄誉は、一般に子どもたちに与えられた。少年の場合は、のちにも触れるが兵士の姿で、少女の場合は、白い衣裳にいずれも三色の綬や記章（髪飾り）や帯などを身につけた事例がよく見られる。第Ⅱ部で見た一八五一年蜂起への参加で流刑にされた経験を持つ者たちにこの栄誉が与えられることもあった。楽隊を先頭に行列が賑やかに練り歩いたのち、共和国像は花や三色旗で飾られた台座に据えられ、その傍らで宴会が開かれたりした。ときには、生身の女性が赤いフリジア帽を被ったマリアンヌの姿で行列に登場する例も見られる（Agulhon, 1989, pp. 147–153 ; Ihl, 1996, pp. 233–236）。

祝祭における共和国像に対する作法は、それぞれの町や村で独自に形成された。その作法の形成には、守護聖人祭などのカトリックの祭りにおける宗教行列や「五月の女王」の祭りのような民俗儀礼などの伝統的祝祭のスタイルからの継承性も考えられよう。また、右に見た共和国像に対する作法は、カトリック教会が関わった宗教儀礼的な要素が消滅している点を除けば、第六章で見た第二帝政期の「国民祭」における皇帝像に対する作法とよく似ている。従来の祝祭のスタイルを（無意識的にか意識的にかはともかく）継承しながらも、そこに改変が加えられて、新たな共和主義的・愛国的儀礼が、国家の指示によってではなく、ローカルな共和主義者たちのイニシアティヴで生み出されていったのである。

4　共和主義的「国民化」へのローカルなイニシアティヴ(2)——「自由の木」の儀式

共和主義的「国民祭」では、「自由の木」の植樹の儀式や、かつて植えられた「自由の木」の周りで営まれる儀式もまたよく見られた。「五月の木」の民俗慣行に根を持ち、フランス革命初期の農民反乱で植樹された「五月」と呼ばれた木を経て、フランス革命の公式のシンボルへと転化していった「自由の木」は(立川、一九八二年)、一八三〇年革命や一八四八年革命の際にも各地で植樹されたが、一八八〇年代も「国民祭」の日における植樹でもって、植樹数増加の一つの山をなしていよう。この植樹の儀式も、政府や県当局から指示されたものではない。もっとも、国家の指示が間接的にせよ植樹の増加を促した唯一の例外がある。一八八九年五月五日のフランス革命一〇〇周年祭の時、内務大臣の通達は、「毎年七月一四日に祝われている国民祭に勝るもの」を計画するよう指示した。これに対して、多くの地域では、「自由の木」(あるいは「一〇〇年祭の木」の名称を使った例もある)の植樹式でこれに応じたという(Ihl, 1996, p. 255)[*9]。したがって、この「例外」とても、植樹式という儀礼形態を選択したのは、市町村自身なのだ。

この時期の「国民祭」における「自由の木」は、地域住民と共和国の教えとの結び付きを強固にするような役割を果たしている。とくに子どもについては、そうだった。一八八一年七月一四日、サン＝マルケール(ジロンド県)の祭りでは、山車行列が町を練り歩いたが、山車の一台には、根元に共和国の胸像が置かれた「自由の木」が乗せられ、その周りを三色の衣裳を着た一二人の少女たちが取り巻いていた。行列は町を一巡したあと、正午に植樹を行なった。そのとき、一人の少女が、「自由」を演じていた若い娘に冠を被せ、そのあとバスティーユ占拠についての短い物語を読み上げた。リュサン(ガール県)では、一八八二年七月一四日、一五〇人の小学生が木の周りで「学校のラ・マルセイエーズ」を合唱し、やがてこれに若者たち男女の合唱隊が加わり「七月一四日」の唄を歌って群衆から喝采を受けた。同日、グリュイサン(オード県)では、兵隊の格好をした少年たちの一隊が、共和国像を「大通り」の水汲み場まで担いでいったのち、「自由の木」へと向かい、木の根元に立つ村長に敬礼をし，そこで彼から七月一四日の来歴を聞いたのである（「自由の木」に関する儀礼の以上の事例については，次のものを参照。Sanson, 1976, pp. 95–96 ; Ihl, 1996, pp. 256–257）。木と子どもとを結び付けるのは，未来へ向かっての成長を表現するシンボリズムであろうか。木の下での儀礼は，樹木の旺盛な成長力になぞらえた，子どもたちが共和国の「よき公民」へと成長することへの期待の象徴的表現であるかのように見える。

いずれにしても，いまや「自由の木」は，フランス革命期のようにその周りでファランドールが踊られ，ワインが振る舞われるような，陽気で騒々しいお祭り気分の中心に位置することはない。あらかじめ定められた演出に従った，共和国への統合の儀礼のために用いられるシンボルとしての機能を果たすのみである。また，木に「自由の帽子」が飾られることは稀となり，その地位はほぼ国旗に取って代られた。こうしたことからすると，イールの指摘するように，「自由の木」は，当時なお一般にその名で呼び続けられていたにしても，むしろ「共和国の木」と呼ぶ方がふさわしいものになったと言えよう（Ihl, 1996, pp. 250–253）。

5　共和主義的「国民化」へのローカルなイニシアティヴ（3）――子どもの祭典参加

「国民祭」の儀礼において，子どもたちに重要な役割が与えられていたことは，すでに幾度か触れた。祭りへの子どもたちのこうした動員も，国家が企画し指示したものではない。子どもの祭典参加に関しては，周辺地域のローカルな場に生まれながら，その反響がほぼ全国規模へと広がっていった運動があることが注目される。それは，プロテスタントの牧師アンリ・ド・サバティエ＝プランティエがラングドック地方のガール県で創始した「子どもの祭典協会 Société des fêtes d’enfants」による運動である（サバティエ＝プランティエによる運動については、次を参照。Ihl, 1996, pp. 271–276）。

サバティエ＝プランティエは、すでに一八七五年に配属先のロゼール県の二つの村で子どもの祭りを組織したことがあったが、一八八〇年七月一四日の「国民祭」のときには、新たな任地のネール（ガール県）で同様の試みを行った。彼の試みは、地元や近隣諸県選出の主に急進派の議員たちや、プロテスタント、フリーメーソンから支持を受けたが、翌年彼はネールに「子どもの祭典協会」という小さな結社を創り、彼の支持者たちの人脈を利用しつつ、全国の県知事、国会議員、県会議員、新聞編集者、フリーメーソンの支部長、小郡役場所在地の市長、視学官らに、子どもの祭典の発展を組織してゆくよう手紙で呼びかけた。

協会の発行する小さな雑誌で、サバティエ＝プランティエは、公立学校の生徒であれ私立学校の生徒であれ、また少年であれ少女であれ、子どもの「国民祭」への参加を「将来の市民の政治的イニシエーション」と定義付け、その目的は、「子どもを社会により緊密に結び付け……彼らに祖国を、彼らを注意深く見守り愛情で包み込む第二の母親を教え示し、連帯感を大切にするように彼らを育てる」ことであると主張し、そして子どもたちには、一八八一年七月一四日に際して、「義務の実践によって、少年は誠実で有用な市民に、少女は純真で献身的な女性になるよう準備なさい」と呼びかけている。サバティエ＝プランティエの説く「子どもの祭典」は、優れて教育的なものであった。

彼の運動は、ポール・ベール、ルイ・ブラン、ミシュレ夫人ら著名人からも賛同を獲得し、またフランス教育連盟や民衆徳育・知育協会などの教育組織からも支持を受けた。政府の初等教育局長フェルディナン・ビュイソンも、この運動が民衆教育の面で好結果をもたらすものと認め、フランス教育連盟を介して、協会の雑誌『われらの子どもたち』を広める措置を講じた。「国民化」を推進しようとする動きは、「中心」から「周辺」へと向かうばかりでなく、その逆も存在し得たことを、「子どもの祭典協会」の運動は例証しているといえよう。

「子どもの祭典協会」の雑誌に掲載された投書が、サバティエ＝プランティエの主張が全国各地で受け入れられたことを示している。一八八一年以降、子どもの「国民祭」への参加は、ほぼ全国に広がったという(Ihl, 1996, p. 277)。だが、この広がりには、また別の動きも絡んでいる。パリ市議会には、すでに一八八〇年に、子どもたちを「迷信の慣行」から引き離すためと同時に、「共和国の子どもたちに与えるべき男性的教育のために」、少年たちを祭典に参加させる提案が出されていた(Sanson, 1976, p. 47)。当時、「ジャコバン的愛国主義」に立って強硬な対ドイツ復讐を主張する急進共和派の間には、学童への軍事教練を求める声が強かったが、彼らは、徴兵制の下における市民＝兵士のミニチュアとしての学童による模擬軍隊行進である「学童の大隊 bataillon scolaire」のかたちで、子どもの祭典参加を実現させようとした。「軍事教練支持派の憲章」となる論文「学童の大隊とフランス革命」を一八八二年に『教育学雑誌』に発表したパリ市会議員アリスティド・レは、この論文のなかで、「学童の大隊」のモデルを一七九三年に民衆運動の高揚するなかで創られた青少年の軍事組織「希望の大隊」に求めている[*10](Ihl, 1996, pp. 277–278)。

この「学童の大隊」の構想には、愛国心と市民的連帯の強化とともに、対独復讐に備える身体の形成という狙いが込められている。出生率が低下し、筋肉活動にも適性を持たないがゆえに、「フランス種族 race française」は弱化したのだと考えられ、こうして普仏戦争の敗北のトラウマが深かった当時、「フランス種族」をいかに「再生」させるかが盛んに議論された。一八八〇年における体育教育の義務化と同様、「学童の大隊」の構想は、この「再生」の推進を目的としていた。とくに隊を組んでの集団的運動能力では、プロイセンに劣ることが戦場ではっきりしたとして、集団的規律を身につけるに適した身体訓練が体育教育でも追求されたが、「学童の大隊」もそうした動きと呼応し合うものである。軍隊的集団行進による身体の規律化は、多くの利点を持つと主張された。いわく、肺結核を予防する、偏見を払拭する、筋肉を柔軟化させる、公民精神を促進させる、将来の徴兵に慣れさせる、瘴気を撥ね除ける。つまりは、体育的効果と公民的・愛国的効果とが結び付けられたのである(Ihl, 1996, pp. 289–291)。

「学童の大隊」は、一八八二年に法的に認可された。「学童の大隊」の法的認可は、共和政国家が、前述した「祖国崇拝」の「共同体的」な祝祭モデルの要素を公認したことを意味しよう。「学童の大隊」はとくに急進共和派の勢力が強かった地域に広がった[*11](Sanson, 1976, p. 71)。国家によって公認されたとはいえ、「学童の大隊」という子どもの祭典参加のスタイルも、ローカルな共和派のイニシアティヴでそれぞれの市町村に導入されたのであり、その拡大は、サバティエ＝プランティエの運動とも呼応しつつ、国家の強制とは無縁に展開したものである。

6　共和主義エリート層による祭りへの批判

第三共和政の国家は、国歌、国旗、歴史教育、そして記念祭を通じて、「国民」共通の記憶を制度化し、〈共和主義的伝統〉の創出を図った。一方、個人や家族や地域社会は、フランス革命や一九世紀の諸事件(革命、蜂起、政治的弾圧など)についてそれぞれに記憶を保持しており、少なからぬ人びとにとって、〈共和主義的伝統〉は、国家の基本理念として掲げられる以前から、実際の諸関係のなかですでに形成されていたものであった。ローカルな世界のうちにすでに存在しているこうした〈個人的・家族的・地域社会的な共和主義的伝統〉が、国家によって創出される〈ナショナルな共和主義的伝統〉の受容の受皿になるとともに、[*12] 以上に見たような、ローカルな場から多元的に現出してくる共和主義的「国民化」のイニシアティヴを生む土壌ともなった。こうして国家によって推進される共和主義的「国民化」のヴェクトルとローカルな場から現出してくる共和主義的「国民化」のヴェクトルとが、「国民祭」という場において、交錯することになる。

「国民祭」は優れて共和主義的「国民化」のヴェクトルが働く場でありながら、しかし、第三共和政の政治的指導層の有力な部分を含めて共和主義エリート層のなかには、祭りの現実の姿を批判的な眼で見ている者も少なくなかった。批判的な眼差しが向けられた現実の一つは、祭りがしばしば「宗教的な」様相を呈したことである。第三共和政の国家指導者たちは、共和国の「国民祭」とは「純粋に非宗教的な性格のもの」と規定した。しかし、七月一四日には、当時なお人びとの間に根強く残っていた「共和主義的宗教」への欲求が表現されもしたのである。その意味では、右に述べた両者のヴェクトルは、祭りの場において、矛盾を孕みながら交錯したのだといえよう。ブーシェ（ドローム県）のある老女は、自宅の敷地に小さな礼拝堂を建てて共和国の胸像を納め、七月一四日には像の下で黙禱するように住民たちに促していると一八八二年にある地方紙は伝えている（Ihl, 1996, p. 118）。一八八三年七月一四日、ナントでは、あるレストラン経営者が、三色旗で取り囲まれた大きなキリスト像と、「自由、平等、友愛」の共和主義的標語をそれぞれ福音の教えと結び付けた掲示文を自宅の前に据えており（Amalvi, 1984, pp. 433–434）、第二共和政期に見られた共和主義的カトリシズムの伝統がなお命脈を保っていたことを窺わせる（本書第五章を参照）。また、一八八二年七月一四日には、パリの第五区の祭典組織委員会は、パンテオン広場に「祖国の祭壇」を造り、カトリックの初聖体拝領に対抗する、いわば「市民宗教」の通過儀礼と呼べるような儀式を組織した。祭壇の中央には共和国の立像が据えられ、その下には、中央に人権宣言を記した板が、両脇に「ラ・マルセイエーズ」と「出発の歌」の歌詞を記した板が置かれ、この両曲が演奏されるなか、祭壇の下で、小学校を卒業する子どもたちが、街区の住民たちによって選ばれた老人たちに対して、人権宣言への誓いを述べたのである(Ihl, 1996, p. 278)。

こうした行為は、共和派エリート層の一部の人びとにとって、カトリックとまったく同質の行為として批判すべきものであった。一八八〇年七月一四日、パリの二〇区で、白い衣裳に三色の帯を締めた娘たちによって共和国の立像が取り巻かれた行列が練り歩き、花飾りで飾られた壁龕《へきがん》に共和国像が「マドンナ像のように」据えられたことを顧みて、プロテスタントのアンドレ・アルブレスピイは、一八八三年に著した『道徳と民主制』のなかで、「民衆は共和国をカトリックとして祝う」と嘆いた(Ihl, 1996, p. 233)。同様の批判は、前述の「自由主義的」共和主義の立場に立つ者たちからしばしば表明された。たとえば、一八八一年七月に、セーヌ県知事エロルは、こう述べている。「われわれがあちら側にして欲しくないことを、熱意や意欲の余りするようなことは慎もう。われわれは宗教行列を好まないのだから、われわれ自身はやらないようにしよう」(Ihl, 1996, pp. 278–279)。このように反教権主義者であると同時に共和主義の「宗教的」表現を嫌った者たちはまた、先に述べたように、マリアンヌ像への熱狂的な愛着は理性の働きを麻痺させると見なした。彼らからすれば、民衆は、熱情の自制と世俗的道徳への愛着によってのみ、公民としての務めを学んでゆけるのであった。

情動の抑制なき横溢を嫌い、祝祭の歓喜の表現の「道徳化」を志向する者たちはまた、祭日における伝統的な娯楽行事を槍玉に挙げた。袋競争、宝の棒、水上競技など、地域の慣習に応じて様々なかたちを取り、人びとの歓声と笑声に包まれる競技会は、祭りに欠かせぬ伝統的催物として、共和主義的「国民祭」の日にも民衆を活気付かせていたが、これに対して、「グロテスクな笑劇」「品位を落とす愚行」(D・マモ『フランス体育論』一八九一年)といった批判が向けられるようになったのである。そうした批判者たちは、伝統的競技会に替わるべき「有益な」娯楽の必要性を説く。フランス射撃手全国協会が、「国民祭の性格に優れて適した娯楽」として、「道徳的」かつ「愛国的」な射撃大会を推奨したのは、その好例と言えよう(Ihl, 1996, pp. 309–310)。

現実の祭りの姿は、共和主義の「世俗化」と「文明化」を志向する共和主義エリート層の抱く「国民祭」の理念とは食い違った。しかし、こうした食い違いを伴いながらではあるが、ローカルな場において祝われた「国民祭」では、とにかくも共和主義的「国民化」へのイニシアティヴが自発的に発揮されたのであった。「国民祭」は、そうした多元的で矛盾内包的な「国民化」の相貌を浮かび上がらせるのである。

7　村の「国民祭」

一八八〇年以降、広範な農村地帯で共和主義的祝祭が実施され、例年の「国民祭」である七月一四日祭は、農村の習俗のうちに定着していったとされるが(Amalvi, 1984, pp. 438–443)、地域差もあり、とくに西部のバス＝ブルターニュ地方などでは、この定着度は低かったと指摘される(Le Gallo, 1987, p. 37)。ここでは、共和主義的祝祭が盛んに実施された村々の事例を見ることにしたい。そうした村とは、共和派が村会で多数を占め、共和派の村長が存在した村である。村レベルにあっては、七月一四日祭にせよ、一八八九年五月五日の革命一〇〇周年祭や一八九二年九月二二日の第一共和政宣言一〇〇周年祭にせよ、内容にほとんど相違はない。それらはすべて「共和政の祭り」であると同時に、伝統的名望家や聖職者に対抗して、共和派村長勢力が、村内部においてヘゲモニーを確立あるいは維持するための場となった。

ところで、第三共和政は一八八〇年代前半に地方自治に関する法制度改革を行なったが、これは村庁権力の増大をもたらすことになる。すでに一八七六年には、県庁・郡役場・小郡役場の各所在地を除く市町村自治体の首長は、政府による任命制から市町村会内での互選制で選出されるようになっていたが、一八八二年には、パリ市を除く全市町村の市町村長が、普通選挙で選出された市町村会議員の互選で選出されることとなった。そして一八八四年に成立を見た市町村自治体組織法は、こうして間接的にとはいえ市町村住民の普通選挙に基づいて選出されるようになった首長に自治体行政を委ねる体制を確立することになる(George, 1989, pp. 175–202)。各自治体は県知事の後見監督の下に置かれるとはされたものの、同法の成立によって、村庁の権限が及ぶ領域は、地域において慣習的に認められてきたそれを越えて拡大された[*13]。祭りもまた、いまや完全に村庁の管轄領域に入ることになる。祭りの予算や企画は村会で決議され、その実施は村会で指名された祭典委員会に委ねられ、祭りに関する公安上の統制権は村長に与えられていた。祭りに関してかつて若者組が慣習として保持していた権限は失われ、村庁による祭りに関する権限の掌握は、いまや慣習によってではなく、法によって保証されることになる[*14]。

こうして祭りに関する権限を村庁権力が掌握するに伴って、共和派村長勢力にとって、「国民祭」は、共和主義的示威行動を「公式の」行事として組織し、また村内における自らのヘゲモニーを確立・維持するための重要な場となった。そうした点に関わる祭りの主要な要素をそれぞれ簡単に見てみよう。

まず、祭日における食物や酒の配給があげられる。一八七九年の法によって、市町村の慈善委員会から教会の関与が排除されることとなり、公的扶助のシステムは世俗化されたが、こうして世俗の自治体の手に完全に委ねられた慈善委員会による貧窮者への配給は、村庁を掌握した共和派村長にとって、伝統的名望家のパターナリズムと対抗する重要な手段となった。またとくに農村では、祭りの日に公費からの分け前に与れるのは貧窮者に留まらない場合が多かった。各地の県当局は、再三にわたって、七月一四日祭における食物や酒の配給の対象者は、貧窮者のみに限定されることを通達によって指示したが、多くの村会は、七月一四日の公的宴会で住民に広く振る舞われる酒の購入を決議し続けた。農村世界では、住民へ影響力を及ぼそうとする者にとって、振る舞い酒は「当然の」行為であった(Ihl, 1996, pp. 145–154)。

この宴会は、村長が演説を行なう格好の機会でもあった。選挙によってその地位を獲得することとなった村長にとって、その弁舌力を住民の前に示すことは大変重要な行為となった。それゆえ、この時代には、演説の手引書が村長たちによく読まれるようにもなる(Ihl, 1996, p. 168)。演説では、共和派の村長は、共和主義的価値や公民的道徳・義務を称揚し、大革命期の農民の闘いや解放を語り、司祭や城館主をアンシアン・レジームの復活をもくろむ邪悪な存在としてデフォルメして、満座の昂揚を誘った[*15](Ihl, 1996, p. 169)。また村長が主催する公的宴会は、村における「デモクラシーのベテラン」にオマージュを表する場とされることもあった。一八五一年蜂起への参加で弾圧を受けた者や村で最古参の共和主義者に、宴会の名誉主宰の地位が与えられたり、乾杯や拍手が捧げられたりした。サン＝リュフェック(シャラント県)では、一八八〇年七月一四日、村長を先頭に村中の人びとが、村の最古参の共和主義者を自宅まで迎えに行って宴会へと案内し、表敬の列を作って彼に花束を渡すという演出が行なわれている(Ihl, 1996, pp. 145–146)。「デモクラシーのベテラン」への敬意の表明においてイニシアティヴを取ることは、村長にとって、共和政の記憶への忠実さを村民にアピールすることにもなっただろう。

祭典の日に活躍する楽隊も、村における権力と政治の問題に深く関わっている。楽隊の編成と統制は、「村の政治」における優位性の証しであり、村長は、権威の象徴として、楽隊の主宰者の地位に就いた。同時に楽隊は、村役場の前で行なわれる表敬奏楽や村内を巡る行列などの行事へと村民を引き込んでゆくのに有効な装置として機能した(Ihl, 1996, pp. 154–161)。「ラ・マルセイエーズ」などの共和主義的楽曲を演奏する楽隊と共に練り歩く行列は、村内での共和派の優位性を示すデモンストレーションであり、共和派の村会議員たちは、共和政の勝利を象徴するべく行列の辿る新たな経路を創出する。共和主義的「国民祭」の日の行列は、伝統的な祭りのように、教会を起点としたり、城館や司祭館に赴いたりはしない。一八八三年七月一四日、アルス(シャラント＝マリティム県)では、行列は、村の広場の共和国像に敬意を表したあと、楽隊の演奏と共に、ガンベッタ通り、ティエール通り、シャンズィ通りといった、第三共和政の政治家たちや著名な軍人の名へと名称変更された通りを巡った。ソトヴィル＝レ＝ルーアン(セーヌ＝マリティム県)の村会が、一八八八年七月一四日に行列が巡る順路として決議したのは、村役場広場から、ゴドフロワ・ド・カヴェニャック、ヴィクトル・ユゴー、ラ・レピュブリック、ガリヴァルディの各通り、そしてヴォルテール広場へと至るコースであった*16(Ihl, 1996, pp. 190–191)。

一八八〇年代から世紀転換期にかけて、多くの村々で、公立の(したがってまた「世俗的な」)小学校をしばしば併設した村役場が建築され、また役場の前面に「自由・平等・友愛」などの共和主義的標語がしばしば刻み込まれるようになったが[*17]、この村役場が特権的地位を付与された（Agulhon, 1984, pp. 167–193）。共和主義的「国民祭」の祝祭空間にあっては、この村役場が特権的地位を付与された。村内でもっとも多くの国旗やイルミネーションが飾られたのみならず、フランス共和国を意味する〈R・F〉の紋章が飾られたり、窓辺やバルコニーには、すでに見たように、共和国像が据えられた。そうした装飾を施された役場の前では、「学童の大隊」の閲兵式や学童への優秀賞授与式やダンス会が行なわれ、また役場は、村内を巡る行列の出発点となったり、公的宴会の会場ともなった（Ihl, 1996, pp. 182–183）。村役場は、装飾や儀礼の面で、まさしく祭りの中心的な場となったのである。

これに対して、村の教会の建物は、装飾や儀礼と関わる対立の焦点となったといえる。というのも、共和主義的「国民祭」の日に、教会に三色旗を掲揚することと教会の鐘楼の鐘を鳴らすことが、村レベルでは重大な象徴的争点となったからである。

すでに述べたように、共和政政府は、一八八〇年の最初の七月一四日祭のときから、教会の前面への国旗の掲揚を市町村長が司祭に要求できるものとし、さらにまた、国家的な祝賀の折の習慣である、教会の鐘を撞くことを司祭が拒絶した場合には、鐘楼を供用できる権限を市町村長に与えた。一八八二年には、政府は、通達によって、俗事の目的のために、鐘を自由に利用する権利を世俗当局が有すること、また教会は市町村自治体の所有物であって、その内部のみが信仰専用に充当されることと規定した（Ihl, 1996, p. 200 note 2, pp. 206–207）。こうした規定によって、市町村長が、非宗教的な祝賀行事に際して鐘を鳴らさせる権限、および教会の外壁に国旗を飾る権限を持てることとなった。

しかし、司祭はしばしばこれらの通告に対して抵抗の態度を示し、各地で司祭と村長や村会議員らとの間に紛争が生じたのである。[18] これらの紛争は、司祭と村長勢力とのヘゲモニー抗争を鮮明に浮かび上がらせる。「国民祭」の日に、教会の鐘楼に三色旗を飾り、鐘を鳴らすことは、共和主義的象徴体系の教会領域への拡大を意味するのみならず、伝統的にそれぞれの村の代名詞ともいうべきモニュメントであり、村落共同体のアイデンティティや凝集力の記号でもあった鐘楼を、教区教会から村自治体(コミューン)が、あるいは司祭から村長が象徴的に簒奪することでもあった。一八八二年七月一四日、フォス(オート・ガロンヌ県)では、村長と助役が、その役職を示す三色の綬を付けて、役場の書記や制服を着た消防団員からなる代表団を引き連れ、さらには触れ役人に太鼓を打ち鳴らさせて数多くの村民を引き込み、鐘楼へと三色旗を飾りに行った。また、一八九一年、ブレノ(アン県)の村長は、七月一四日の前夜、明日の祭りを告知させる鐘を鳴らさせ、「今夜、鐘は俺のものだ」と叫んだという(Ihl, 1996, p. 196, 201; コルバン、一九九七年b、三三九頁)。コルバンの指摘するように、村長や村会議員らの「鐘楼を共和政の儀礼に組み入れたいという強い意欲」は、村役場やマリアンヌ像などのモニュメントの建設が示しているような、「コミューンの領域を象徴的に征服しようという狙い」と合致するものであろう(コルバン、一九九七年b、三四〇頁)。祭典の日に鐘楼にへんぽんと翻る三色旗と勢いよく鳴らされる鐘は、村内の権力関係の変容を村民に告示しようとする意志の表現だったのである。

8　地域共同体と国民共同体

共和主義的「国民祭」においては、共和派村長勢力がイニシアティヴを取った公的宴会や行列やダンス会などを通じて、村の内部に共和主義的ソシアビリテがかたちづくられた。この共和主義的ソシアビリテの形成は、共和派村長勢力と伝統的名望家や聖職者とのローカルな抗争を背景としていた。共和派の村長、村会議員、小学校教師らは、地域社会の関係網のうちに包含されていた対抗関係に「ナショナルな政治」の定型要素（「共和派」と「保守派」「教権派」との対立という図式、フランス革命＝「自由の到来」や七月一四日祭＝「自由と祖国の祭り」という意味付け、反乱の象徴ではなく「フランスの団結」の象徴としてのマリアンヌ、教会の鐘楼を供用する権限を市町村長に付与する制度など）を適合させつつ、この定型要素を地域社会の関係網のうちに取り込んでゆく。それは、国家によって国民的政治文化の形成の働きかけが全国規模で行われる中、「ナショナルな政治」の定型要素が、地域社会におけるヘゲモニー、権威、名誉、社会的地位・序列などを賭けた対抗関係を生きるうえでの戦略的な〈道具〉として利用されることを意味した。だが、「ナショナルな政治」の定型要素がローカルな対抗関係を生きる当事者たちによって〈道具〉として用いられたからこそ、その定型要素は、「地域性」の枠組みにおいて生起する「本質的と見なされた争点、生と死の場所の中心に組み入れられていると見なされた争点」（コルバン、一九九七年b、二七三頁）と結び付いて強い情動喚起力を帯びながら、「ローカルな政治文化」を習俗とする人びとの織り成す関係網のうちに深く組み込まれることが可能になった。こうした事情はすでに第二帝政期の「国民祭」にも窺えたものであり、一九世紀末の第三共和政下でもこの事情に変わりはない。第三共和政下の共和主義的「国民祭」に見て取れるのは、国家の企図ないし体制エリート層の構想と「ローカルな世界」での祝祭の伝統に則って実践される祝賀行為の現実との間に齟齬を来たしながら（体制エリート層による「国民祭」の現実への批判を想起されたい）、第二帝政期から継続して「ローカルな世界」の深部で進行する「国民化」のプロセスの一局面なのである。

ただし、以上に述べたところからも明らかであろうが、「国民祭」を通じて「ナショナルな政治」の定型要素が「ローカルな世界」の深部に定着したということは、「国民祭」が地域共同体への帰属意識を国民共同体への帰属意識へと移行や置換させるのに寄与したことを意味するものではない。「国民祭」によって、地域共同体への帰属意識は失われたわけではなく、むしろ強まったのである。このことは、次のような観点から言い得る。本章で見たように、村における共和主義的「国民祭」は、権限の拡大した村庁によって企画・編成され、祭りの装飾や儀礼の面から見ると、村役場が祝祭空間の中心的位置を担っていた。公的宴会や演説は、村長の威信を高めるのに貢献している。また、聖職者の司る儀式が祭りから排除され、公的儀式（共和国像の除幕式、「自由の木」の植樹式、「学童の大隊」の閲兵式など）は、もっぱら村長や村会が司るようになったばかりでなく、祭りの日には、教区教会の鐘楼が村自治体によって象徴的に簒奪された。前章で見たように、すでに第二帝政期においても、村における「国民祭」は、「自治体意識 conscience municipale」を高める機会を提供し、教会よりも村庁に有利に作用していたが、第三共和政期の右のような「国民祭」の特徴は、村民の「自治体意識」を一層高めるように作用したであろう。

この点との関連で直ちに想起されるのは、ダニエル・ファーブルが一九世紀フランスの農村について指摘する「コミュナリスム communalisme」という現象である。コミュナリスムとは、一九世紀のフランスにおいて、国土の管理や行政についてのかなりの権限がコミューン（村自治体）に委ねられた結果、コミューンでは、「地域アイデンティティへの情熱とでも呼べるような事態」が生じたことを指して、中央でこう呼んだものだ。ただし、このコミュナリスムは、単なる伝統主義の発露といったようなものではなく、国民国家の形成に対応した、地域共同体のアイデンティティの再編の結果として捉えるべきものである。コミューンにおいては、役場や学校の設立が熱心に追求されるなど、「国家によって提出された制度」への依存度が高まるが、それはまた、「国家という回路を通して、自分たちの空間の昇級を図ろうとしている利益の追求」を示すものでもあった[*19]（ファーブル、一九九五年、一六九、一七一頁）。コミュナリスムとは、いわば、国民国家との関係に適応するべく自己再編を遂げた地域共同体のアイデンティティの表現とでも言うべきものであろう。

こうしたコミュナリスムという現象を、地域共同体と国民国家との関係において、もう少し考えてみよう。先に「国民祭」によって、地域共同体への帰属意識は失われたわけではなく、むしろ強まったと述べたが、逆に次のようなことも言える。「国民祭」を通じて、「ナショナルな政治」の定型要素は、ローカルな対抗関係を生きる当事者たちによって「道具化」されることで、「ローカルな世界」の深部に定着したが、「ナショナルな政治」の定型要素は、このように「ローカルな世界」で「道具化」されてもなおナショナルな意味を失うことはなかった。たとえば、マリアンヌ像の場合、本来「フランスの団結」の象徴であったこの像は、「ローカルな世界」では、保守派の名望家や聖職者に対する村内の共和派の勝利を印象付け、共和派の村長や村会議員の権威の増進を図る〈道具〉として利用されたのではあったが、こうした「ローカルな世界」にあってもマリアンヌ像が「フランスの団結」の象徴という意味を喪失することはなかった。以上のようなことが起こり得たのは、地域共同体への帰属意識と国民共同体への帰属意識が密接に接合し、農村住民のうちにあっては、両者の帰属意識が重層性を成していたからであろう。この重層性の形成において、コミュナリスムが鍵的な役割を果したと見られる。ファーブルが指摘するように、一九世紀のコミューンにおいては「地域アイデンティティへの情熱」が高まってゆき、その高まりは「自己の空間の昇級を図ろうとする利益の追求」を促し、それゆえにこそ「国家の提供する制度」への依存度が上昇した。いわば、コミューンは、コミュナリスムを媒介として、「国家という回路」に取り込まれていったのである。こうしてコミュナリスムは、地域共同体への帰属意識と国民共同体への帰属意識を重層化するのに大きく寄与したのであった。

こうしたローカルな帰属意識とナショナルな帰属意識の重層化は、とりわけ一九世紀後半に進展したと思われる。というのも、たとえば、「国家によって提出された制度」の一つである公立小学校の場合、その設立の追求はとくに第二帝政期から一段と強まりを見せ、第三共和政下の義務教育制度の確立によって、公立小学校の設立は公立小学校を持たぬコミューンにとって「自己の空間の昇級」に不可欠の条件となったからである。村役場の設立についても同様のことが言える。一八八四年に専用の役場を設けることがコミューンに法的に義務付けられたこともあって、村役場の設立の追求は、とくに第三共和政下で顕著になった。このように、公立小学校や村役場の設立の追求が強まったことは、一九世紀の後半において、「自己の空間の昇級を図ろうとする利益の追求」から「国家によって提出された制度」へのコミューンの依存度が高まったことの例証と見なし得る。また一方で、一八四一年のユマン調査に対する抵抗騒擾に見て取れたような、国家に対する極度の警戒心は、一九世紀後半には農村住民のうちに窺えなくなることも指摘しておこう。

一九世紀末のローカルなレベルでの「国民祭」に注目すれば、「国民」というアイデンティティの上昇を確かに見て取ることができる。一八八〇年、サヴォワ地方のエトンの村会が、最初の七月一四日祭の実施について決議した際、村長は、この祭りでは「全フランスの至る所で、最も辺鄙な農村コミューンでさえも」「称賛すべき抑え難い昂揚」が繰り広げられるのであり、それは「国民のあらゆる部分の、全フランス市民の友愛的結合」を示すものであると述べた(Ihl, 1996, p. 120)。エトンのような辺境地方の村でも、七月一四日祭は、「フランス国民」という「想像の共同体」を意識しつつ企画されたのである。だが、こうした「国民」というアイデンティティの上昇は、国民国家に適応するかたちで再編を遂げた地域共同体の構成員というアイデンティティの上昇と共に生起している。このことに注目すれば、一九世紀フランスの農村住民における「国民化」とは、地域共同体への帰属意識から国民共同体への帰属意識への移行や置換というかたちで生じたのではなく、地域共同体への帰属意識の再編と強化を伴いつつ、そうした変化を遂げてゆく地域共同体への帰属意識と重層的に国民共同体への帰属意識が形成されていったプロセスと見るべきであろう。

「国民祭」に注目すると、こうしたプロセスはすでに第二帝政期に進行しており、第三共和政はそれを継承し、さらに推進させたことが窺える。第二帝政における「国民祭」のうちに見出される「ナショナルな政治文化とローカルな政治文化との絡み合い」という現象をハザリーシンは「近代の集合的なフランス・アイデンティティの構築の最も基本的な局面の一つ」であったとしたが、第二帝政から第三共和政に継承された右のようなプロセスを、ハザリーシンが指摘するような「近代の集合的なフランス・アイデンティティの構築の最も基本的な局面の一つ」として捉えることもできよう。そして、この局面は、第二帝政よりも第三共和政という体制によってより意識的に推進されたように思われる。というのも、こうしたアイデンティティの重層性についての認識を持つ者が、第三共和政期の有力共和派政治家たちの中に確かに立ち現われたからだ。のちに首相となるジュール・メリーヌは、一八九〇年にこう述べている。「「オラがムラ」根性 esprit du clocher を嘲弄せぬようにしよう。それは、祖国という観念の構成要素の一つに他ならないのだから」(コルバン、一九九七年b、二七三頁)。共和主義者の指導的政治家たちが抱いていたこうした「農村的細胞の結集体として認識された共和政フランスという構図」(コルバン、一九九七年b、三六五頁)を最も顕示的なかたちで象徴したのが、一八八九年と一九〇〇年にパリに全国の市町村長を招いて開催された「市町村長の宴会」であった。この国民統合のための新たな連盟の一大祭典に出席するよう、村を代表して村長が首都に招かれたということは、村レベルでは、村長という役職の威信を高めるのに寄与したことであろう。「オラがムラ」意識は、外部からは狭小な縄張り根性とも見えようが、村民においては自己の村への強い愛着と誇りの心情に基づいており、それは、共和国によって否定されるどころか、祖国の観念の構成要素として共和国に公然と引き受けられたのだ。「国民化」のプロセスは、「農村的細胞」であるコミューン(国民国家に適応するかたちで再編された地域共同体の制度的枠組み)への地方農村住民たちの帰属意識を弱めるのではなく、むしろそれを強めつつ進行したと言ってよいのである。

解　説

小田中直樹

1

本書『近代フランス農村世界の政治文化』は、工藤光一（一九五八―二〇一五）が、二〇〇二年ごろから岩波書店「世界歴史選書」の一冊として構想し、加筆削除と修正をくりかえしつつも、病を得たがために惜しくもエピローグを残して完結しなかった著書である。ただし、解説（小田中直樹）、あとがき（高澤紀恵・林田伸一）、参考文献（清水祐美子）以外の本文は、すべて工藤が構想・執筆したままであり、他者の手は加えられていない。その意味で、本書は工藤の単著であるといってよい。

工藤の研究は、第一に、一九世紀フランス農村部、とくに南部ヴァール県（プロヴァンス地方）と東部オーブ県（シャンパーニュ地方）を対象とする実証的な歴史研究と、その副産物あるいは準備作業の産物たるサーベイ、第二に、いわゆるアナール学派の社会史学に関する方法論的あるいは理論的な考察、ピエール・ノラ編『記憶の場』に示唆された記憶論、恩師・二宮宏之の仕事などをめぐる史学史・歴史学方法論・歴史理論的な考察、この二者に大別できる。[*1] ただし、このうち後者で展開される方法論や理論は前者の分析枠組みとして採用されているので、工藤の主要な所説が展開されている業績とみなすべきは前者と考えてよい。実際、本書は前者に属する論文のみを元にしている。[*2] その意味で、工藤は近代フランス史の専門家として研究生活を開始し、活動し、終えたのであった。

以上の点を確認したうえで、本解説では、次の二つの課題に回答することを試みる。

第一に、本書を要約しつつ工藤の所説を再構成し、その意義を測定する。そのうえで、工藤が論じのこしたと考えられる点について私見を述べ、工藤の研究のポテンシャルすなわち「その先」を展望する。

第二に、本書を、本書の元をなす諸論文と比較対照し、異同を確認する。元論文のうち本書に所収されるに際して加筆された部分は「新たに語りたくなったこと」であり、削除された部分は「語られなくなったこと」であり、また修正された部分は「見解がかわった部分」に相当すると考えてよい。これはテクスト分析の真似事のような手続きかもしれないが、これによって工藤の所説の(存在するか否かも含めて)時間的な変遷に接近し、ひいては、書かれなかった「エピローグ」でなにが語られるはずだったかを想像し、推測してみたい。

2

工藤は、研究生活の出発点において、二宮を経由してモーリス・アギュロンに大きな影響を受け、ヴァール県農村部における社会的結合関係(ソシアビリテ)を研究対象として選択した。[*3] その後、一九八九年にパリ第一大学に留学した際、指導教員となったアラン・コルバンに分析対象としてオーブ県をアサインされ、同県農村部を研究しはじめるに至った。工藤は、もともとは南仏（それもヴァール県！）の専門家にして社会的結合関係論の提唱者であるアギュロンのもとで学ぶことを希望していたが、パリ第一大学教授だったアギュロンが一九八六年にコレージュ・ド・フランス教授に選出されたため、後任たるコルバンのもとで学ぶことになった。工藤が登録したパリ第一大学はパリ第四大学と合同で「一九世紀史研究センター」を設置している（したがって両大学で一九世紀史を学ぶ学生は、同センターを学習・研究の拠点とすることになる）が、同センターは、かねてより、一九世紀における各種エリートのプロソポグラフィ分析をテーマとする巨大な共同研究プロジェクトを進めてきたことで知られる。アギュロンやコルバンは同プロジェクトのリーダーを務めてきたが、留学した工藤は、おそらくは、このプロジェクトの一翼を担うべく、コルバンからオーブ県の研究をアサインされたわけである。*4

本書の分析対象をみると、地域はヴァール県（第三章から第五章）とオーブ県の農村部（第二章、第六章）、時期は復古王政（第二章）から第二共和政（第三章から第五章）、第二帝政（第六章）、第三共和政（第七章）に至る一九世紀全般、テーマは噂（第一章、第二章）、蜂起（第三章から第五章）、祭典（第六章、第七章）である。このうち三つのテーマに即していうと、工藤の主要関心は、元論文の準備・執筆開始時期から窺えるとおり、蜂起から祭典・噂へと移動してゆく。ここには、「政治化」と「社会的結合関係」というキーワードをもちいて村の政治の歴史的諸相を明らかにしたアギュロンの影響圏から脱し、日本でもよく知られているとおり感性の歴史学とでも呼ぶべき研究領域を開拓したコルバンの所説に惹かれてゆく工藤の姿が見て取れる。

それでは三つのテーマに即して、工藤の具体的な所説を簡略にサーベイしてみよう。

第一に、噂の研究。工藤によれば、噂と事実のあいだにはズレが存在するが、そこには人々の集合的想像力あるいは想像界(イマジネール)、さらには行動様式や表象システムなど集合的心性が反映されている(第一章)。また、噂の共有・流通メカニズムの背景には、ひとびとが取り結ぶ社会的結合関係が存在する。噂の分析は、集合的心性および社会的結合関係というアナール学派社会史学の最重要課題にアプローチすることを可能にする方策なのである。工藤は、このような見通しに立ち、復古王政期オーブ県におけるナポレオンの帰国に関する噂を対象とする実証的な分析に乗り出し、ナポレオンのイメージが「戦士」、「恵みの王」、そして「不死なる存在」へと変化してゆくことを明らかにする(第二章)。そして、その先に、ナポレオンの帰国に関する噂は「権力奪還のためのパリへの進軍」という政治文化を産出したのではないかという仮説を提示する。[*5]

第二に、蜂起の研究。工藤は、一八五一年一二月ルイ・ナポレオンのクーデタに抵抗して発生した民衆蜂起を取り上げ、そこに「農村民衆の政治」の具体的なありかたを見て取ろうとする(第三章から第五章)。かく課題を設定するに際して彼の念頭にあったのは、蜂起に参加した民衆は政治化(politicization[英]、politisation[仏])していたか否かをめぐる論争、通称「政治化論争」である。[*6] 彼は、ヴァール県の蜂起を実態・組織・参加者の意識といった諸側面から分析し、そのなかで、政治化論争は、そもそも、その二項対立的な問題設定からして誤っているという結論に至る。[*7] 彼によれば、民衆はつねに政治的アクターだったのであり、民衆蜂起は「農村民衆……における《政治》の意味が変化した」こと、すなわち「政治文化の変容」という観点から理解されるべきなのである。

第三に、祭典の研究。工藤は、第二帝政期をつうじて八月一五日(ナポレオンの誕生日)に祝われた官製の祭典「国民祭典」の実態をオーブ県について分析し、政治家間の派閥抗争や司祭と住民の対立など「地域社会の関係網のうちに包含されていた軋轢」が「国家の企図に歪みを生じさせた」ことを明らかにする（第六章）。このような歪みは、第二帝政に限られたものではない。続く第三共和政期にあっても、共和主義的国民統合を目的として政府が展開した「共和主義祭典」は「共和派村長勢力と伝統的名望家や聖職者とのローカルな抗争」のなかで解釈され、「ナショナルな政治」（国民統合）と「ローカルな政治」（ヘゲモニー争い）のあいだに相互作用関係が取り結ばれることになる（第七章）。

以上の内容を持つ本書は、論じられるテーマこそ噂、蜂起、祭典と異なり、また時期や地域も様々ではあるが、農村部民衆のローカルな政治文化の様態を問うという問題設定に貫かれている。そして、一九世紀フランス史研究の学説史という（限定的な）文脈でみた場合、彼の所説の最大の貢献は「政治文化」という概念そのものを深く考察し、そのうえで同概念を活用しながら一九世紀フランス農村史の通説を全面的に書き換えようとしたところにあるといってよい。

工藤の関心の中核にあった政治文化（political culture）の概念史については、ここであらためて詳言する必要はないだろう。[*8] 雑駁にいえば、同概念は、そもそもは一九五〇年代に政治学の領域において「政治システムが埋め込まれている政治行動志向性のパターン」（ガブリエル・アーモンド）を意味するものとして誕生したが、そののちアナール学派社会史学、さらには新文化史学の普及とともに歴史学界に導入されて人口に膾炙し、はやくも一九八〇年代には一種の流行語（バズワード）となった。[*9] そして、この過程において、アナール学派社会史学と新文化史学おのおのの背景をなす学知の影響のもと、歴史学において政治文化が意味するところは大きく変化してゆく。すなわち、ポストモダニズムや政治哲学の所説を受けて、政治（the politics［英］、la politique［仏］）は秩序のシステムすなわち政治的なるもの（the political［英］、le politique［仏］）を含意するまでに広がった。また、文化人類学の知見とともに、文化(culture)は意味と表象の動態的なパターンすなわち文化変容(acculturation)とでも呼ぶべきものを意味するようになった[*10]。

一九八〇年代から二〇〇〇年代にかけて研究生活を営んだ工藤もまた、歴史学における政治文化論のかくなるトレンドから影響を受けた。本書プロローグにおいて、彼は、政治を「人間集団における秩序の形成と解体をめぐって、人が他者に対して、また他者と共に行う営み」と定義したうえで、政治文化とは、かくなる政治をおこなうにあたって「ある一定の集団に共有される意味のシステム」を意味すると述べる。工藤が提示する政治文化の定義が、新たな政治文化の概念、すなわち「政治的なるものの文化変容」と整合的なものであることは明らかだろう。

それでは、一九世紀フランス農村史研究における工藤の所説の独自性および貢献はどこに求められるか。

まず、工藤が眼前にしていた通説を確認しておこう。一九七〇年代に至るまでの通説は「第三共和政史観」とでも呼ぶべきものであり、そのキーワードは「政治化」と「名望家」であった。同史観によれば、フランス革命以降のエリートは、なんらかのパワーの所持から生じるパーソナルな影響力(パトロネジ)を民衆に行使することにより、ハイアラーキーの上位に立っていた。このような特徴をもつエリートを、同史観は名望家と呼称する。ところが、一九世紀中葉の農村部では、民衆が名望家から政治的に自律化するという現象がみられはじめた。この事態を政治化と呼ぶが、一九・二〇世紀転換期になると、政治化した民衆は名望家の影響力行使圏から脱却し、新しい社会構造を志向することになる。すなわち、小規模農民や労働者など民衆は、労働組合を結成するなど、独自の政治的・社会的・経済的なアクターとして行動しはじめた。また第三共和政府は、「自由、平等、友愛」というスローガンを掲げ、名望家による支配を打破し、民衆を国民として統合するべく、後者と共闘してゆく……。以上が、第三共和政史観が描きだす一九世紀史像である[*11]。まとめると、同史観は、フランス革命以降、基本的には政治化と国民統合が進み、両者は第三共和政下に完了すると主張する。これは、両プロセスはスタート（政治的無知、非・国民）からゴール（政治化、国民化）に向かって進むと考えるという点で一種の定向進化論であり、また、両プロセスにおいて民衆は客体にすぎないとみなす点で一種のエリート史観である。

工藤の課題は、かくなる第三共和政史観を批判的に検討するべく、新たな政治文化（すなわち「政治的なるものの文化変容」）概念をもちいて、同世紀農村部の政治文化の実態と動態を明らかにするという点に設定された。新たな政治文化概念をもちいて民衆の行動・思想・心性を分析すると、彼らは独自な政治的アクターとみなされるべきことがはっきりとわかる。また、政治化や国民統合のプロセスは（共和派名望家、聖職者、行政官、共和派民衆、反政府派労働者など）複数のアクターが相互に作用しあうなかでジグザグな動きをたどったというべきである。工藤にいわせれば、歴史はそれほど単純なものではないのだ。

かくのごとくローカルな政治文化・民衆文化を把握する際のキーワードとなる概念は、おそらくは「道具」である。工藤によれば、民衆とエリートの双方は、ローカルあるいはナショナルな政治文化のさまざまな構成要素を、みずからの生活に役立つべき「道具」として捉え利用し、そのなかで自己もまた変容を遂げていったのである。

第三共和政史観の一九世紀史像は、第三共和政支持派が自己正当化のために用いてきたツールであり、その意味でイデオロギー的な性格を色濃く帯びている[*12]。農村部の実態に即してこの点を具体的に明らかにしたことこそ、工藤の研究の最大のオリジナリティにして貢献であるといってよい。

以上のように一九世紀フランス農村史に関する工藤の所説を要約し、評価し、その変遷をたどってみると、彼の所説の意味、知的営為の意義、その到達点はたかく評価されるべきことがわかる。とりわけ、一九世紀フランス農村における政治文化と社会的結合関係を理解するに際して必要および有益な理論・方法論・研究史を十分に吸収し消化して活用した知的誠実さと、ヴァール県およびオーブ県における広範なアーカイヴァル・ワークに費やされたリソースやエネルギーの量は、特筆に値する。

ただし、いうまでもないことだが、科学としての歴史学において「完璧な存在」は存在しない。彼の所説とて、全面的に同意されるべきものであるはずはないし、付加するべき点なきものであるはずもない。たとえば、本書第三章から第五章において展開される一八五一年反乱に関する工藤の所説を読むと、同反乱、ひろく一九世紀フランス農村部の政治文化、さらには一九世紀フランス農村部をいかに捉えるべきかをめぐり、さまざまな疑問が生じる。[*13] 以下では、この点を手掛かりとして、工藤の所説の問題点・欠点を指摘し、遺された課題を再構成してみたい。[*14]

その際に問題とされるべきは、第一に、定向進化論的でエリート主義的な第三共和政史観と異なるかたちで、一九世紀フランス農村部のローカルな政治文化や民衆文化の性格・構造・機能を、社会的結合関係との関係に留意しながら動態的に捉えるという工藤の問題設定の適切性、第二に、「道具」という概念をキーワードにしながらこの課題に取り組むという工藤の営為の妥当性と達成度、この二点である。

前者からみてみよう。

第三共和政史観に、定向進化論的でエリート主義的であるという欠点があることは事実である。また、ローカルな政治文化・民衆文化を動態的に捉えるというスタンスも、歴史学が時間的な変化を（その存否も含めて）対象とする学問領域であることを考えれば、けだし当然というべきだろう。

ただし、ローカルな政治文化・民衆文化を担うアクターとして農村部民衆を設定し、彼らを自発的・自律的な存在と捉える工藤の立論には、一定の疑問が残る。すなわち、第三共和政史観のように、彼らはそもそも非自発的で他律的だったとアプリオリに仮定することは、当然ながら正しくない。ただし、工藤においても、彼らの自発性・自律性はアプリオリに仮定されており、そのように判断する根拠は明らかにされていない。明らかにこれでは不十分である。

次に後者について。

「道具」概念を利用することは、政治文化と社会的結合関係の関係、ローカルな政治文化・民衆文化とナショナルな政治文化・エリート文化との関係、民衆とエリートの関係、農村部と都市部の関係、さらには国民化のプロセスなどを動態的に理解するうえで、重要かつ適切である。

ただし、同概念をもちいて工藤が描きだす一九世紀農村部は、動態的ではあるが、時系列的な変化に欠けるという印象を与える。それは、農村部における動態（ダイナミクス）のメカニズム、とりわけその駆動因が明示されていないためである。[*15] すなわち「道具」概念をもちいたせいか、工藤が描きだす農村部は、それなりに自発的・自律的なアクターが、自己の利益を最大化するべく、みずからの手中にある「道具」をもちいて戦略的に行動し、作用しあうゲームの場（フィールド）の様相を呈している。しかしながら、そこにおいて、アクターおのおのがなぜその「道具」や戦略を採用するのかは不明である。また彼らが取り交わす相互作用がいかなるメカニズム、とりわけいかなる因果関係を内包しているのかも不明である。その結果「たしかに動いてはいるが、どの方向に・なぜ変化してゆくのかはわからない」歴史が紡がれることになる。動態的ではあるが、時系列的な変化に欠けるという評価でぼくがいいたいのは、つまりはそういうことである。

そうであれば、工藤があとに遺した課題は明らかだろう。

まずは、政治文化ひろくは文化の次元における自発性・自律性を明確に定義したうえで、具体的な事実にもとづいて、農村部民衆におけるその存否を実証的に確定することである。あるいはまた、「自発性」や「自律性」を分析概念として設定することも、ひとつのありうる手続きだろう。このうち後者の場合は、設定した課題の遂行にあたって当該概念を利用することの有益性・有効性を証明する必要が生じる。

そのうえで、農村部を場とし、政治文化や社会的結合関係などさまざまな次元において見出されるリソースが「道具」としてもちいられる戦略的相互作用すなわちゲームとしての日常生活について、そのメカニズムとりわけ因果関係を、時系列的な変化の側面に留意しながら解き明かすことである。

こういった手続きにもとづき、フランス農村部の諸相を「時系列的な次元において動態的に、かつロジカルに」捉えるとき、はじめて工藤が設定した課題は十全にクリアされたことになるだろう。

3

ぼくらは、本書と、その元をなした論文を手にしている。それゆえ、両者を比較し、後者から前者が紡がれるにあたり、なにが削除され、なにが加筆され、なにが修正されたかを確認することが可能である。もちろん、前者には、「世界歴史選書」というシリーズの一冊をなすという性格上、枚数的な制約があったはずであり、字数制限のない後者の一部を削除することはやむをえない措置とみなしうる。ただし、どこを削除するかは著者の意図的な選択の結果であり、そこには所説の各部分に対する自己評価の変化が反映されるはずである。もちろん加筆にしてもしかり、修正にしてもしかりである。この自己評価の変化の延長線上に、工藤の到達点を（あくまでもぼくの仮説ではあるが）仮設してみたい。

まず削除であるが、驚くべきは、元の五論文が本書にとりまとめられる過程で削除された個所がきわめて少ないことである。すなわち、一文を超えるものを「一定」の規模と定義するならば、元論文において一定規模の削除個所は、わずか六個所にとどまる。[*16] しかも、これらは、ほとんどが工藤の所説の内容そのものとは無関係な個所である。これは、彼の所説が、その研究生活の全期間にわたり、相当な程度で論旨の一貫性を保っていたことを推測させる。

具体的にいうと、「政治文化」論文については、論文執筆時に二つしかなかった先行研究の異同を確定した部分（四七頁）が削除されたが、これは、本書を編むまでに他の研究が出現して時代遅れとなったためである。また「政治文化」論文には、一九九四年に発表された時点における今後の展望（四八頁、五二―五三頁）が付されているが、これも本書を編む時点では時代遅れとなっていたため削除された。「ダイナミクス」論文については、結論部分において主要先行研究（フランソワ・プルー）との異同を再確認している部分（七七―七八頁）が削除されたが、これもまた必要性に乏しい個所である。「想像界」論文については、結論部分における要約（一四九―一五〇頁）が削除されたが、この部分は他の論文とあわせて一書をなすに際しては不要だろう。これに対して「国民化」論文については、第三共和政期の国民祭に参加した「学童の大隊」の活動内容を具体的に説明している部分（四〇頁）が削除されたが、その存否は所説の内容を左右するものではないとはいえ、当該部分が削除された意図は不明である。

次に加筆であるが、一定規模の加筆は、元の五論文全体で一〇個所強を数える。多くは、準備・執筆開始時期が早かった「政治文化」論文と「国民化」論文を対象としている。そのなかには、元の論文を発表したのちに出現した関連研究をとりあげて紹介・評価した個所(「政治文化」論文四七頁など)をはじめ、所説に直接関わらないものもあるが、その一方では、いくつかのテーマについて、元論文執筆時から本書編集時に至るあいだに工藤が考察を付加・深化・変化させたことをうかがわせる個所も存在する。

これら意味のある加筆としては、次の五つが指摘できる。

第一は、政治文化における宗教とりわけカトリック教会の位置付けに関わる加筆である。たとえば「政治文化」論文については、ナポレオンの誕生日を祝祭日とするにあたり、第一帝政政府は守護聖人祭という枠組みを用いたことが加筆された(五一頁、本書一六五頁)。また、第二帝政期の国民祭典については、「政治文化」論文において、その反(または非)カトリック教会的な性格を強調する加筆がなされた(六二頁、本書一八九―一九二頁)。

第二は、政治文化とりわけローカルな政治文化の変化の相を捉えようとする意思が出現したことを反映する加筆である。すなわち、「政治文化」論文については、第二帝政期の国民祭典について、「時代とともに新しい要素も加わる」として、退役軍人・学校児童・教員の存在が大きくなってゆくことが加筆された(五三頁、本書一七〇頁)。

第三は、祭典などで表象されるローカルな政治文化の自発的・自律的な性格を強調する方向でなされた加筆である。すなわち、「政治文化」論文については、国民祭典について「コミューンの自発的・創造的祝賀行為の場ともなった」という形容詞が追加された(五三頁、本書一七二頁)。

第四は、ローカルな政治文化とナショナルな政治文化の関係に関する考察を深化させたことから生じた加筆である。すなわち「国民化」論文については、「国民化」論文を最終章とする本書全体をしめくくるべく、ダニエル・ファーブルが提唱する「コミュナリスム」という概念をもちいながら、両者は峻別されるべきであるが、それと同時に、単に相対立していたわけではなく、複雑な関係を取り結ぶなかで「国民化」すなわち国民統合を促してゆくと捉えるべきであることが、長大な加筆によって強調された[*17](四六頁、本書二二六頁)。

第五は、政治文化と社会的結合関係の関係を問おうとする意思の産物としての加筆である。すなわち「想像界」論文について、工藤は「社会的あるいは領域的集団」(コルバン)という文言に新たに注を付し、「コルバンの言う「社会的あるいは領域的集団」は、シブタニの言う「公衆」の母胎となると筆者は考える」と述べた(六二頁、本書第一章注6)。社会的あるいは領域的集団は社会的結合関係の担い手であり、公衆は政治文化の担い手である。工藤は、彼の研究生活における問題関心の中核をなす二つの分析概念について、両者の関係の検討を志していたといえるのではないだろうか。

これら加筆は、大略「ローカルな政治文化の性格・構造・機能を動態的に捉えるにはどうすればよいか」という問題設定をめぐる工藤の試行錯誤のプロセスを反映しているように思われる。

すなわち、工藤が批判した一九世紀フランス農村史研究の(一九七〇年代までの)通説たる第三共和政史観において、ローカルな政治文化、さらにはそれを包摂する民衆文化は、自発的・自律的・自己完結的であり、またナショナルな政治文化やエリート文化から一方向的な影響を受けるという関係にある「変わらざるもの」として在った。これに対して工藤は、ローカルな政治文化・民衆文化の自発性・自律性を肯定しつつも、それを、単にナショナルな政治文化・エリート文化の影響（というよりは圧力）のもとに変化を余儀なくされる受動的な存在ではなく、社会的結合関係を背景として、後者の文化との相互関係のなかで変容してゆく能動的な（まさに）主体として捉えるべきことを説き、またそのようなものとして把握・叙述・分析するための方策を探求した。その成否は別として、ここでみた加筆の軌跡からは、工藤の苦闘の跡がうかがえる。

最後に修正であるが、一定規模の修正は、元論文全体で一〇個所前後である。その多くは、ここでもまた論文準備・執筆開始時期が早かった「政治文化」論文と「国民化」論文を対象としているが、工藤の所説の変動と研究上の苦闘の跡を見て取りうるのは、削除や加筆よりも、むしろこれら修正個所である。

そのなかには、第二帝政期におけるナポレオン三世のイメージを「アンシアン・レジームへの回帰に対する最大の障壁」から「大衆的繁栄の保証者」に修正する（「政治文化」論文五七頁、本書一八〇頁）など、実証的な次元における評価の変化を反映した修正も存在する。

ただし、修正の多くは、先に述べた「ローカルな政治文化の性格・構造・機能を動態的に捉えるにはどうすればよいか」という問題設定に関わる思索の結果として生じたものだったように思われる。そして、この思索は、先述した加筆のテーマとおおきくオーバーラップするが、次の二つの所説に結実するといってよい。

第一の所説は、ローカルな政治文化・民衆文化は自発的あるいは自律的で、しかしながら可変的な性格をもっていたというものである。

たとえば、ルイ・ボナパルトのクーデタに対する抵抗運動の中にアギュロンが見出したものは「二つの文化水準(niveaux de culture)」から「二つの文化的層位」と呼びかえられた(「政治」論文二五八、二七二頁、本書八五、一〇四頁)。「水準」が上下関係をイメージさせるのに対して、「層位」は自律的・重層的な並存をイメージさせる。そしてまた、ローカルな政治文化・民衆文化とナショナルな政治文化・エリート文化とのあいだの関係は、論文の段階では十分に把握できていなかったのに対して、本書に編まれるに際しては、両者が戦略的に相手に働きかける相互作用の総体として捉えられるに至った(「政治文化」論文五六頁、本書一七七―一七八頁)。

第二の所説は、ローカルな政治文化・民衆文化は、社会的結合関係を社会経済的な背景にして基盤としていたというものである。

すなわち、第二帝政期の国民祭典のなかに見出された「ローカルな政治文化のうちに構造化されていた軋轢」は「地域社会の関係網のうちに包含されていた軋轢」と言い換えられた(「政治文化」論文六〇頁、本書一八六頁)。前者ではいまいち不明だった軋轢の次元が、後者では社会経済的な次元、すなわち社会的結合関係に照準されている。

このように政治文化と社会的結合関係を明確に区別し、両者の関係を(再)設定することにより、工藤は第三共和政期にみられた農村部民衆の国民化(国民統合)を第三共和政史観と異なるかたちで、ただし動態的に描きだすことができた。すなわち「「ナショナルな政治」の定型要素」は「〈道具〉として用いられ」ることによって「「ローカルな政治文化」を習俗とする人びとの織り成す関係網のうちに深く組み込まれる」ことになり、この過程のなかで農村部民衆の国民化が進んでゆく、というのである(「国民化」論文四五―四六頁、本書二二五頁)。

このように元論文と本書を比較し、削除・加筆・修正のあとをたどることは、工藤が考えてきたことに接近するためのひとつの方策として有益であると思われる。

すなわち、一九世紀フランス農村部における政治文化と社会的結合関係という問題関心は、工藤が研究生活の初発から一貫して保持してきたものだった。ただし、前者の捉えかたと、両者の関係という二つのポイントについては、とりわけ一九九〇年代の工藤は、いまだ明確な解釈あるいは把握を示していないといってよい。その後の工藤の研究生活は、なによりもまず、この課題に取り組むことに向けられ、そして、彼は本書を編む段階において一定の結論に達したように思われる。

それでは、もしも本書の「エピローグ」が書かれていたとしたら、それはどのようなものだったのだろうか。この設問に対する正答は、ひとり工藤のみがなしうるものである。しかし、これまで確認してきた削除・加筆・修正の履歴をたどることにより、工藤の研究生活がたどりついた地点を想像することは、許されるのではないだろうか。

おそらく、そこでは、先に指摘した二点が強調されたことだろう。すなわち、ともすれば受動的な客体として描かれがちな農村部民衆は、ローカルさらにはナショナルな政治や文化の担い手として、能動的な主体の地位を与えられるべきことが主張されたはずだ。そして、彼らが主導的に担うローカルな政治文化・民衆文化は、ナショナルな政治文化やエリート文化と相互に影響しあいながら、時空間のなかで変容してゆくことが説かれたはずだ。また、ローカルな政治文化や民衆文化は、主要な担い手たる農村部民衆が取り結ぶ社会的結合関係に支えられ、かつ規定されていたことが指摘されたはずだ。そして、その延長線上に、アギュロンから学んだ社会史的なアプローチと、コルバンから学んだ文化史的なアプローチは接合しうるし、また接合されるべきことが提言されたはずだ。かくのごとき「エピローグ」を夢想するのは、独りぼくだけだろうか。

ぼくは工藤と、あまりにも問題関心や研究対象や研究内容が類似しており、また、会話や書簡を通じてあまりにも多くのものを学んできたため、彼の研究生活を的確に評価したうえで本書を解説できているか否か、いまいち自信がない。しかし、学術的な研究は、批判され、乗り越えられ、場合によっては否定されることによって、はじめて研究史のなかに位置づけられる。本解説は、一九世紀フランス農村史を対象とする研究史のなかに本書を、さらには工藤の所説を位置づけるためのささやかな試みであった。

4

最後に、若干の私的な感慨を記すことをお許しいただきたい。ぼくは、工藤とともにした時間は決して長くはないが、それは濃密な経験であった。その中核をなすのは一九九〇年代初め、ともにフランスに家族連れで滞在していた時期である。若く、貧しく、夢と不安と希望だけがある時間を共有できたことは、いまもって懐しい記憶として在る。さらにいえば、一九八六年四月、これまた今は亡き柴田三千雄先生の大学院演習ではじめて会って以来、ごく近しいテーマを学ぶすぐれた先達からいかに多くのことを学びえたか、その僥倖は形容しがたい。

けだし研究とは、いかなる学問領域にあっても、つまるところはコミュニケイティヴな営みなのである。[*18]

（1）　このうち実証的な歴史研究にあたるのは、「《国民祭典》と農村世界の政治文化」（『思想』八三六、一九九四年、以下「政治文化」論文）、「一八五一年蜂起と農村民衆の《政治》」（『Quadrante』一〇、二〇〇八年、以下「政治」論文)、そして「噂と政治的想像界」(『Quadrante』一五、二〇一三年、以下「想像界」論文)の三論文であり、サーベイにあたるのは、「祝祭と《国民化》」(『思想』八八四、一九九八年、以下「国民化」論文)および「一九世紀フランス農民世界における噂のダイナミクス」(『Quadrante』一四、二〇一二年、以下「ダイナミクス」論文)の二論文である。

(2) すなわち、本書は全七章からなるが、第一章は「ダイナミクス」論文、第二章は「想像界」論文、第三章から第五章までは「政治」論文、第六章は「政治文化」論文、第七章は「国民化」論文を、おのおの改稿したものである。

(3) 工藤のデビュー作は「移行期における民衆の《ソシアビリテ》」(『社会史研究』八、一九八八年)である。

(4) ただし、彼が手法としてプロソポグラフィ分析をもちいなかったことからは、研究テーマをめぐってコルバンとのあいだでなんらかの「交渉」がなされたことが推測できる。

また、以上の点を考慮すると、工藤の五本の元論文の準備・執筆開始時期と発表時期のあいだには、工藤の慎重な性格と完全主義的な気質を反映してか、ズレが存在するように思われる。すなわち元論文の準備・執筆開始時期は、ヴァール県を対象とする「政治」論文が早く、ついでオーブ県を対象とする「政治文化」論文と「想像界」論文、および副産物たる「国民化」論文と「ダイナミクス」論文だったはずである。

さらに、第二帝政期オーブ県における祭典を分析する「政治文化」論文の注には、噂を対象とする研究の重要性(注21)や、その際には県文書館所蔵裁判資料が利用しうることへの言及(注18)が垣間見られる。祭典の研究(「政治文化」論文、「国民化」論文)と噂の研究(「ダイナミクス」論文、「想像界」論文)は、発表時期はおおきく異なるものの、準備・執筆開始はほぼ同時になされたと考えてよい。

(5) なお、第二章で工藤が用いているのは、オーブ県文書館所蔵の裁判資料(資料系列U)および一般行政資料(同M)である。前者と後者を比較すると、後者のほうが様々な意味で「使いやすい」が、前者には民衆の「なまの声」が比較的ダイレクトに残されているという利点がある。

（6）「政治化」という概念は、一九七〇年代にアギュロンによって提示され、人口に膾炙した（M. Agulhon, *La République au village*, Plon, Paris, 1970）。当初工藤が彼のもとで学ぶことを望んだのは、けだし当然というべきだろう。
（7）第三章から第五章で用いられている資料は、ヴァール県文書館所蔵の、ここでもまた裁判資料（正確には予審における尋問と証言の記録）である。工藤は留学前後の時期からすでに裁判資料を利用・分析することの重要性を強調していたと記憶するが、その先見の明には頭が下がる。
（8）「政治文化」なる概念については、たとえば R. Formizano, "The concept of political culture" (*Journal of Interdisciplinary History*, 31-3, 2001）を参照。
（9）そのことは、一九八九年になされたフランス革命二〇〇周年記念シンポジウムの共通テーマが「フランス革命の政治文化」だったことにもみてとれる。
（10）具体的なキーパーソンとしては、「政治」についてはミシェル・フーコー、ユルゲン・ハーバーマス、ジョン・ポーコック、「文化」についてはクリフォード・ギアツが、おのおの代表的な存在として挙げられる。また、かくして生じた新しい「政治文化」概念を歴史研究に適用した歴史学者は多々いるが、フランス史研究に即していえば、キース・ベーカー（Keith Michael Baker, *Inventing the French Revolution*, Cambridge University Press, Cambridge, 1990）、ロジェ・シャルティエ（『フランス革命の文化的起源』松浦義弘訳、岩波書店、一九九四年、原著一九九〇年）、リン・ハント（『フランス革命の政治文化』松浦義弘訳、平凡社、一九八九年、原著一九八四年）を挙げておこう。
　なお、工藤についていえば、大学院生時代の彼は「ラ・ポリティーク」から「ル・ポリティーク」への移行を語り、「アカルチュレーション」を「文化変容」と訳すべきことを説いていた記憶がある。
（11）政治化論の代表的な論者は先述したとおりアギュロンであり、名望家論の代表的な論者は二〇世紀前半に活躍した政治評論家ダニエル・アレヴィ（D. Halévy, *La Fin des notables*, Grasset, Paris, 1930 ; Id., *La République des Ducs*, Grasset, Paris, 1937）である。

(12) この点をいちはやく一九六〇年代に明らかにしたのは、喜安朗である。彼の先見の明にも頭が下がる。同「フランス第三共和政の形成と政治支配の論理」(『歴史学研究』三五〇、一九六九年)、同「第三共和政の形成とフランス急進主義」(『日本女子大学紀要・文学部編』二一、一九七一年)などを参照。

(13) 具体的にいうと、ぼくは、小田中直樹「一九世紀フランスにおける農村民衆の「政治化」をめぐって」(『土地制度史学』一一八、一九八八年)と同「もうひとつの近代フランス史研究の胎動?」(『史学雑誌』一〇七巻一〇号、一九九八年)において同反乱を取り上げ分析したが、そこから得られた所説は工藤のものと大きく異なっていた。ただし、のちに『一九世紀フランス社会政治史』(山川出版社、二〇一三年)を取りまとめる段階において、ぼくは「ローカル・ガバナンス」をキーワードとして利用することにより、工藤の所説に接近することになる。

(14) なお、工藤には実証的な論文が多くはないといわざるをえないが、その背景には、一九九二年に三年間の留学から帰国してパーマネント・ポストに就いて以降、長期間の在外研究をおこなうべくフランスを再訪する機会に恵まれなかったという事情があるように思われる。おそらくは勤務先の多忙その他の諸事由と、そして近年は体調が、フランスに長期滞在し、あるいは実証的なリサーチにもとづいて議論をアップデートすることを妨げたのだろう。それは残念な事態であり、個人的には、近年、一九世紀史研究に利用しうる県文書館・市町村文書館所蔵資料のありかたと、資料収集に利用できるツールがおおきく変貌してきただけに、工藤ならばこの変貌をいかに活用しただろうか、と、件の「歴史に「イフ」はない」という格言に反する、歴史学者失格の想いをめぐらせてみたくなる。

(15) これは、本書第一章が「噂のダイナミクス」をタイトルに掲げていることからすると、いささか皮肉な事態である。

(16) 具体的には、「政治文化」論文が三個所(四七、四八、五二―五三頁)、「国民化」論文が一個所(四〇頁)、「政治」論文はなし、「ダイナミクス」論文が一個所(七七―七八頁)、「想像界」論文が一個所(一四九―一五〇頁)である。

（17）　工藤がいう「国民化」は国民統合とほぼ同義と考えてよい。それでは、『思想』の特集「国民化とはなにか」の一環として発表された「国民化」論文を本書に取りまとめるに際して、工藤は、「国民統合」と呼びかえてもよいのに、なぜ「国民化」という語を維持したのだろうか。ぼくは、その背景には、「国民統合」という語が第三共和政史観を強く連想させることがあったのではないかと推測している。

（18）　本解説は、二〇一五年六月二一日、東京外国語大学で開催された工藤光一追悼研究セミナーにおけるトークのために準備された小田中直樹「《政治》の《文化》から《政治的なるもの》の《文化変容》へ——工藤光一のフランス史研究に寄せて」（東北大学 TERG ディスカッション・ペーパー三三六、二〇一五年）を改稿したものであり、日本学術振興会科学研究費・基盤研究（c）（研究代表者・小田中直樹、課題番号 15K02925）、同・基盤研究（b）（研究代表者・角松生史、課題番号 15H03290）、同・基盤研究（a）（研究代表者・糠塚康江、課題番号 26245003）、日本学術振興会委託研究事業（二〇一五年度）にもとづく研究成果の一部である。なお、同セミナーについては、トーカーを引き受けておきながら、突如の心身の不調により欠席を余儀なくされた。工藤絵里さんをはじめ、関係各位にお詫びもうしあげたい。

あとがき

著者工藤光一は、二〇一五年一月一〇日、長い闘病生活の後に五六年の生涯を終えた。本来、著者が書くべき「あとがき」を私たちが書いているのは、それゆえである。

本書は世界歴史選書の一冊である。この選書は、『岩波講座世界歴史』(一九九七―二〇〇〇年)の刊行後に、『講座』所収論文のうち一七本を縦横に膨らませ、一七冊のシリーズとして広く世に問うために企画された(既刊一四冊)。工藤は一九九八年、第一八巻に「国民国家と「伝統」の創出――一八七〇―一九一四年、フランスの事例から」という論文を執筆している。こうして世界歴史選書の一冊としての本書が企画された。

二一世紀の始まりとともに、工藤は、本書の執筆という大きな課題とチャンスを得た。彼が最初に構想した書名は、『喧騒と歓喜の農村世界――フランス近代の政治文化』という。しかし、この本は出版されないまま、工藤は逝った。そして今年の四月、彼の早すぎる死を悼む研究集会の相談のために、高澤は工藤の同僚だった東京外国語大学の立石博高、岩崎稔両氏と工藤家を訪ねた。その折、絵里夫人から本書の原稿を手渡されたのである。夫人は、彼のコンピューターを整理し、本書の全テキストを見つけたのであった。目次には、本書のタイトルとなった『近代フランス農村世界の政治文化

――噂・蜂起・祝祭』と並んで、括弧のなかにもうひとつの候補タイトルが記されていた。『農村世界の深層の政治史へ――一九世紀フランスの噂・蜂起・祝祭に見る政治文化』という。エピローグだけは、書かれずに残されていた。工藤は本書の完成のために、そして自分の問いに言葉を与えるために、最期までその命を注いでいたことを、私たちは知った。

六月二一日に、東京外国語大学で「工藤光一さんを偲ぶ研究集会」が開催された。その第一部「工藤さんの問いかけ」は、発見されたテキストをもとに、工藤光一が何を問い続けたのかを考える場となった。論者とタイトルは次の通りである。

小田中直樹「「政治」の「文化」から「政治的なるもの」の「文化変容」へ――工藤光一のフランス史研究に寄せて」

林田伸一「近世史研究者から見た工藤光一の歴史学」

谷川　稔「工藤さんのお仕事をふりかえる」

三人の論者の工藤との対話は、論者それぞれの歴史学を鮮明に浮かび上がらせた。多くの参加者の発言も得て、工藤とその仕事は、この日、きわめて濃密な対話の空間を生み出した。本書は、出版される前に、すでに新しい命を生きはじめたのである。

著者工藤光一は寡作であった。課題を抱え込み、考え尽くす彼の姿が目に浮かぶ。その工藤は本書で、一九九四年以来発表してきた作品群を、ひとつの作品にまとめ上げようとしている。あるいは、二一世紀の工藤の歩みは、この作品を書き上げるためにあった、と言うこともできるかもしれない。本書各章の元となった論文の初出は以下の通りである(「解説」で小田中直樹氏が指摘しているように、この元論文に少なからぬ加筆修正が加えられている)。

第Ⅰ部　噂と政治的想像界
第一章　一九世紀フランスにおける噂のダイナミクス
（初出「一九世紀フランス農民世界における噂のダイナミクス」『Quadrante』一四号、東京外国語大学海外事情研究所、五九―七九頁、二〇一二年）
第二章　ルイ一八世治下のナポレオンに関する噂――シャンパーニュ地方オーブ県を中心に
（初出「噂と政治的想像界――ルイ一八世治下におけるナポレオンに関する噂：シャンパーニュ地方オーブ県を中心に」『Quadrante』一五号、東京外国語大学海外事情研究所、一三五―一五二頁、二〇一三年）
第Ⅱ部　蜂起と農村民衆の「政治」
第三章　バス＝プロヴァンス地方ヴァール県における一八五一年蜂起の展開
第四章　山岳派秘密結社と一八五一年蜂起の「組織性」
第五章　一八五一年蜂起の意識形態
（初出「一八五一年蜂起と農村民衆の「政治」――バス＝プロヴァンス地方ヴァール県の事例を中心に」『Quadrante』一〇号、東京外国語大学海外事情研究所、二五五―三〇三頁、二〇〇八年）
第Ⅲ部　祝祭と「国民化」
第六章　第二帝政下の「国民祭」――シャンパーニュ地方の事例から
（初出「「国民祭典」と農村世界の政治文化――第二帝政下のシャンパーニュ地方」『思想』八三六号、四五―七一頁、一九九四年）

第七章　一九世紀末第三共和政下の共和主義的祝祭
（初出「祝祭と「国民化」――一九世紀末フランス第三共和政下の共和主義祭典」『思想』八八四号、二八―五一頁、一九九八年）

工藤光一は東京外国語大学フランス語学科で二宮宏之に学び、アンシアン・レジーム末期の「民衆のソシアビリテ（社会的結合関係）」と「政治的心性」との関係をテーマにした長い卒論を書き上げた。二宮ゼミで読んだジョルジュ・ルフェーヴルの『革命的群衆』がこのテーマのきっかけとなっていた。「ルフェーヴルの本では革命的集合心性が強調されていたのですが、僕はこの「心性」という考えを政治史に取り込んで、農民の政治的心性の歴史的変化をあとづけられないものだろうかと考え始めました」（「二宮宏之先生を語る」『Quadrante』九号、二〇〇七年）。その後、東京大学大学院人文科学研究科西洋史学専攻に進み、本書第Ⅱ部で扱われている一八五一年蜂起の研究に手を染めた。一九八九年から九二年にかけてフランス政府給費留学生としてパリ第一大学に留学し、アラン・コルバンの指導を受けた。その成果が、いずれも『思想』に掲載した二本の「祝祭と「国民化」」に関する研究であり、本書第Ⅲ部の元となった。帰国した工藤は、東京大学大学院に復学し単位取得満期退学後、一九九三年四月に成蹊大学文学部講師となり、九五年四月から二宮宏之の後を継いで母校で教鞭を執ることになった。

蜂起や祭典に関する具体的な研究を進めるなかで、ソシアビリテ論についての考察も深められる。ソシアビリテはともすれば固定化して捉えられがちだが、工藤はソシアビリテ論を動態的で関係性を問うものにすることが重要だと主張していた。そして、それは論文の中で具体的な事例に則して展開され始めていた。なぜ工藤がそのように考えたのかについて、前述の追悼研究集会で林田は次のような指摘を行った。ひとつには、工藤があるソシアビリテに結ばれた形を持った集団それ自体を対象としていたのではなく、政治あるいは権力秩序との関係を対象としていたからではないか。すると、そこには様々なアクターが存在し、それらと農村民衆がどのような関係を取り結ぶかが問われる必要がある。もう一つの理由として、工藤がソシアビリテ論を考えるときに、異質な「他者」とどのような関係を結ぶかという現代的課題を念頭においていたことがあるだろう。工藤は言う。「他者を自らのコードに回収せず、むしろ他者性に対してより受容的な関係を構築することこそが必要であり、ソシアビリテもこうした観点から(逆に、他者性に対して受容的な関係を築けない場合の排他性や差別性の問題も含めて)、改めて検討されるべきではないでしょうか」(「現代歴史学と〈他者〉への想像力」『西洋史研究』新輯三三号、二〇〇四年)。

工藤の最も新しい仕事は本書第I部に見られる噂を扱った研究である。コルバンが切り拓いた感性や表象の歴史学を政治史と結びつけようという意図のもとに書かれたと考えられる。「かつてアナール学派が政治史を手垢にまみれた表層の事件史として軽視したことがあったが、「感性と表象の歴史」の探求を経由して深層の政治史に迫る覚悟を決めたのなら、そこには広大な未開拓の領野が残されているということになろう」。これはコルバンを論じた文章(「記録なき個人の歴史を書く」上村忠男ほか編『歴史を問う4　歴史はいかに書かれるか』岩波書店、二〇〇四年)の一節だが、工藤自身の仕事について言っているようにも聞こえないだろうか。本書のもうひとつの候補タイトルとして工藤が考えていた『農村世界の深層の政治史へ』も、それを裏づけるように思われる。そうした未開拓の新たな政治史を追求しようという途上で病に倒れたことは、工藤自身にとっても、私たちにとっても無念というほかはない。

一九世紀フランスを論じた本書の「あとがき」を、専門を異にする私たちが書いている理由をひとこと述べておきたい。若い日から工藤と私たちは、二宮宏之という歴史家の人格と学問との応答の中で、ともに自分たちの学問を作ってきた。工藤の処女作がアンシアン・レジーム末期バス＝プロヴァンスの農村のソシアビリテ研究であったことは、彼の原点を物語っている。「民衆のソシアビリテと政治的行動様式との連関については、他日を期することとしたい」というのが、その結語である。この後工藤は、一九世紀に研究のフィールドを移したが、過去の社会に向かう基本的構えは、処女作の時から一貫しているようにも思う。すなわち、身体性に根ざし、矛盾を秘めた感情をもつ存在として人間をとらえ、その営為として歴史を読み解こうとする学的態度といえるであろうか。また、彼のすぐれたコルバン論（前出）の言葉を借りれば、「主体としての自己に、そして自己を「抑圧」するすべてのものに、徹頭徹尾自覚的であろうとする志向性を持った目」を忘れまいとする知的姿勢である。さらに彼が、一八五一年に蜂起した人びとの中に見た人としての「矜恃の念」という言葉は、彼を学問へと駆り立てた情熱の在処を私たちに垣間見せてくれるように思う。私たちは、東京で、またパリで語りあった。見えないものをすくい上げ、自らの学問を作ろうと苦闘した工藤の誠実な歩みを見てきた。林田は、『二宮宏之著作集』（二〇一一年）の編集に取り組む数年を工藤と共にした。それは、晩年の工藤が病と闘いながら精魂を傾けた仕事の一つとなった。

夫人に託された本書テキストは、林田が岩波書店の杉田守康氏に届けた。氏は世界歴史選書の担当者であり、また、『二宮宏之著作集』の担当者でもあった。氏は工藤の訃報に接すると、「世界歴史選書を刊行することは叶わなかったが、代わりになりうる論集を残したい」と、工藤の論文集刊行の企画がある旨の連絡をくださった。その後、幸いなことに、工藤自身が推敲を重ねていたテキストが前述のように夫人によって見出されたのである。氏の尽力によって、異例の早さで本書の刊行が実現しようとしている。心よりの感謝を申し上げたい。書かれなかったエピローグの替わりに、工藤の年来の友人であり、その研究を最も良く知る小田中氏が「解説」を引き受けてくれた。地図や参考文献表の作成を含む編集作業は、工藤のもとで博士論文を執筆した清水祐美子氏の献身的な働きに多くを負う。誠実で心優しい工藤への追慕は、私たちすべてを一つにした。

歴史家の命は有限である。しかも、つねに時代の限界のなかに捕らえられている。ときにそれは残酷なまでに短い。しかし、歴史家の仕事は、別の命を生きることができる。工藤が学部時代に読み感銘を受けたルフェーヴルの『革命的群衆』のように、新しい読者の新しい読みによって、新たな命を吹き込まれることもある。願わくば、読者のなかで本書が新しい命を与えられんことを。

二〇一五年一〇月

高澤紀恵
林田伸一

世界歴史選書

史料がひらく世界

南川高志
海のかなたのローマ帝国
古代ローマとブリテン島　増補新版
二〇一五年一二月刊行予定　本体３０００円

冨谷　至
木簡・竹簡の語る中国古代
書記の文化史　増補新版
本体３０００円

森本芳樹
中世農民の世界
甦るプリュム修道院所領明細帳
本体２６００円

結びあうかたち

高澤紀恵
近世パリに生きる
ソシアビリテと秩序
本体２６００円

佐藤次高
イスラームの国家と王権
オンデマンド版　本体３５００円

姫岡とし子
ジェンダー化する社会
労働とアイデンティティの日独比較史
本体２６００円

工藤光一
近代フランス農村世界の政治文化
噂・蜂起・祝祭
本体３２００円

国家と地域を問いなおす

弘末雅士
東南アジアの港市世界
地域社会の形成と世界秩序
オンデマンド版　本体３７００円

浜　忠雄
カリブからの問い
ハイチ革命と近代世界
品切

木村和男
毛皮交易が創る世界
ハドソン湾からユーラシアへ
本体２６００円

黒田明伸
貨幣システムの世界史
〈非対称性〉をよむ　増補新版
本体２８００円

近代における他者と自己

原　聖
〈民族起源〉の精神史
ブルターニュとフランス近代
オンデマンド版　本体４０００円

吉澤誠一郎
愛国主義の創成
ナショナリズムから近代中国をみる
オンデマンド版　本体４０００円

藤井　毅
歴史のなかのカースト
近代インドの〈自画像〉
オンデマンド版　本体４０００円

藤田みどり
アフリカ「発見」
日本におけるアフリカ像の変遷
本体３２００円

工藤光一

1958 年，茨城県土浦市生まれ．フランス近代史専攻．1983 年，東京外国語大学外国語学部フランス語学科卒業，東京大学大学院人文科学研究科(西洋史学専攻)に進学．1989–1992 年，フランス政府給費留学生としてパリ第一大学に留学．1993 年，東京大学大学院博士課程単位取得退学．成蹊大学講師を経て，1995 年より東京外国語大学にて教鞭を執る．2015 年歿．主要著作：『岩波講座世界歴史』18(共著)，『歴史を問う』4(共著)，『二宮宏之著作集』全 5 巻(共編)，『記憶の場』全 3 巻(共訳)ほか．

世界歴史選書

近代フランス農村世界の政治文化
——噂・蜂起・祝祭

2015 年 11 月 19 日　第 1 刷発行

著　者　工藤光一《くどうこういち》

発行者　岡 本　厚

発行所　株式会社 岩波書店
〒101-8002 東京都千代田区一ツ橋 2-5-5
電話案内 03-5210-4000
http://www.iwanami.co.jp/

印刷・理想社　カバー・半七印刷　製本・牧製本

ISBN 978-4-00-026855-4　　Printed in Japan

参考文献

清水祐美子

＊初出論文に付された文献表に基づき整理・作成した．誤植等の最低限の訂正をおこない，加えて[ ]で括って史料や書誌に関する追記をおこなった．

I. 未公刊史料

(1) 国立古文書館(Archives nationales, A.N.)所蔵史料

BB : Ministère de la Justice

BB^3 : Ministère de la Justice - affaires criminelles

BB^3 165 : Délits politiques de l'an VIII à 1816（conspirations, attentats, espionnage, trahison, propos, écrits et mouvements séditieux）.
（Troyes 郡検事報告書，1816 年 4 月 6 日）

BB^{30} : Ministère de la Justice - versements divers

BB^{30} 383 : Rapports et correspondance des procureurs généraux. Rapports politiques des procureurs généraux des cours d'appel au ministre de la Justice（classement par cours et chronologique）. 1849–1870.
（Paris 検事長報告書，1850 年 11 月 23 日）

BB^{30} 424 : Affaires politiques de 1850 à 1860.
（特別裁判所「混成委員会」の報告書をもとに作成された被告人の全国統計）

BB^{30} 435 : Mélanges concernant surtout le Second Empire.
（Paris 検事長報告書，1853 年 8 月 27 日）

BII : Votes populaires

BII 1054 : Plébiscite de 1851. Recensement des votes par départements, cantons et communes ; lettres d'envoi des préfets ; bulletins de vote annulés ou renvoyés devant

la commission.
BII 1095 : Id.
BII 1096 : Id.
BII 1143 A : Plébiscite de 1852. Recensement des votes par départements, cantons et communes ; lettres d'envoi des préfets, bulletins de vote annulés.
BII 1184 A : Id.
BII 1185 : Id.
BII 1233 A : Plébiscite de 1870. Recensement des votes par départements, cantons et communes ; lettres d'envoi, bulletins de vote annulés.
BII 1274 A : Id.
BII 1275 : Id.

F : Versements des ministères et des administrations qui en dépendent

F¹ : Ministère de l'Intérieure

F¹ CIII : Esprit public et élections

F¹ CIII Aube 4
（Arcis-sur-Aube 郡郡長による定期報告書，1858 年 1 月 4 日，
1859 年 7 月 1 日．
Bar-sur-Seine 郡郡長定期報告書，1852 年 11 月 29 日．
オーブ県知事定期報告書，1867 年 4 月 15 日）
F¹ CIII Aube 8
（Troyes 郡郡長通達，1815 年 10 月 10 日）
F¹ CIII Marne 6
F¹ CIII Haute-Marne 5
（県知事定期報告書，1859 年 1 月 7 日．
Langres 郡郡長定期報告書，1859 年 7 月 1 日）
F¹ CIII Aube 9
（オーブ県知事報告書，1859 年 5 月 28 日．
Bar-sur-Aube 郡憲兵隊指揮官補佐の報告書の写し，1862 年 2 月 21 日）

F⁷ : Ministère de l'Intérieur, Police générale

F⁷ 6729 : Série dite « Affaires politiques ». Complots divers.
（オーブ県知事報告書，1823 年 3 月 10 日）
F⁷ 6745 : Id.
（Nogent-sur-Seine 郡検事より Paris 検事長への書簡，1820 年 2 月 23 日）

(2) オーブ県古文書館 (Archives départementales de l'Aube, A.D.A.) 所蔵史料

Série M : Administration générale, économie et statistiques

[M 系列は 2009 年に全面的に再編成され，分類番号がふり直された．本文で引用されている旧分類番号に続いて，[ ]内に新分類番号およびその概要を記す．]

[1M : Administration générale du département (fonds du cabinet du préfet)]

M646 [1M398] : Courrier reçu et adressé. Correspondance administrative active et passive, renseignements administratifs. 1848.
(Ramrupt 小郡治安判事報告書，1848 年 7 月 14 日)

M962[オーブ県古文書館に照会したが，新分類番号との対応関係は明らかにできなかった]
(内相通達，1852 年 8 月 8 日．
Le Mériot 村村長報告書，1853 年 8 月 17 日．
Torvillier 村村長報告書，1853 年 8 月 18 日)

M963 [1M585] : Contrôle de l'activité politique. Événements politiques nationaux et réactions locales. Fête du 15 Août (1853–1869), naissance du Prince impérial (1856). 1853–1869.
(Estissac 町町長報告書，1856 年 8 月 16 日．
Ferreux 村村長報告書，1862 年 8 月 16 日．
Payns 村村長報告書，1862 年 8 月 17 日．
Chassenay 村村長報告書，1862 年 8 月 24 日．
Barbuise 村村長報告書，1863 年 8 月 16 日．
Rigny-la-Nonneuse 村村長報告書，1864 年 8 月 16 日．
Marcilly-le-Hayer 町町長報告書，1865 年 8 月 17 日．
Chavanges 警察署長報告書，1865 年 8 月 18 日．
Saint-Benoit-sur-Vannes 村村長報告書，1865 年 8 月 18 日．
Vauchassis 村村長報告書，1867 年 8 月 16 日)

M964 [1M576] : Événements politiques nationaux et réactions locales. Événements historiques : textes officiels, instructions, correspondance (attentat du 28 juillet 1835, coup d'État du 2 décembre 1851). 1835–1852.

M965 [1M9, 1M586, 1M891] :
[1M9] : Organisation des services préfectoraux. Généralités. Cachets administratifs : instructions, délibérations de conseils municipaux, correspondance. 1856–1879.
[1M586] : Contrôle de l'activité politique. Événements politiques nationaux et réactions locales. Événements historiques : instructions, rapports, correspondance. 1862–1870.

[1M891] : Fêtes et cérémonies publiques. Bustes impériaux et bustes de la Républiques : instructions, correspondance. 1853–1879.
M1254 [1M481] : Contrôle de l’esprit public. Affaires politiques, pénales et civiles, troubles de l’ordre public, information du préfet : instructions, rapports de police des maires et des autorités, correspondance. 1815. Concerne la Restauration.
（Troyes 郡郡長報告書，1815 年 10 月 24 日，1815 年 12 月 25 日）
M1255 [1M482] : Id. 1816–1817.
（Nogent-sur-Seine 郡郡長報告書，1816 年 1 月 12 日）
M1774 [1M336, 1M367, 1M497, 1M918]
[1M336] : Courrier reçu et adressé. Correspondance générale. 1841–1869.
[1M367] : Courrier reçu et adressé. Correspondance passive. Demandes d'audiences : correspondance. 1861–1870.
[1M497] : Contrôle de l'esprit public. Rapports sur l'état d'esprit et la situation économique. 1867–1869.
（Vendeuvre 警察署長報告書，1869 年 8 月 24 日）
M1777 [1M582] : Contrôle de l’activité politique. Événements politiques nationaux et réactions locales. Rétablissement de l’Empire : instructions, rapports, correspondance. 1852.
（Sainte-Savine 村村長報告書，1852 年 12 月 6 日．
Vailly 村村長報告書，1852 年 12 月 8 日）
M1779 [1M2, 1M889]
[1M2] : Organisation des services préfectoraux. Cachets et timbres pour l'administration civile : instructions, correspondance. an XI-1815.
[1M889] : Fêtes et cérémonies publiques. Instructions, rapports, affiches, documents imprimés, correspondance. 1831–1889. Contient un tarif du prix du buste de Louis Napoléon avec dessin ainsi qu'une documentation sur les bustes de la République.
（県知事通達，1867 年 8 月 7 日．
内相通達，1868 年 8 月 3 日．
Ervy 警察署長報告書，1868 年 8 月 16 日）

[4M : Police]
M1276 [4M422, 4M423]
[4M422] : Sûreté générale. Mesures générales de surveillance. Surveillance de personne, arrestations : instructions, rapports, correspondance. 1816.
[4M423] : Sûreté générale. Mesures générales de surveillance. Police politique, surveillance de personne, arrestations: instructions, rapports, correspondance. 1816.
（Arcis-sur-Aube 郡郡長報告書，1816 年 1 月 5 日．
オーブ県憲兵隊指揮官報告書，1816 年 1 月 7 日）

Série U : Justice

4U : Cours d'assises de l'Aube

4U6 : Cours d'assises de l'Aube. Registres des arrêts, intitulés « Registres des cours d'assises et prévôtale de l'Aube ». 1816.

（臨時即決裁判所判決記録簿，1817 年 7 月 4 日，1817 年 7 月 14 日）

4U7 : Id. 1817.

（臨時即決裁判所判決記録簿，1817 年 9 月 2 日）

5U : Tribunal de première instance de Troyes

5U165 : Tribunal de première instance de Troyes. Tribunal correctionnel. Registres des jugements. 1815.

（軽罪裁判所判決記録簿，1815 年 11 月 15 日）

6U : Tribunal de première instance d'Arcis-sur-Aube

6U52 : Tribunal de première instance d'Arcis-sur-Aube. Tribunal correctionnel. Registres des jugements. 1815–1816.

（軽罪裁判所判決記録簿，1816 年 1 月 26 日）

6U56 : Id. 1823–1826.

（軽罪裁判所判決記録簿，1823 年 5 月 30 日）

6U112 : Tribunal de première instance d'Arcis-sur-Aube. Dossiers des jugements correctionnels. Offenses envers le roi. Cris séditieux. Offenses envers le président de la République. 1815–1895.

（軽罪裁判一件書類，Chavanges 憲兵隊調書，1816 年 5 月 22 日）

7U : Tribunal de première instance de Bar-sur-Aube

7U183 : Tribunal de première instance de Bar-sur-Aube. Tribunal correctionnel. Registres des jugements. 1816.

（軽罪裁判所判決記録簿，1816 年 3 月 16 日，1816 年 4 月 20 日，1816 年 4 月 27 日）

7U184 : Id. 1817.

（軽罪裁判所判決記録簿，1817 年 8 月 9 日）

7U189 : Id. 1822.

（軽罪裁判所判決記録簿，1822 年 5 月 18 日）

7U301 : Tribunal de première instance de Bar-sur-Aube. Dossiers des jugements correctionnels. Offenses envers le roi. Cris séditieux. 1815–1822.

（軽罪裁判一件書類，書類 N° 109：1815 年 11 月 3 日，
1816 年 10 月 14 日）

7U323 : Tribunal de première instance de Bar-sur-Aube. Dossiers des jugements

correctionnels. Affaires politiques. 1848–1869.
(Soulaines 警察署長から検事への書簡, 1853 年 12 月 30 日.
Outre-Aube 憲兵班長報告書, 1861 年 8 月 18 日.
Bar-sur-Aube 郡初審裁判所検事報告書の写し, 1861 年 8 月 22 日)

8U : Tribunal de première instance de Bar-sur-Seine

8U128 : Tribunal de première instance de Bar-sur-Seine. Tribunal correctionnel. Registres des jugements. 1814–1818.
(軽罪裁判所判決記録簿, 1815 年 11 月 21 日)

8U216 : Tribunal de première instance de Bar-sur-Seine. Dossiers des jugements correctionnels. Offenses envers le roi. Cris séditieux. 1815–1832.
(軽罪裁判一件書類,
証言, 1815 年 12 月 11 日.
Les Riceys 町町長報告書, 1816 年 5 月 21 日.
Bar-sur-Seine 憲兵隊調書, 1816 年 7 月 8 日.
Gyé-sur-Seine 村村長から Bar-sur-Seine 郡検事宛て書簡, 1817 年 5 月 9 日.
Buxeuil 村村長から Bar-sur-Seine 郡検事宛て書簡, 1817 年 7 月 5 日.
Les Riceys 町町長より Bar-sur-Seine 郡検事への書簡, 1820 年 7 月 2 日.
Saint-Parres-les-Vaudes 村村長調書, 1823 年 4 月 12 日)

9U : Tribunal de première instance de Nogent-sur-Seine

9U118 : Tribunal de première instance de Nogent-sur-Seine. Tribunal correctionnel. Registres des jugements. 1828.
(軽罪裁判所判決記録簿, 1828 年 8 月 8 日)

(3) ヴァール県古文書館(Archives départementales du Var)所蔵史料

M : Administration générale et économie

[M 系列は 2012 年 8 月に全面的に再編成され, 分類番号がふり直された. 本文で引用されている旧分類番号に続いて, [ ]内に新分類番号およびその概要を記す.]

4M19 [1M176–1M180] : Administration générale du département. Événement politique. Insurrection de 1851. Insurgés : Dossiers individuels. Arrondissement de Brignoles.

4M20 [1M181–1M187] : Administration générale du département. Événement politique. Insurrection de 1851. Insurgés : Dossiers individuels. Arrondissement de Draguignan.

4M21［1M188–1M189］: Administration générale du département. Événement politique. Insurrection de 1851. Insurgés : Dossiers individuels. Arrondissement de Toulon.

II. 欧文文献

Agulhon, Maurice, 1970 ; nouvelle éd., 1979. *La République au village. Les populations du Var de la Révolution à la IIe République*, Éditions du Seuil, Paris.

Agulhon, Maurice, 1973. *1848 ou l'apprentissage de la République 1848–1852*, Nouvelle histoire de la France contemporaine 8, Éditions du Seuil, Paris.

Agulhon, Maurice, 1974. "La résistance au coup d'État en province. Esquisse d'historiographie", *Revue d'histoire moderne et contemporaine*, t. 21, janvier-mars.

Agulhon, Maurice, 1979. *Marianne au combat. L'imagerie et la symbolique républicaines de 1789 à 1880*, Flammarion, Paris.（モーリス・アギュロン，1989年『フランス共和国の肖像――闘うマリアンヌ　1789–1880』阿河雄二郎ほか訳，ミネルヴァ書房.）

Agulhon, Maurice, 1984. "La mairie", in Pierre Nora（éd.）, *Les lieux de mémoire*, tome I : *La République*, Gallimard, Paris.

Agulhon, Maurice, 1989. *Marianne au pouvoir. L'imagerie et la symbolique républicaines de 1880 à 1914*, Flammarion, Paris.

Alexis, Marcel, 1954. *Givry-en-Argonne et ses environs. A travers l'histoire*, Imprimerie de l'Union républicaine, Châlons-sur-Marne.

Amalvi, Christian, 1984. "Le 14-juillet", in Pierre Nora（éd.）, *Les lieux de mémoire*, tome I : *La République*, Gallimard, Paris.［クリスチャン・アマルヴィ，2003年「7月14日――〈怒りの日〉から〈祝祭の日〉へ」長井伸仁訳，ピエール・ノラ編／谷川稔監訳『記憶の場――フランス国民意識の文化＝社会史　2　統合』岩波書店，所収.］

Baczko, Bronislaw, 1989. *Comment sortir de la Terreur. Thermidor et la Révolution*, Gallimard, Paris.

Baubérot, Jean, 1997. *La morale laïque contre l'ordre moral*, Éditions du Seuil, Paris.

Bellenfant, Michel（éd.）, 1978. *Le coup d'État du 2 décembre du Var*, textes réunis et présentés par Michel Bellenfant, Centre départemental de documentation pédagogique, Nice.

Bercé, Yves-Marie, 1974a. *Histoire des croquants. Étude des soulèvements populaires en France au XVIIe siècle dans le sud-ouest de la France*, 2 vols., Mouton, Paris / Droz, Genève.

Bercé, Yves-Marie, 1974b. *Croquants et nu-pieds. Les soulèvements paysans en France du XVIe au XIXe siècle*, Gallimard / Julliard（Collection Archives）, Paris.

Berenson, Edward, 1984. *Populist Religion and Left-Wing Politics in France, 1830–1852*, Princeton University Press, Princeton.

Beury, André, 1983. *Troyes de 1789 à nos jours*, tome I : 1789–1830, Librairie Bleue, Troyes.

Beury, André, 1984. *Troyes de 1789 à nos jours*, tome II : 1830–1852, Librairie Bleue, Troyes.

Blache, Noël, 1869. *Histoire de l'insurrection du Var en décembre 1851*, Le Chevalier, Paris ; rééd. la Table rase, Cesson (Seine-et-Marne), 1983.

Bloch, Marc, 2007. *Réflexions d'un historien sur les fausses nouvelles de la guerre*, Éditions Allia, Paris, (Première publication en 1921 dans la *Revue de synthèse historique*).

Bluche, Frédéric, 1980. *Le Bonapartisme. Aux origines de la droite autoritaire (1800–1850)*, Nouvelles Éditions Latines, Paris.

Bois, Jean-Pierre, 1991. *Histoire des 14 juillet 1789–1919*, Éditions Ouest-France, Rennes.

Boudon, Jacques-Olivier, 1998. "Grand homme ou demi-dieu? La mise en place d'une religion napoléonienne", *Romantisme. Revue du dix-neuvième siècle*, n° 100.

Bourguinat, Nicolas, 2002. *Les grains du désordre. L'État face aux violences frumentaires dans la première moitié du XIXe siècle*, Éditions de l'École des hautes études en sciences sociales, Paris.

Caron, Jean-Claude, 2002. *L'été rouge. Chronique de la révolte populaire en France (1841)*, Aubier, Paris.

Chauvaud, Frédéric, 1991. *De Pierre Rivière à Landru. La violence apprivoisée au XIXe siècle*, Brépols, Paris.

Cholvy, Gérard / Yves-Marie Hilaire, 1985. *Histoire religieuse de la France contemporaine*, t. I : 1800–1880, Privat, Toulouse.

Clause, Georges, 1988. "L'essor de la Champagne sous le Premier Empire et la Monarchie censitaire", in Maurice Crubellier (sous la direction de), *Histoire de la Champagne*, Éditions Privat, Toulouse, 1975 ; 1e réimpression, 1988.

Constant, Émilien, 1977. *Le département du Var sous le Second Empire et au début de la IIIe République*, Thèse pour le Doctorat ès lettres, Université de Province-Aix, 3 vols. [2009年に公刊された. Émilien Constant, 2009–2011. *Le département du Var sous le Second Empire et au début de la Troisième République*, Association 1851 pour la mémoire des résistances républicaines, Les Mées (Alpes-de-Haute-Provence), 2 tomes et un volume d'index (Index des tomes I et II, errata et bibliographie par nom d'auteurs, réalisation, Évelyne Maushart).]

Corbin, Alain, 1975. *Archaïsme et modernité en Limousin au XIXe siècle*, 2 vols., Marcel Rivière, Paris.

Corbin, Alain, 1990. *Le village des cannibales*, Aubier, Paris. (コルバン, 1997年a『人

喰いの村』石井洋二郎・石井啓子訳，藤原書店．）
Corbin, Alain, 1994. “La fête de souveraineté”, in Alain Corbin / Noëlle Gérôme / Danielle Tartakowsky（dir.）, *Les usages politiques des fêtes aux XIXᵉ–XXᵉ siècles : actes du colloque organisé les 22 et 23 novembre 1990 à Paris*, Publications de la Sorbonne, Paris.
Dalisson, Rémi, 2004. *Les trois couleurs, Marianne et l'empereur : fêtes libérales et politiques symboliques en France, 1815–1870*, Boutique de l'histoire, Paris.
Day-Hickman, Barbara Ann, 1999. *Napoleonic Art : Nationalism and the Spirit of Rebellion in France（1815–1848）*, University of Delaware Press, Newark / Associated University Press, London.
De Bertier de Sauvigny, Guillaume, 1955. *La Restauration*, Flammarion, Paris.
Dessal, Marcel, 1951. “Le Complot de Lyon et la résistance au coup d'État dans les départements du Sud-Est”, *1848 : Revue des révolutions contemporaines*, n° 189.
Dupont, Charles, 1881. *Les républicains et les monarchistes dans le Var en décembre 1851*, Germer Baillière, Paris.
Duteil, Camille, 1852. *Trois jours de généralat ou un épisode de guerre civile dans le Var（décembre 1851）*, Imprimerie de Félix Rossi, Savone.
Farge, Arlette, 1992. *Dire et mal dire. L'opinion publique au XVIIIᵉ siècle*, Éditions du Seuil, Paris.
Farge, Arlette, 1997. “rumeur”, in Michel Delon（dir.）, *Dictionnaire européen des Lumières*, PUF, Paris.
Fournier, Victor, 1928. *Le coup d'État de 1851 dans le Var*, Olivier Joulian, Draguignan.
Gaudin, Pierre / Claire Reverchon, 1986. “L'événement dans le légendaire historique ; l'exemple de la résistance au coup d'État de Louis-Napoléon Bonaparte dans le Drôme”, in Centre Méridional d'Histoire Sociale, *L'événement. Actes du colloque organisé à Aix-en-Provence par le Centre Méridional d'Histoire Sociale, les 16, 17 et 18 septembre 1983*, Université de Provence, Publication de l'Université d'Aix.
George, Jocelyne, 1989. *Histoire des maires*, Plon, Paris.
George, Jocelyne, 1994. “Le banquet des maires ou la fête de la Concorde républicaine”, in Alain Corbin / Noëlle Gérôme / Danielle Tartakowsky（dir.）, *Les usages politiques des fêtes aux XIXᵉ–XXᵉ siècles : actes du colloque organisé les 22 et 23 novembre 1990 à Paris*, Publications de la Sorbonne, Paris.
Godechot, Jacques（éd.）, 1995. *Les Constitutions de la France depuis 1789*, Édition mise à jour par Thierry Godechot, Flammarion, Paris.
Hazareesingh, Sudir, 2004. *The Legend of Napoleon*, Granta Books, London.
Hobsbawm, Eric / Terence Ranger（ed.）, 1983. *The Invention of Tradition*, Cambridge University Press, Cambridge.（エリック・ホブズボウム／テレンス・レンジャー編，1992 年『創られた伝統』前川啓治・梶原景昭ほか訳，紀伊國屋書

店.)

Huard, Raymond, 1979. “Une structure politique ambiguë : les sociétés secrètes quarante-huitards dans le Midi de France”, in *Histoire et clandestinité du Moyen-Âge à la Première Guerre mondiale : Colloque de Privas* (*mai 1977*), Actes recueillis par Michèle Tilloy, Gabriel Audisio, et Jacques Chiffoleau, Numéro spécial de *la Revue du Vivarais*, O.S.J., Albi.

Huard, Raymond, 1982. *Le mouvement républicain en Bas-Languedoc 1848–1881 : la préhistoire des partis*, Presses de la Fondation nationale des sciences politiques, Paris.

Ihl, Olivier, 1995. “Le Clochemerle de la République”, in Maurice Agulhon (éd.), *Cultures et folklores républicains*, Éditions du CTHS, Paris.

Ihl, Olivier, 1996. *La fête républicaine*, Gallimard, Paris.

Kaplan, Steven L., 1982. *The Famine Plot Persuasion in Eighteenth-Century France*, The American Philosophical Society, Philadelphia.

Lagoueyte, Patrick, 1989. *La vie politique en France au XIXe siècle*, Ophrys, Paris.

Lefebvre, F., 1981. “Les élections présidentielles de 1848 dans le département de la Marne”, *Historiens et géographes*, n° 283.

Lefebvre, Georges, 1988. *La Grande Peur de 1789*, Paris, 1932 ; suivi de “Les Foules révolutionnaires”, Armand Colin, Paris.

Le Gallo, Yves, 1987. “Basse-Bretagne et Bas-Bretons (1870–1918)” in Jean Balcou / Yves Le Gallo (éd.), *Histoire littéraire et culturelle de la Bretagne*, t. 3, Champion, Paris / Slatkine, Genève.

Letrait, Jean-Jacques, 1967. “L’insurrection dans le Var contre le coup d’État de 1851”, *Bulletin de la Société d’études scientifiques et archéologiques de Draguignan*, nouvelle série, t. 12.

Lussier, Hubert, 1987. *Les sapeurs-pompiers au XIXe siècle. Associations volontaires en milieu populaire*, Association des Ruralistes Français Éditions / L’Harmattan, Paris.

Malandain, Gilles, 2011. *L’introuvable complot. Attentat, enquête et rumeur dans la France de la Restauration*, Éditions de l’École des hautes études en sciences sociales, Paris.

Maquan, Hippolyte, 1853. *Trois jours au pouvoir des insurgés*, Marseilles, 1852 ; rééd., sous le titre *Insurrection de décembre 1851 dans le Var. Trois jours au pouvoir des insurgés. Deuxième édition. Pensées d’un prisonnier*, Imprimeur-éditeur H. Bernard, Draguignan.

Margadant, Ted W., 1979. *French Peasants in Revolt. The Insurrection of 1851*, Princeton University Press, Princeton.

Marjolin, Robert, 1933. “Troubles provoqués en France par la disette de 1816–1817”, *Revue d’histoire moderne*, tome VIII.

McPhee, Peter, 1992. *The Politics of Rural Life. Political Mobilization in the French*

Countryside 1846–1852, Clarendon Press, Oxford.
Ménager, Bernard, 1988. *Les Napoléon du peuple*, Aubier, Paris.
Millo, Daniel, 1986. "Le nom des rues", in Pierre Nora（éd.）, *Les lieux de mémoire*, tome II : *La Nation, 3 : La gloire. Les mots*, Gallimard, Paris.（ダニエル・ミロ，2003年「街路の命名」天野知恵子訳，ピエール・ノラ編／谷川稔監訳『記憶の場――フランス国民意識の文化＝社会史　3　模索』岩波書店，所収.）
Mistral, Frédéric, 1979. *Lou Tresor dóu Felibrige : dictionnaire provençal-français*, Édisud, Aix-en-Provence.
Moraine, Annie, 1989. "Un pasteur à la recherche d'une chrétienté", in Georges Clause（dir.）, *Le diocèse de Châlons*（*Histoire des diocèses de France*, 23）, Beauchesne, Paris.
Ory, Pascal, 1984. "Le centenaire de la Révolution française", in Pierre Nora（éd.）, *Les lieux de mémoire*, tome I : *La République*, Gallimard, Paris.（パスカル・オリイ，2003年「フランス革命100年祭――1789年による証し」渡辺和行訳，ピエール・ノラ編／谷川稔監訳『記憶の場――フランス国民意識の文化＝社会史　2　統合』岩波書店，所収.）
Pécout, Gilles, 1994. "La politisation des paysans au XIXe siècle. Réflexions sur l'histoire politique des campagnes françaises", *Histoire et Sociétés Rurales*, n° 2.
Ploux, François, 1999. "Politique, rumeurs et solidalités territoriales dans les résistances au recensement de 1841", *Cahiers d'histoire*, t. 44.
Ploux, François, 2000. "L'imaginaire social et politique de la rumeur dans la France du XIXe siècle（1815–1870）", *Revue historique*, t. 614.
Ploux, François, 2003. *De bouche à oreille. Naissance et propagation des rumeurs dans la France du XIXe siècle*, Aubier, Paris.
Ponteil, Felix, 1937. "Le ministre des Finances Georges Humann et les émeutes antifiscales en 1841", *Revue historique*, t. 179.
Price, Roger, 1972. *French Second Republic. A Social History*, B. T. Batsford, London.
Raillat, Landric, 1991; 1994. *Charles X. Le sacre de la dernière chance*, O. Orban, Paris.
Sanson, Rosemonde, 1976. *Les 14 juillet. Fête et conscience nationale, 1789–1975*, Flammarion, Paris.
Sanson, Rosemonde, 1994. "Le 15 août : Fête nationale du Second Empire", in Alain Corbin / Noëlle Gérôme / Danielle Tartakowsky（dir.）, *Les usages politiques des fêtes aux XIXe–XXe siècles : actes du colloque organisé les 22 et 23 novembre 1990 à Paris*, Publications de la Sorbonne, Paris.
Soboul, Albert, 1948. "La question paysanne en 1848", *La Pensée*, n° 18, 19, 20.
Ténot, Eugène, 1865. *La province en décembre 1851*, Les principaux libraires, Paris.
Thibon, Christian, 1988. *Pays de Sault. Les Pyrénées audoises au XIXe siècle : les villages et l'État*, CNRS, Paris.

Tilly, Charles, 1972. "How Protest Modernized in France 1845–1855", in William O. Aydelotte / Robert William Fogel / Allan G. Bogue (eds.), *The Dimensions of Quantitative Research in History*, Princeton University Press, Princeton.

Tilly, Charles / Louise Tilly / Richard Tilly, 1975. *The Rebellious Century, 1830–1930,* Harvard University Press, Cambridge.

Truesdell, Matthew, 1989. "La Révolution française et ses reflets dans les célébrations officielles du Second Empire", in Michel Vovelle (dir.), *L'image de la Révolution française : communications présentées lors du Congrès mondial pour le bicentenaire de la Révolution, Sorbonne, Paris, 6–12 juillet 1989*, t. II, Pergamon Press, Paris.

Truesdell, Matthew, 1997. *Spectacular Politics : Louis-Napoleon Bonaparte and the Fête Impériale, 1849–1870*, Oxford University Press, Oxford / New York.

Tudesq, André-Jean, 1965. *L'élection présidentielle de Louis-Napoléon Bonaparte. 10 décembre 1848*, Armand Colin, Paris.

Vallin, Pierre, 1982. "Fête, mémoire et politique : les 14 juillet en Limousin (1880–1914)", *Revue française de science politique*, 32, 6.

Van Gennep, Arnold, 1999. *Le folklore français 2. Cycles de mai, de la Saint-Jean, de l'été et de l'automne*, Robert Laffont, Paris.

Vigier, Philippe, 1963. *La Seconde République dans la région alpine*, 2 vols., PUF, Paris.

Vigier, Philippe, 1977. "Le Bonapartisme et le monde rural", in Karl Hammer / Peter Claus Hartmann, publiés par, *Le Bonapartisme : phénomène historique et mythe politique : actes du 13e colloque historique franco-allemand de l'Institut Historique Allemand de Paris à Augsbourg du 26 jusqu'au 30 septembre 1975*, Artemis, Zürich / München.

Vigier, Philippe, 1998. *1848, les Français et la République,* préface d'Alain Corbin, Hachette, Paris. (rééd. de *La vie quotidienne en province et à Paris pendant les journées de 1848*, Hachette, Paris, 1982 ; augmenté d'une préface)

Waquet, Françoise, 1981. *Les fêtes royales sous la Restauration ou l'Ancien Régime retrouvé*, Arts et métiers graphiques, Paris / Droz, Genève.

Weber, Eugen, 1976. *Peasants into Frenchmen. The Modernization of Rural France, 1870–1914*, Stanford University Press, Stanford.

Weber, Eugen, 1980. "The Second Republic, Politics, and the Peasants", *French Historical Studies*, 11–4.

Weber, Eugen, 1982. "Comment la politique vint aux paysans", *The American Historical Review*, 87–2.

III. 日本語文献

天野知恵子, 1997 年「国民国家の創設と愛国少年伝説の展開——フランス

革命の英雄，バラ，ヴィアラ」『史学雑誌』第 106 編第 9 号．［天野知恵子，2007 年『子どもと学校の世紀――18 世紀フランスの社会文化史』岩波書店，第 4 章第 2 節に改稿のうえ所収．］
小田中直樹，1988 年「19 世紀フランスにおける農村民衆の「政治化」をめぐって」『土地制度史学』第 118 号．［小田中直樹，2013 年『19 世紀フランス社会政治史』山川出版社，序章第 2 節および補論に改稿のうえ所収．］
小田中直樹，1995 年『フランス近代社会 1814–1852――秩序と統治』木鐸社．
小田中直樹，2002 年『歴史学のアポリア』山川出版社．
オルポート，G. W.／L. ポストマン，2008 年『デマの心理学』南博訳，岩波書店，1952 年．復刻版，岩波書店．（Gordon W. Allport / Leo J. Postman, 1947. *The Psychology of Rumor*, Henry Holt, New York.）
カプフェレ，ジャン＝ノエル，1993 年『うわさ――もっとも古いメディア』増補版，古田幸男訳，法政大学出版局．（Jean-Noël Kapferer, 1987. *Rumeurs : le plus vieux média du monde*, Éditions du Seuil, Paris.）
木下賢一，1995 年「第二共和政と第二帝政」柴田三千雄・樺山紘一・福井憲彦編『世界歴史大系　フランス史 3』山川出版社，所収．
工藤光一，1988 年「移行期における民衆の「ソシアビリテ」――アンシャン・レジーム末期のバス＝プロヴァンス地方農村社会」『社会史研究』8 号．
工藤光一，2009 年「市民社会と「暴力的」農民――19 世紀フランスにおける「農民市民」の誕生」立石博高・篠原琢編『国民国家と市民――包摂と排除の諸相』山川出版社．
甲山三詠，1999 年「心性の歴史からイマジネールの歴史へ――ジャック・ルゴフの問題意識の特徴」『欧米文化研究』第 17 号．
甲山三詠，2002 年「アナール学派第三世代における問題意識の転換――ジャック・ルゴフによるイマジネール概念の提唱」『社会文化史学』第 43 号．
コルバン，アラン／二宮宏之／福井憲彦／工藤光一，1993 年「感性と表象の歴史学へむけて――アラン・コルバン氏に聞く」『季刊 iichiko』28 号．
コルバン，アラン，1997 年 a『人喰いの村』石井洋二郎・石井啓子訳，藤原書店．（Alain Corbin, 1990. *Le village des cannibals*, Aubier, Paris.）
コルバン，アラン，1997 年 b『音の風景』小倉孝誠訳，藤原書店．（Alain Corbin, 1994. *Les cloches de la terre. Paysage sonore et culture sensible dans les campagnes au XIXe siècle*, Albin Michel, Paris.）
近藤和彦，2003 年「政治文化　なにがどう問題か」歴史学研究会編『現代歴史学の成果と課題　1980–2000 年　II――国家像・社会像の変貌』青木書店，所収．
佐藤健二，1995 年『流言蜚語――うわさ話を読みとく作法』有信堂．
シブタニ，タモツ，1985 年『流言と社会』広井脩・橋元良明・後藤将之訳，

東京創元社.（Tamotsu Shibutani, 1966. *Improvised News. A Sociological Study of Rumor*, Bobbs-Merrill, Indianapolis.）
清水幾太郎，2011年『流言蜚語』日本評論社，1937年．筑摩書房(ちくま学芸文庫).
新村出編，1993年『広辞苑』第4版，岩波書店，1991年(第3刷1993年).
杉本淑彦，2002年『ナポレオン伝説とパリ——記憶史への挑戦』山川出版社.
西願広望，2001年「王政復古期における民衆のナポレオン伝説——伝説を表現したメディアに注目して」『札幌学院商経論集』第18巻第1号.
ソブール，アルベール，1956年『資本主義と農村共同体』飯沼二郎・坂本慶一訳，未来社.（Albert Soboul, 1950. “La communauté rurale à la fin du XVIIIe siècle”, *Le mois d'ethnographie française*, n° 3 ; Id., 1948. “La question paysanne en 1848”, *La Pensée*, n°s 18, 19, 20.）
竹中幸史，2005年『フランス革命と結社——政治的ソシアビリテによる文化変容』昭和堂.
立川孝一，1982年「自由の木——フランス革命のサンボリスム」北海学園大学『学園論集』第42号.
立川孝一，1989年『フランス革命——祭典の図像学』中央公論社(中公新書).
田中正人，1990年「『二人の子供のフランス巡歴』とその時代——第三共和政初期の初等教育イデオロギー」，谷川稔ほか著『規範としての文化——文化統合の近代史』平凡社，所収.
谷川稔，1990年「司祭と教師——19世紀フランス農村の知・モラル・ヘゲモニー」，谷川稔ほか著『規範としての文化——文化統合の近代史』平凡社，所収.
谷川稔，1997年『十字架と三色旗』山川出版社.
ディフォンツォ，ニコラス，2011年『うわさとデマ——口コミの科学』江口泰子訳，講談社.（Nicholas DiFonzo, 2008. *The Watercooler Effect. A Psychologist Explores the Extraordinary Power of Rumors*, Avery, New York.）
ドリュモー，ジャン，1997年『恐怖心の歴史』永見文雄・西澤文昭訳，新評論.（Jean Delumeau, 1978. *La Peur en Occident (XIVe–XVIIIe siècles). Une cité assiégée*, Fayard, Paris.）
中木康夫，1975年『フランス政治史』上，未来社.
西川長夫，1984年「1851年12月の農民蜂起——忘れられた農民反乱の復権」，同『フランスの近代とボナパルティズム』岩波書店，所収.
西川長夫，1985年「1848年革命とフランスの農民」，阪上孝編『1848——国家装置と民衆』ミネルヴァ書房，所収.
二宮宏之，1995年「ソシアビリテの歴史学と基層文化」，川田順造編『ヨー

ロッパの基層文化』岩波書店，所収．［『二宮宏之著作集第 3 巻　ソシアビリテと権力の社会史』岩波書店，2011 年に再録．］
ノイバウアー，ハンス＝ヨアヒム，2000 年『噂の研究』西村正身訳，青土社．（Hans-Joachim Neubauer, 1998. *FAMA. Eine Geschite des Gerüchts*, Berlin Verlag, Berlin.）
早川洋行，2002 年『流言の社会学――形式社会学からの接近』青弓社．
ハント，リン，1989 年『フランス革命の政治文化』松浦義弘訳，平凡社．（Lynn Hunt, 1984. *Politics, Culture, and Class in the French Revolution*, University of California Press, Berkeley.）
広井脩，1988 年『うわさと語法の社会心理』日本放送出版協会（NHK ブックス）．
広井脩，2001 年『流言とデマの社会学』文藝春秋（文春新書）．
ファーブル，ダニエル，1995 年（インタヴュー）「農民世界の歴史人類学」，福井憲彦編『歴史の愉しみ・歴史家への道――フランス最前線の歴史家たちとの対話』新曜社，所収．
ファルジュ，アルレット／ジャック・ルヴェル，1996 年『パリ 1750――子供集団誘拐事件の謎』三好信子訳，新曜社．（Arlette Farge / Jacques Revel, 1988. *Logiques de la foule. L'affaire des enlèvements d'enfants, Paris 1750*, Hachette, Paris.）
藤竹暁，1974 年『パニック――流言蜚語と社会不安』日本経済新聞社．
ボベロ，ジャン，1993 年「政教分離，市民的宗教，世俗化――フランスにみるいくつかの仮説」，国際日本文化研究センター『国際シンポジウム第 8 集　日本文化と宗教――宗教と世俗化』（訳者名記載なし）．
槇原茂，2002 年『近代フランス農村の変貌――アソシアシオンの社会史』刀水書房．
南博，1962 年「流言飛語にあらわれた民衆の対抗意識」『文学』30 巻 4 号．（南博『社会心理学の性格と課題』勁草書房，1963 年に再録．）
モラン，エドガール，1980 年『オルレアンのうわさ――女性誘拐のうわさとその神話作用』第 2 版，杉山光信訳，みすず書房．（Edgard Morin, 1970. *La Rumeur d'Orléans*, Éditions du Seuil, Paris, 1969 ; nouvelle éd.）
安丸良夫，1992 年『近代天皇像の形成』岩波書店．
ルフェーヴル，ジョルジュ，1982 年『革命的群衆』二宮宏之訳，創文社．（Georges Lefebvre, 1988. *La Grande Peur de 1789*, Paris, 1932 ; suivi de "Les Foules révolutionnaires", Armand Colin, Paris.）
ロスノウ，R. L.／G. A. ファイン，1982 年『うわさの心理学――流言からゴシップまで』南博訳，岩波書店．（Ralph L. Rosnow / Gary Alan Fine, 1976. *Rumor and Gossip. The Social Psychology of Hearsay*, Elsevier Scientific Publishing Company, New York.）

注

第Ⅰ部

第１章

(1)　「ファーマ Fama」とは，噂の女神のこと．

(2)　モラン(1980)は例外と言えよう．社会学者エドガール・モランは，噂を「神話」と捉え，「神話は，心理＝感情の論理にしたがって体系化され，一貫性をもった想像上の物語なのである」(モラン，1980 年，61 頁)と主張している．

(3)　ブロックのこうした考察は，その 11 年後の 1932 年に刊行されたジョルジュ・ルフェーヴルの『1789 年の大恐怖』を想起させる．この著書でルフェーヴルは「大恐怖」を「巨大な「虚報」」と表現している(Lefebvre, 1988, p. 96)．この「巨大な「虚報」」にルフェーヴルが看取した心理的メカニズムは，あたかもブロックによって第一次世界大戦期の「虚報」のうちにすでに見出されていたかのような感がある．

(4)　中世史の泰斗ジャック・ルゴフの「イマジネール」概念については，甲山(1999 ; 2002)を参照．

(5)　シブタニによれば，「公衆」とは，ある時期に注目の対象を共有しているということによってのみこれを確定できる一時的な集団ということになる．以上の点については，シブタニ(1985 年，61 頁)を参照．

(6)　コルバンの言う「社会的あるいは領域的集団」は，固有の表象システムを持つのであるから，何らかの出来事が生じたときに注目の対象を共有する一時的な集団を生み出すことになるだろう．コルバンの言う「社会的あるいは領域的集団」は，シブタニの言う「公衆」の母胎となると筆者は考える．

(7)　この希少性は，19 世紀史研究が，民衆の政治的態度を決定する可能性のある要因として，集合的想像力や想像界をいかに過小評価してきたかを物語るものであろう．

(8)　プルーは，この著書の予告編とも言える論文(Ploux, 2000)も著している．

(9)　プルーは，「希望や千年王国的期待の感情の表現」である噂の例として，王政復古下に流布した，ナポレオンの帰国を告げる噂をあげている(Ploux,

2000, p. 402, note 21).

(10) スティーヴン・L. カプランが18世紀フランスの枠組で注目した「飢餓陰謀」の噂(Kaplan, 1982)は，異なる文脈においてではあるが，19世紀フランスにも見られる．第二帝政期のそれは，「飢餓陰謀」の観念のフランスにおける最後の表現であった．

(11) シブタニのこの著書の訳者である広井脩らが同書に付した訳注によれば，「状況の定義 definition of situation」とは，社会学の中でもとりわけ象徴的相互作用論の鍵概念の一つであり，「外部世界に対して意味付与を行ない，状況をある程度一貫した解釈のもとに理解し位置づける活動，およびその結果得られた状況認識の枠組」のことを言う(シブタニ，1985年，340頁，訳注2)．これは，表象の歴史学とも一脈相通じる考え方であると筆者には思われる．

(12) 配賦税とは，徴税総額が立法議会によって定められ，立法議会は各県に割当額を配賦し，次いで県議会が郡に，郡議会が市町村に，最後に市町村議会が納税者に配賦する租税である(Caron, 2002, p. 63).

(13) 1841年夏に広まった騒擾では，しばしば「共和政万歳」が叫ばれ，「ラ・マルセイエーズ」などのフランス革命期の歌が歌われた(Caron, 2002, pp. 141–165 ; Ploux, 2003, p. 102)．この時期の共和政支持の意識が，反税感情と密接に結び付いていたことが窺われる．

(14) ユマン調査は，反税闘争の伝統を持ち，反税感情の強かった南フランスでは，多数の騒擾を引き起こしたが，北フランスでは，リールやドゥエといったいくつかの都市を除けば，調査は平穏に行なわれた．キャロンは，北仏でほとんど騒擾が発生しなかったのは，北仏が「国民空間 espace national」にすでに統合されていたからで，北仏では租税は有益な見返りをもたらすものとして民衆に受け入れられていたと見ている(Caron, 2002, pp. 128–137)．七月王政期にもなお，国土の半分にも及ぶ地域に散在する多数のコミューンにおいて，国民国家への統合を拒絶する意思が持続していたと言えようか．

(15) 有権者を県庁所在地に集めて単一の選挙会を形成するという方式は，ローカルな貴族や司祭が影響力を及ぼしやすい小郡ないし郡単位というより規模の小さな選挙会を開かないことで，土地貴族や司祭の選挙における影響力を弱めることを意味するものであり，また投票において土地貴族に不便な移動を強いるものでもあった．それに対して，その多くが県庁所在地に居住するブルジョワジーの有権者は投票で移動する必要がないことになる(De Bertier de Sauvigny, 1955, p. 146).

(16) 「制度的チャネル」とは，シブタニの言う意味で用いている．それは「安定した規則，はっきり規定された役割を達成する職員，職員をどのように交替しても遺漏のないほど確立されている手続き，および維持運営の

ための制裁措置などの存在」を特徴とする，高度に組織化されたコミュニケーション・チャネルのことである（シブタニ，1985年，39頁）．これを補完するのが，「補助的チャネル，つまり「うわさ情報路」(grapevine)」という非公式のコミュニケーション・ネットワークである（シブタニ，1985年，40頁）．

第２章

（1）　メナジェしろ，後にあげるフランソワ・プルーにしろ，「ボナパルティズム」という言葉を，フレデリック・ブリュシュの定義に従って，ナポレオンないしその血筋を引く後継者が権力を掌握する帝政体制を望ましいとする政治的潮流，あるいはこの政治的潮流を突き動かすドクトリンという意味で用いていると思われる（Bluche, 1980, p. 169）．筆者もまた，こうした意味で「ボナパルティズム」という言葉を用いる．

（2）　西願広望も王政復古期における民衆の「ナポレオン伝説」を探るべく，この伝説を表現した「メディア」に注目して，その「メディア」の1つとして噂をあげている（西願，2001）．ただし，西願のこの論文の目的が，「ナポレオン伝説」を表現した「メディア」の一覧表を示すことにあったため，噂の扱いはごく小さい．また，西願は，「ボナパルティズム」も「ナポレオン崇拝」も「ナポレオン伝説」も理論的に区別しないで，すべてを「ナポレオン伝説」と一括りにしているが，筆者は，後述するように，「ナポレオン伝説」を，ナポレオンに対する期待と彼に対する恐れという相反する感情を包摂する仮構の体系と捉えているので，「ボナパルティズム」とは区別すべきものと考えている．

（3）　ナポレオンが実際にエルバ島から帰還する前に，ナポレオンのフランスへの帰還の噂が発生している．ルイ18世治下におけるナポレオンの帰国の噂は，1815年3月のいわゆる「鷲の飛翔」（ナポレオンがエルバ島を脱出した後，プロヴァンス地方のゴルフ＝ジュアンに上陸し，パリまで進軍したことを指す）から影響を受けたではあろうが——オーブ県では確認できなかったが，全国的に見ると，毎年3月にナポレオンの帰国の噂が増殖した（Ménager, 1988, p. 21 ; Hazareesingh, 2004, pp. 44–47）——，「鷲の飛翔」から生まれたものとは言えない．

（4）　ナポレオンがフランス人にとって「ヨソ者」であることを示すとき，ブオナパルテという表記が使われたことについては，杉本（2002年，54–55頁）を参照．

（5）　1816年には，連合軍の侵入で荒らされたシャンパーニュの諸県（オーブ，マルヌ，オート＝マルヌ，アルデンヌ）に2600万フランの強制課税が割り当てられた（Clause, 1988, p. 340）．

（6）　アルデシュ県では，1816年，農民たちが，月にナポレオンの肖像が見

えると言い，彼がそこから降りてくると信じる一方，耳を地面に押し当てて，玉座を取り戻しにフランスへ帰って来るナポレオンの軍隊が地下を進軍するのを聞こうとしたという（Ploux, 2003, pp. 155–156 ; Hazareesingh, 2004, pp. 68–69）.

（7） 西願広望は，民衆が軍隊や戦争の話題を好む傾向があったと考え，民衆がそれほどまでに戦争に興味があったのは，戦争を通じてルーチン化した現実世界から解放されることに彼らが関心を抱いていたからであり，彼らが噂の中に聞きたかったのは，「今日にでも戦争が始まり今日までの時代が終り新しい時代が始まるといった知らせ」であったと憶測している（西願，2001 年，33 頁）．しかし，民衆が自分を巻き込むかもしれない戦争の噂に接したときに抱いた感情は，何よりもまず，徴兵や金品を奪われることへの不安や恐れであった．

（8） 地域によっては，1 年で小麦価格が 4 倍になったところもあった（Ploux, 2003, p. 161）.

（9） 地域によっては，小麦の不足と高値は，貴族と聖職者の陰謀によるものだと噂された．だが，旧特権身分以上に，はるかに国王とその政府が小麦の不足と高値に責任があると噂されたとプルーは指摘する（Ploux, 2003, pp. 161–162）．オーブ県では，貴族と聖職者が非難された事例は見いだせなかった．

（10） ルイ 18 世を「ジャガイモ食い」と呼んでいる事例は，他の地方にも多く見られるが，「〔ジャガイモ食いという〕言説が繰り返し用いられたのは，この新しい食物がまだ真に〔食の〕習俗に入り込んでいなかったということを明らかにしているように思われる」とメナジェも述べている（Ménager, 1988, p. 55）.

（11） 地域によっては，ナポレオンは帰国して，パンの価格を統制する（パンの最高価格を設定する）という噂が流布した．ルイ 18 世期の政府は，国境の外への穀物の搬出を禁止することは行ったが，穀物の最高価格を設定することはついにしなかった．これに対して，ナポレオンは，1812 年に，小麦の最高価格を県の枠組みで設定する権限を県知事に与える勅令を発した．プルーは，1812 年の最高価格令の記憶が，それからわずか 5 年足らずの時期には，民衆の間になお強く生きていたはずだと指摘している（Ploux, 2003, pp. 166–167）．オーブ県では，1816–1817 年に，ナポレオンがパンの最高価格を設定するという噂が流布したことを証拠立てる史料は見いだせなかった．

（12） ノジャン＝シュル＝セーヌの検事は，ルグラを「偽りにして人々に不安を与える流言を広めようとの意図を持ってパリを立った密使」と見ていた（Malandain, 2011, p. 283）．ここにもまた，反体制勢力による組織的陰謀に対する行政当局の強迫観念の現れを看て取ることができよう．

(13)　メナジェは，ナポレオンの死の報は，多くの人々から，「不実のアルビオン〔＝イギリス〕」の策謀と見なされたと指摘している（Ménager, 1988, p. 29）.

(14)　1823年3月，アルデシュ県では，ナポレオンが「生ける死者 Mort-en-Vie」と呼ばれ，その帰国が噂されたという（Ploux, 2003, p. 181）.

(15)　もっとも，噂には発展せずとも，ナポレオンが帰国すると言う者は，その後も存在した．1828年，ソルソットの日雇農ルイ・ドニーヌは，酩酊状態ではあったが，ノジャン＝シュル＝セーヌの通りで，「皇帝万歳」を叫び，「俺は彼を迎えに行く．彼はコサック人と共に帰って来る」と言った（軽罪裁判所判決記録簿，1828年8月8日，A.D.A. 9U118）.

(16)　1848年の二月革命によって生まれた「共和国臨時政府」に加わり，同年4月23日の初の普通選挙の後に行政府として設立された「執行委員会」の一員ともなったルドリュ＝ロランは，1849年6月13日に，フランス軍によるローマ共和国打倒と法王権再建が，第二共和政憲法への明確な違反であるとして，保守派の秩序党が議席の6割を占める議会を倒すために街頭デモを組織した．デモは鎮圧され，ルドリュ＝ロランはベルギーへと逃れ，さらにイギリスへ渡った．彼がフランスへ帰国したのは，1870年になってのことである.

第Ⅱ部
第３章

(1)　この調査はまた，第二次世界大戦中の対独レジスタンス組織「マキ」の参加者たちが，自らを「51年（1851年）の後継者」である「44年（1944年）の蜂起民」と位置付けていたことも明らかにしている.

(2)　「忘れられた」のはあくまでアカデミックな歴史研究の場においてであって，専門的な歴史研究者の手によらない，地方レベルでの1851年蜂起の叙述は，19世紀後半以来多数出版されている．これらの書物も地域の記憶をかたちづくるのに貢献した.

(3)　1851年蜂起は「政治的運動か，社会的運動か」と確かにヴィジエは問題を立てているが，ヴィジエは政治的運動だと結論しているとする小田中の見方（小田中，1988年，55頁）には疑問を呈したい．ヴィジエの意図はむしろ，この蜂起が両方の性格を併せ持っていたことを示唆するところにあったと筆者は考える.

(4)　近代社会成立期における「集合暴力」の発生パターンを捉えようとしたティリーの仮説によれば，都市化・工業化といった近代社会の構造変動がもたらす経済的諸条件は，直接的には「集合暴力」に結びつかなかった．経済的諸条件は，二義的な重要性しか持たなかったのであって，「集合暴力」を生み出す直接的な条件を形成したのは，「組織化」，すなわち連帯の

再編の過程であるという(Tilly, 1972 ; Tilly et al., 1975). なお，西川長夫は，比較的詳しくマーガダントの研究を紹介しているが(西川，1984)，そもそもマーガダントに 1851 年蜂起の研究を勧めたティリーからの影響については触れていない.

(5) 以上の諸研究の以後刊行されたピーター・マクフィーの著書(McPhee, 1992)は，1851 年蜂起とその弾圧に 1 章を割いているが，新しい史料の提示はなく，農村における「政治動員」の過程を重視して，1851 年蜂起については「この農村反乱の究極的な目的は，1852 年に予期された急進的な――革命的とすら言える――社会変革を押し付けようとする絶望的な試みであった」(p. 242)と捉えており，基本的には，ヴィジエ，アギュロン，マーガダントの系譜に連なると考えられる.

(6) ヴァール県に関するこうした記録は，ヴァール県古文書館の 4M19–21 の分類に郡ごとに整理されて保管されているが，逮捕者が約 4000 人にものぼったとされるだけに，きわめて膨大な量の史料群となっている．筆者が参照し得たのは，ブリニョル郡関係の史料(4M19)のうちブリニョル市を含むブリニョル小郡関係の史料である．本書第Ⅱ部の本文ならびに注で典拠が示されていない供述や証言の記録は，すべてこのヴァール県古文書館 4M19 に収められているものである.

(7) テノ，ブラシュ，デュポンの著作は，共和主義の立場から蜂起を弁護する意図で書かれたもので，研究書というよりは，ローカルな共和派指導者や活動家の動向に焦点を合わせた物語風の著述．フルニエの著作は，多少とも分析的な叙述となっているが，蜂起の性格については，前三著と同様の一面的な共和主義テーゼを踏襲しており，その点で新味はない．また彼の著作は，地方で出版されながら，地方古文書館の史料を利用していない．ルトレの論文は，小論ながら地方史料を利用して手堅くまとめてあって有益．また，コンスタンの未公刊の博士論文では，蜂起の軍事的敗北後の経過がたどられている.

(8) アギュロンの著作ならびに本章の注 7 に掲げた諸著作と蜂起参加者の尋問記録から作成．アギュロンが作成したヴァール県の蜂起展開図(Agulhon, nouvelle éd., 1979, p. 440)は，注 7 に掲げた諸著作や筆者自身が調べた手稿史料からすると，ブリニョル郡の蜂起の動きについては，不正確ないし誤解を招く表示を含んでいる.

(9) 地方史家ルトレは，既存の市町村庁が排除されたコミューン数を全県で 60 としている(Letrait, 1967, p. 78).

(10) ブラシュ，デュポンによれば，この進軍は，そもそもル・リュックの蜂起民たちがラ・ガルド＝フレネに呼びかけたことから始まったという(Blache, 1869, pp. 73–74 ; Dupont, 1881, p. 18).

(11) この回想録は，蜂起直後の 1852 年に 90 頁ほどのパンフレットとして

出版されたが，翌年には，伝聞による叙述も加えて，300 頁以上に膨らませた著書として再版された．筆者はこの再版書の方を参照した．同書の叙述は蜂起への偏見に満ちているが，蜂起に対する保守派の心情を探るうえで貴重な文献である．

(12)　この回想録は，蜂起敗北直後にデュテイユの亡命先のイタリアで出版された．貴重な史料であるこの回想録をアギュロンはまったく利用していない．

(13)　マーガダントによれば，ヴァール県で住民の「武装動員」が生じたコミューン数は 68 で，うち郡役場所在地 1，小郡役場所在地 14，その他のコミューン 53 となっている(Margadant, 1979, p. 11)．「武装動員」の生じたコミューン中最大がブリニョルで，人口約 6000 人である．

(14)　国立古文書館(Archives nationales)BB^{30} 424 に保管されている．

(15)　プライスによれば，被告人全体のなかで農民の割合が比較的大きいのは，蜂起の規模が大きかった南東部諸県に共通した点で，バス＝ザルプ県 48.38%，ヴォークリューズ県 41.47%，ドローム県 37.83%，アルデシュ県 38.59%，エロー県 33.78% となっている．ただし，ヴァール県についてはアギュロンと数字が違い，39.85%．プライスは，この数字を算定した資料的根拠を示していない(Price, 1972, p. 295)．

(16)　死体の周りで陽気に踊る農民群衆というマカンの叙述が噂に基づく想像力の所産であったことについては，Agulhon(nouvelle éd., 1979, pp. 429–435)を参照．また，マカンのこの叙述の詳細については，工藤(2009)を参照．

(17)　19 世紀前半，しだいに支配的潮流となる都市的価値観においては，農民世界は「近代に見捨てられた領域」に位置付けられ，「無知と暴力の本拠」と見なされるようになる．農村は「欲動と情念が時折騒がしく表面化する，得体の知れない危険な世界」，農民は「持続的に自己の本能を抑制し得ない獣人」というイメージないしカリカチュアが，「郡長から新聞小説作家に至るまで」多くの者によって反復・増幅されていった．以上のプロセスについては，Chauvaud(1991, pp. 14–16)を参照．

(18)　この点については，工藤(2009)でより詳細に論じた．

第 4 章

(1)　結社員ベルヌ(石工親方)の供述によると，ブリニョル市の結社指導者のコンスタンは，マルセイユの指導者と連絡を取り，その命令を受けていたという．実際に両市の指導者間に地下組織内での上下関係があったのか，今のところ確認できないが，山岳派運動においては，マルセイユからブリニョルへの，さらにより広くヴァール県への影響は大きかったと思われる．マルセイユの有力な山岳派新聞『民衆の声』(のちに『民衆』と改称)が，

ブリニョルをはじめヴァール県各地に広く通信員のネットワークを擁していた事実からもそのことは推測できる．ベレンソンは，彼ら在地の通信員のほとんどが，山岳派のローカルな宣伝者，あるいは秘密結社のリーダーやメンバーであり，1851年蜂起でもローカルなレベルで指導的役割を果たしたものが多かったことを明らかにしている（Berenson, 1984, pp. 182–186）．ちなみに，ブリニョルの通信員は，同市の秘密結社指導者のコンスタンであった．『民衆』紙の編集者デュテイユがヴァール県の蜂起軍指揮者となったのも，こうした背景があればこそであった．マーガダントは，アルフォンス・ジャンの逮捕後は，山岳派地下運動の南東フランスにおける主要な中心地は，リヨンよりもむしろマルセイユにあった可能性を示唆している（Margadant, 1979, p. 131）．

(2)　マーガダントによれば，ブリニョル郡では，シャンブレと山岳派結社とが部分的にせよ重なり合っていたコミューン数は，少なくとも36にのぼるという（Margadant, 1979, p. 158）．

(3)　マーガダントの調査によると，相互扶助が自分の参加していた結社の目的であったと供述している山岳派結社員は，ブリニョル郡では30のコミューンに確認できるという（Margadant, 1979, p. 158, note 52）．

(4)　ブリニョル近郊のフラサンという村の指物師テュルルは，自分のいとこである同村の秘密結社指導者とトゥーロンからやって来た2人の活動家との会合に立ち会い，トゥーロンの活動家たちがそこで次のように語ったと証言している．「立法議会の左翼が普通投票と累進課税に関する提案をするはずだ．これらの提案が結局受け入れられぬ場合には，山岳党が一団となって議会を辞め，これが全面的蜂起の合図となるだろう．この蜂起の合言葉は〈左翼が辞める！〉で，すべての新聞に載るだろう．その時パリから86人の代表が出発し，86県へ各人が赴き，蜂起せよとの命令を伝えるのだ．これらの命令は，郡役場所在地から小郡役場所在地へ，小郡役場所在地から町村へと伝えられる．フランスで，イギリスで，そして全ヨーロッパで，同じ時，同じ時刻にすべての市町村が一団となって蜂起する」．また，ユアールは，バ＝ラングドック地方ガール県のベジエ市のある「社会主義者」が書いた手紙として，次のようなものを紹介している（Huard, 1979, p. 364）．「山岳党との連携によって，われわれはその日が11月29日に決定されたことを知った．この変革は，ガリヴァルディとドイツの民主主義者たち如何にかかっている．〔山岳派指導者たちの亡命先の〕イギリスとフランスの山岳党は，指定の期日にはどうにか準備ができよう．ローマの民主主義者たちは，2万人のスイス人護衛兵を意のままにするだろうし，3万人をフランスへ派遣するだろう．彼らは，マルセイユで民衆に迎えられることになっている．軍勢の大部分は，そこからリヨンに赴き，……〔次いで〕パリに向けて出発するであろう．パリの40万の市民が首都の門

を開けてくれよう」.

(5) ル・ヴァル村の秘密結社指導者アミエルは，1851年9月，マルセイユから届く13箱の火薬をブリニョルに受け取りに来るようカジミール・エローから指示を受け，「他の村も皆それ〔火薬〕を持っているのだから，おまえたちも持たねばならない」といわれて火薬を受け取ったと供述している．結社員たちの供述を見る限り，この火薬の分配の一件を除けば，ブリニョル地域での蜂起の具体的な準備は，他にはまったく窺われない．広くフランス中部・南部の史料を検討したベレンソンは，山岳派の秘密結社は「武装蜂起の起こる可能性に備える努力をほとんど払わなかった」との見解に達している(Berenson, 1984, p. 198).

(6) ブリニョルの結社員であった皮なめし職人のマズュリエの供述によると，彼の親方ロベールは，「秘密結社になど加わるなといつもわたしに忠告してくれていた」という．この供述は，結社員以外の地域住民の間でも結社の存在が知られていたことを窺わせる．

(7) 地方の山岳派新聞は，政治的宣伝員の役割を果たした予約勧誘員を雇用し，また地元在住の通信員のネットワークを擁して，これらが地方におけるプロパガンダ・ネットワークとして機能した．現代的な意味での組織政党が未発達な当時にあっては，新聞の機構が政治組織としての役割を果たしたのである．こうした山岳派新聞の機能については，Berenson(1984, pp. 181–192)を参照.

(8) 山岳派秘密結社の指導者たちによる結社員リクルートのためのプロパガンダの主要な内容としてマーガダントがあげているものとほぼ一致するが，彼は「経済的約束」のみをあげ，民衆への教育機会の提供については触れていない．だが，山岳派のミリタンたちがどの問題を強調したかは，地域の経済的事情に応じて異なっていたというマーガダントの指摘はいたって適切である．マーガダントによれば，エロー，ガール，ヴァール諸県のワイン生産者は酒税の廃止を，ガール，アルデシュ，ヴァールの生糸生産者は低利の融資制度を，エロー，ガール諸県の農業労働者は賃金の上昇を，プロヴァンスのいくつかの地域の農民は森林用益権の回復や共同地の一部の獲得を何よりも期待して山岳派地下運動に参加したという(Margadant, 1979, p. 139).

(9) 結社員たちの供述によれば，この時，医師バルバルーは，蜂起に反対して，慎重な行動を求めるために使者をカフェ・ブランに送って寄越しており，行動方針をめぐって，ブリニョルの共和派指導層は分裂していたことが判る.

第5章

(1) 1848年12月の大統領選挙では，ルイ＝ナポレオンは全国で有効投票

の 74.2% を獲得して圧勝したが，ヴァール県では，得票率 24% に留まって同県首位のカヴェニャックに 2 万票近い差をつけられ 2 位に甘んじた．しかも 3 位の急進共和派ルドリュ＝ロランには 4000 票余りの票差に迫られた．ヴァール県におけるルイ＝ナポレオンの得票率は，同じくバス＝プロヴァンス地方に属する隣接のブーシュ＝デュ＝ローヌ県のそれ（20%）とともに全国最低の数字で，同地方における 1815 年以来の反ナポレオンの伝統の連続性を窺わせる．ただし，1815 年の反ボナパルティズムは王党派に結合したが，1848 年のそれは共和派支持の方へシフトしている（Tudesq, 1965, p. 253 ; Agulhon, nouvelle éd., 1979, p. 293）．また，1851 年夏の請願運動の際にも，ヴァール県の署名者数は，対有権者数で 9.71%（プロヴァンス全体で 7.2%）で，全国平均の 14.7% を下回っている（Ménager, 1988., pp. 108–109, 430–431）．

（2）「政治」の一般的定義として「人間集団における秩序の形成と解体をめぐって，人が他者に対して，また他者と共に行う営み」という定義を採用するならば，民衆は歴史の中で常にこの営みの当事者であり，したがって常に政治的存在であった．ただし，民衆の属する政治文化は，ときには緩慢に，ときには劇的な勢いで，変化してきたのである．歴史学が捉えるべきはこうした政治文化の変化であって，その変化を表現するのに「政治化」は適切ではない．歴史研究の用語としては，「非政治的な存在が政治的な存在へと転化する」という誤解を招く「政治化」なる用語は使用しないことを考えてみてよいのではないか．

第Ⅲ部

第 6 章

（1）メナジェは，この巡幸のプロパガンダ手段としての効力を強調し，当時の「共和主義者たちは，権力のこの新たな武器の危険性を理解していた」とも指摘している（Ménager, 1988, p. 150）．ナポレオン 3 世の巡幸は，本格的な研究に値する興味深い対象といえよう．

（2）ボナパルティズムの研究者フレデリック・ブリュシュは，「神話」を「論理や知性よりも想像力や感性に訴えかける，集合的なものとなった仮構の体系」と定義している．この定義は，「伝説」にも当てはまり得る．本書の第 2 章でも，明示はしなかったが，こうした意味で「伝説」という言葉を使用していた．ブリュシュも，「神話」と「伝説」が密接な関係にあることを認めるが，「伝説」は，「むしろ理想化された過去へと方向づけられる」のに対して，「神話」は，「非時間的なもの」であるという（Bluche, 1980, pp. 168–169）．この区別はいささかあいまいである．本書では，ブリュシュの「神話」の定義に従いつつ，「神話」と「伝説」を同義語として扱う．ただし，物語の仮構性をより強調したい場合に「伝説」よ

りも「神話」を用いる.

(3) 革命祭典については研究のリストはいまや長大となっている. 立川孝一氏による研究紹介や同氏の一連の研究を参照されたい. 最近の日本の研究としては, 竹中(2005)が優れた革命祭典研究を含んでいる. 第三共和政期における七月一四日祭の研究については, 第7章を参照.

(4) 王政復古期の公式祝祭については Waquet(1981), Raillat(1994)が, 七月王政期の公式祝祭については Corbin(1994)がある. また王政復古期から第二帝政期にかけての政治的祝祭の変遷を追求した Dalisson(2004)については, 本文を参照. 第二帝政期の公式祝祭を扱った研究についても本文を参照. コルバンは, 以上のような新たな研究動向を促したのは「19世紀における伝統の創出」への問題関心であることを示唆しており,「政体のいかんを問わず, 19世紀に国家の近代化が求められる中で, 伝統を新たに創り出す要請があったことはあきらか」と述べている(コルバン/二宮/福井/工藤, 1993年, 95–96頁). 近代における国民国家の形成に伴う「伝統の創出」については, Hobsbawm / Ranger(1983). 安丸(1992)も同様の問題関心を共有している. 本章は, この安丸の研究から貴重な示唆を得ている.

(5) このサンソンの論文と, 本書第6章の基になっている筆者の拙稿「「国民祭典」と農村世界の政治文化——第二帝政下のシャンパーニュ地方」(『思想』836号)とは, 同じ年のほぼ同時期に刊行されている.

(6) こうした史料は, 各県古文書館では, フランス革命以降における県当局一般行政の関係史料の分類項目であるMに収蔵されている. オーブ県における第二帝政期の公式祝祭に関する史料群は, 系統的な分類整理をほとんどされておらず, M962, 963, 964, 965, 1777, 1779の諸分類に分散した状態で収められている. このほか, 祭りの日にトラブルが生じ, 司法当局の捜査に及ぶ場合もあったが, 司法関係の史料は第2章でも見たように各県古文書館の分類項目Uに収められており, これもオーブ県古文書館所蔵のものに眼を通した. なお本章では, 特に断りのないコミューンは, すべてオーブ県に属する.

(7) こうした行政機構の末端に位置付けられた者の手になる史料からは捉えきれない側面は, 立川孝一が革命祭典について行ったように(立川, 1989), 日記, 回想録, 私的書簡などから捉え得る可能性があるが, 私はそうした類の史料は現在までのところ発見していない. ひとまず, 行政サイドの史料から得られる情報を積み重ねてゆくところから見えてくるものに的を絞りたい.

(8) トゥルーズデルのこの論文によれば, 第二帝政は, 1789年の(1793年のではなく)諸原理の継承と称揚を表明しつつも, そもそもフランス革命に関する記念日を祝うことを禁止するなど革命に対する批判的姿勢も示し

ており，第二帝政の公式祝祭へのフランス革命の反映は，「明確でも明瞭でもなく，二つの対立するイメージの間を揺れ動く，両義的なもの」であったという（Truesdell, 1989, p. 2150）．

(9)　1852年7月7日の政令による規定（George, 1989, p. 142）．

(10)　七月王政下では，消防団は国民衛兵の一部として編制されていた．1852年1月11日の政令により国民衛兵が解散させられた（その後，政府が必要と認めた所に限り再編）後も，消防団組織は残されたが，消防団に対する国家の統制は強化された（Lussier, 1987, pp. 18–19）．消防団は，八月一五日祭との関わりがもっとも顕著な村内集団の一つとして指摘できる．

(11)　トゥルーズデルによると，第二帝政はほとんどすべての公式祝祭において教会に重要な象徴的位置を与えているという（Truesdell, 1989, p. 2149）．

(12)　1869年ヴァンドゥヴルの警察署長は，同地の登記所会計官と間接税徴税官が自宅に旗も掲揚せず，イルミネーションも点さなかったことをバル＝シュル＝オーブ郡の郡長に報告している（Vendeuvre 警察署長報告書，1869年8月24日，A.D.A. M1774）．また1868年エルヴィの警察署長の報告書にも次のように記されている．「エルヴィでは，町庁の長は皇帝政府に対してほとんど共感を持っておりません．この町長は，旗の掲揚を致しませんでした．夕刻には，数本の小さな蠟燭を自宅の2階の窓の上に点させただけでした」（Ervy 警察署長報告書，1868年8月16日，A.D.A. M1779）．

(13)　八月一五日祭における自分の演説の内容を詳しく報告している村長は少ない．ここでは，八月一五日祭での演説ではないが，地域名士による皇帝礼賛と秩序維持志向の言説の一典型を示していると思われる，1852年12月5日の帝政復活の祝賀祭でサント＝サヴィーヌ村の村長が村会議員団と消防団を前にして行ったという演説を，彼自身の報告書から紹介しておこう．

「革命の時代は終わりました．ナポレオン3世の皇帝即位が，未来永劫忘れがたい偉業で始まるのです．実際，われわれは，眼の当たりにしているではありませんか．宗教が尊重されるのを．苦しみに耐える勤労階級の状況が陛下の絶えざるご配慮の対象となったのを．商工業が発展し，国民に繁栄をもたらしているのを．そして，あれほど社会を何度も揺るがせた党派 partis の沈静を．さて，諸君！　ルイ＝ナポレオン・ボナパルトが，12月2日〔ルイ＝ナポレオンがクーデタを決行した日〕という栄光の日に祖国のためにすべてをなげうったのだから，われわれもまた彼のために身を捧げようではありませんか．兵卒として仕えようではありませんか．そして，彼が決して誓いを破られることのないように気をつけようではありませんか．われわれこそは，良き秩序と公安の維持のためにとくに選ばれた者という名誉を持つのですから」（Sainte-Savine 村村長報告書，1852年12月6日，A.D.A. M1777）．

(14) 村長の報告書に登場する皇帝像は，報告書の中では，何の注釈も付けられずに，ただ「皇帝像」と出てきており，これはナポレオン1世ではなく，現皇帝ナポレオン3世の像であると見てまず間違いない．ただし，1852年の帝政復活前の祝祭，たとえば1851年の人民投票の結果を祝う祝祭などには，ナポレオン1世とルイ＝ナポレオンの双方の像が登場する例もある．

(15) 1842年8月15日には，5000人の巡礼者がここを訪れたという(Moraine, 1989, p. 178)．

(16) メナジェは，「聖母被昇天はきわめて民衆的な信仰の対象となっていた」のであり，「八月一五日は宗教的伝統から利を得たのだ」と表現している(Ménager, 1988, p. 154)．ペリゴール地方についてのコルバンの研究も，「聖母被昇天祭は，農民たちが非常に愛着を抱いた「よき祭り」の一つである」ことを確認したうえで，「第二帝政は，君主と国民の公式祝祭のために，民衆宗教に深く根を張った祝祭的伝統を取り込むことに成功したのだ」としており(コルバン，1997年a，88頁)，両者の見解はほぼ一致している．

(17) マルヌ県のある小学校教師が著した，同県の村ジヴリィ＝アン＝アルゴンヌの郷土史のなかには，第二帝政期をじかに知っている一人の村の古老(男性．年齢は記されていない)と1941年に交わした次のような会話が紹介されている．「ナポレオン3世をどう思っていらっしゃいましたか．──ああ，あなた，と彼は両腕を挙げながら答えた．私たちが彼のことを話すときは，いつも敬意を込めて話したものです．あれは神のごとき人un dieu だったのですよ！」(Alexis, 1954, p. 108)．

(18) A.N. F[1] CIII Aube 4, Marne 6, Haute-Marne 5に収められた県知事・郡長の定期報告にしばしばこうした観察が示されている．

(19) 1859年1月の定期報告のなかで，オート＝マルヌ県の県知事は，同県のコミューン数は550，その平均規模は446人と説明した後で，こう続けている．「このコミューンの数の多さが複雑さと難儀さの大きな原因となっております．職務能力と教育という必要不可欠な条件を満たす村長や村会議員を見つけ出すことは必ずしも容易ではありません」(県知事定期報告書，1859年1月7日，A.N. F[1] CIII Haute-Marne 5)．県知事の同様の嘆きは，A.N. F[1] CIII Aube 4, Marne 6, Haute-Marne 5に収められた県知事定期報告書に散見される．

(20) 19世紀における教区住民と司祭との軋轢に関する史料は，主として各県古文書館の分類項目Vに収められている．

(21) プルーの調査が明らかにしたところによれば，第二帝政下では1860年の1月から5月の間にも，聖職者たちによる皇帝(および／もしくは皇妃)暗殺の陰謀の噂が全国規模で流布した．この時には，主として，皇帝

や皇妃が拝領する聖体のパンに聖職者たちが毒を仕込んだとの噂が流れた(Ploux, 2003, pp. 202–203).

(22) プルーは，クリミア戦争(1854–1856年)の最中にも，正統王朝派の聖職者や貴族が敵国ロシアに金や小麦を送ろうとしている(送ろうとした)との噂が，フランス各地に流布したことを明らかにしている(Ploux, 2003, pp. 212–213)．クリミア戦争は，ナポレオン3世が聖地イエルサレムのカトリック教徒保護権をトルコから獲得したことで東方問題が再燃し，ロシアがギリシア正教徒に対する同様な保護権をトルコに突きつけて露土関係が緊迫したことから開戦に至った．カトリック保護政策を背景とするフランス軍の派兵はいわば十字軍的な様相を帯び，フランスのカトリック聖職者層はこれを熱烈に支持した．このように，教会と帝政の同盟関係が頂点に達したとも言える時期に，カトリックの聖職者が皇帝の対外政策に反対しているという噂が流布したことは注目に値する．このことは，第二帝政がその初期において示していた保守的・教権的な側面という現実を民衆の想像力の働きが覆い隠してしまったということを意味する．この点については，Ploux(2003, pp. 213–214)を参照.

(23) シャンパーニュ地方からはやや離れているが，1853年にアン県では，聖職者たちが十分の一税の復活を目的として皇帝の毒殺を試みたとの噂が流れた(Ploux, 2003, pp. 201–202).

(24) 「ローカルな世界」における「ナショナルな政治」の「道具化」という考え方は，コルバンに負っている．この「政治を道具化しようとする戦略の分析」については，1993年におけるコルバン来日時のセミナーの記録「歴史・社会的表象・文学――アラン・コルバン氏を囲んで」(コルバン／二宮／福井／工藤，1993年に収録)を参照.

第7章

(1) 「市町村長の宴会」というこの二つの国民統合の儀礼は，政治的には，それぞれブーランジスムとドレフュス事件という危機によって揺らいだ議会制共和国の建て直しを図ることを目的としていた.

(2) 七月一四日祭の主要な研究としては，Sanson(1976)，Amalvi(1984)，Bois(1991)，Ihl(1996)がある．これらの研究のうち，もっとも新しいイールの著作は，共和派内の祝祭理念についての研究を従来の諸研究よりはるかに深く掘り下げるとともに，これまでほとんど眼を向けられることのなかった，農村における祭りの様相を分析の対象として大きく扱っている．本章の執筆に当たり，イールのこの優れた研究から多大な示唆を受けた.

(3) アシャールによる1880年6月8日の下院における報告は，Sanson(1976, pp. 202–204)に資料として付されている.

(4) 第二共和政期の公的儀式には，カトリック教会が関わっていた

(Dalisson, 2004, pp. 139–211).

(5) ジャン・ボベロは，フランスにおいて政教分離(laïcité, laïcisation)が生じたのは，「市民宗教 religion civile」が継続的に存在し得なかったことに起因するとの仮説を呈している(ボベロ，1993年)．この仮説をここで検証することはできないが，第三共和政による政教分離策は，反教権主義の文脈においてのみ理解されるべきではなく，共和主義的「市民宗教」の拒否という文脈においても考察されねばなるまい．

(6) イールは，第三共和政初期の共和派内における共和主義的祝祭に関する諸議論を，世俗性と宗教性のどちらを追求するか，および個人の精神の自由と国民共同体への帰属とのどちらを重視するかという分類軸を用いて，四つの祭典モデルに類型化することができるとしている．すなわち，①「伝統主義的」共和主義者たちによって主張された「宗教的」「共同体的」祭典モデル＝「宗教的盛儀」，②「自由主義的」共和主義者たちが掲げた「世俗的」「個人主義的」祭典モデル＝「市民的記念祭」，③「世俗的」「共同体的」祭典モデル＝「祖国崇拝」，④「宗教的」「個人主義的」祭典モデル＝「市民的典礼」の4モデルである(Ihl, 1996, pp. 75–87)．1880年以降の政府の祝祭政策は，「世俗的」祭典モデルの2類型が主導することになろう．

(7) 1880年の最初の七月一四日祭における政府の通達については，以下を参照．Sanson, 1976, p. 43, 55 ; Bois, 1991, p. 156.

(8) 1881年の市町村会選挙では，全国約36,000の市町村のうち，およそ20,000で共和政支持派が勝利を収めた(George, 1989, p. 193)．

(9) 「100年祭の木」という名称の事例については，Ihl(1996, p. 251)を参照．

(10) 1793年に「希望の大隊」などの青少年の軍事組織が自発的に創られたことについては，次を参照．天野，1997年，78頁，および83頁注15．

(11) ブーランジスムの敗北とパナマ運河会社疑獄事件による急進派の後退に伴って，1892–1893年頃には「学童の大隊」は消滅している．しかし，それ以後も，子どもたちは，行列への参加，愛国歌の歌唱，体操の演技などで共和主義的祝祭を活気付ける存在であり続けた(Sanson, 1976, p. 72)．

(12) ホブズボームらの「伝統の創出」の主張に関する二宮宏之の次のような指摘は首肯できる．「「伝統」が創出され，ときに捏造されうるのは，決して無償の空間においてではないのであり，捏造された「伝統」を伝統として受け入れる集合表象が受け皿として存在していなければならないということである．伝統の捏造は，決して権力による強制だけでは成立しない」(二宮，1995年，350頁)．二宮の指摘は，第二帝政期の〈ナポレオン的伝統〉の創出に関して前章でわれわれが確認したところとも合致する．

(13) そうした村庁権限の拡大については，たとえば次を参照．Thibon, 1988, pp. 194–196, 213–216.

(14)　若者組の「最後の特権」であったダンス会も，1884 年の市町村自治体組織法の制定以後は，市町村長の管轄すべき対象の範疇に入ることとなった(Ihl, 1996, p. 164).

(15)　共和主義的価値や公民的道徳・義務を称揚したきわめて雄弁な村長の演説の例が，Bois(1991, pp. 203–204)にあげられている(ただし，これは学童への優等賞授与式での演説)．また，ピエール・ヴァランは，リムーザン地方の農村では，フランス革命期における先祖の領主に対する闘いと解放についての村落共同体の集合的記憶と，貴族や司祭をアンシアン・レジームの復活をもくろむ存在と見る農民の固定観念が，七月一四日祭への農民の熱意の大きな要因となったことを指摘している(Vallin, 1982, pp. 949–972)．共和派の村長は，こうした農民の期待に応じる演説を行ったことであろう．

(16)　レピュブリック(共和国)，ガンベッタ，ユゴーなどの名を通りに付けることは，1880 年以降，各地で見られた(Millo, 1986, pp. 305–306).

(17)　1884 年の市町村自治体組織法では，すべての市町村が，市町村長や書記や小学校教師の住居とは異なる専用の役場を備えることが義務付けられた．

(18)　これらの紛争については，以下を参照．コルバン，1997 年 b, 338–349 頁 ; Ihl, 1996, pp. 317–333 ; Id., 1996, pp. 193–208.

(19)　コミュナリスムについては，以下も参照．Thibon, 1988, passim.